Richtig mit Gefühlen umgehen

Wie du es vermeidest, dass
deine Gefühle bestimmen, was du tust

Joyce Meyer

This edition published by arangement with
Warner Books, Inc., New York, New York, USA.
Originally published in English under the title
Managing Your Emotions by Joyce Meyer
Copyright © 1997 by Joyce Meyer. All rights reserved.

Dieses Werk wurde vermittelt durch die
Literarische Agentur Thomas Schlück GmbH, 30827 Garbsen

Alle Rechte, © Alle Rechte der deutschen Ausgabe bei:

Adullam Verlag
St.-Ulrich-Platz 8
85630 Grasbrunn
Tel 089/468801
www.adullam.de

ISBN 978-3-931484-28-6

2. Auflage, September 2006

Nachdruck, auch auszugsweise, nur mit schriftlicher
Genehmigung des Verlags.

Bestellungen bitte an oben stehende Adresse richten.

Übersetzung: Ise Schmid
Umschlag: Anne Dittrich, Druckerei Mißbach
Satz und Umbruch: Adullam Verlag
Druck: Schönbach Druck GmbH, Erzhausen
Lektorat: Joshua Werling, www.wortschoepfung.info

Inhaltsverzeichnis

Einführung

Viele der in diesem Buch präsentierten Gedanken entspringen verschiedenen Vortragsreihen, die ich zum Thema Gefühle und emotionale Gesundheit und Heilung hielt. Während dieser Veranstaltungen machte ich meinen Zuhörern klar, dass der Zweck der Vorträge nicht darin bestünde, zu lernen, unsere Gefühle zu unterbinden, sondern darin, richtig mit ihnen umzugehen.

Wie ich ihnen zu verstehen gab, wird niemand jemals dahin kommen, dass er keine Gefühle mehr hat. Niemand wird jemals den Punkt erreichen, an dem er nicht die unterschiedlichsten Gefühle empfindet.

So sehr wir uns auch bemühen mögen, wir werden es beispielsweise immer wieder mit Zorn zu tun haben, was viele Menschen unter Schuldgefühle und Verdammnis bringt, weil sie die falsche Vorstellung haben, dass Christen niemals zornig sein dürfen.

Die Bibel sagt jedoch nicht, dass wir nie zornig sein sollen, sondern, dass wir nicht sündigen sollen, wenn wir zornig sind. Wir sollen also lernen, mit unseren Gefühlen richtig umzugehen und sie in den Griff zu bekommen: „Zürnet, und sündigt dabei nicht! Die Sonne gehe nicht unter über eurem Zorn" (Eph. 4, 26; *Elberfelder*).

Gott gab mir einmal eine großartige Offenbarung über diese Schriftstelle. Ich war auf meinen Mann zornig gewesen und wollte gerade das Haus verlassen, um zu predigen. Gefühle der Schuld und Verdammnis stiegen in mir hoch und klagten mich an: „Wie kannst du jetzt gehen und anderen predigen, nachdem du heute morgen so wütend warst?"

Diese Frage beschäftigte mich, weil ich natürlich immer noch wütend war. Als ich darüber nachdachte, offenbarte der Herr mir diesen Vers im Epheserbrief, der dazu auffordert, nicht zu sündigen, wenn wir zornig sind.

Gott ließ mich verstehen, dass Zorn nur ein Gefühl ist. Wie alle anderen Gefühle auch wurde uns dieses Gefühl von Gott aus einem bestimmten Grund gegeben. Wenn wir nicht zornig werden könnten, wären wir niemals in der Lage, zu erkennen, dass uns jemand falsch behandelt. Dazu ist Zorn gedacht. Wie Schmerz warnt er uns und weist uns darauf hin, dass etwas nicht in Ordnung ist.

Das Problem besteht darin, dass Satan versucht, sich unseren Zorn, wie all unsere Gefühle, zunutze zu machen und ihn zu missbrauchen, um uns in Sünde zu führen.

Oft kommen Menschen zu mir und bitten mich um Rat: „Ich habe diesen tief sitzenden Zorn in mir." Dieser Zorn ist oft eine Wunde aus der Kindheit. In solchen Fällen besteht die Lösung nicht darin, den Zorn loszuwerden, sondern darin, an die Wurzel dessen zu gehen, was es diesem Zorn ermöglicht, sich festzusetzen und nach so vielen Jahren noch Probleme zu verursachen.

Es ist nicht in Ordnung, ständig im Herzen Zorn mit sich herumzutragen, wie es ebenso wenig in Ordnung ist, ständig Schmerzen zu haben. Das gehört zum gesunden Gleichgewicht im Leben. Doch wir dürfen andererseits auch nicht vergessen, dass wir Menschen sind. Gott hat uns nicht grundlos mit bestimmten Gefühlen wie Zorn ausgestattet. Unsere Aufgabe besteht also weniger darin, zu versuchen, diese Gefühlen loszuwerden, als vielmehr darin, zu lernen, wie man richtig mit ihnen umgeht.

Sexuelle Empfindungen sind ein weiteres Beispiel. Stelle dir vor, du blätterst in einer Zeitschrift oder einem Katalog und entdeckst plötzlich ein Foto eines attraktiven Menschen des anderen Geschlechts. Unvermittelt steigen in dir sexuelle Regungen auf. Bedeutet das, dass du pervers bist oder dass mit dir etwas nicht stimmt? Bedeutet es womöglich, dass du gar nicht wirklich errettet bist und dass du Gott oder deinen Ehepartner nicht wirklich liebst?

Nein! Es bedeutet ganz einfach, dass du ein Mensch bist und daher dieselben Gefühlsregungen hast, die andere Menschen auch haben. Wichtig ist, wie du damit umgehst.

Gott stattet uns mit allen möglichen Gefühlen aus, sexuelle Gefühle mit eingeschlossen. Als Christen sollten wir nicht versuchen, solche Gefühle loszuwerden, und wir sollten uns ihretwegen auch nicht schuldig fühlen. Wir müssen stattdessen lernen, sie richtig auszuleben – auf die richtige Art und in Verbindung mit der richtigen Person, dem Ehepartner, den Gott uns gegeben hat (mit demjenigen, den wir lieben). Wir müssen mit Gottes Hilfe auch lernen, diese Gefühle unter Kontrolle zu halten, bis wir verheiratet sind.

Römer 6, 2 lehrt uns, dass wir mit unserer Errettung der Sünde gestorben sind. Dort steht aber nicht, dass die Sünde gestorben wäre! Die Sünde präsentiert sich uns nach wie vor in Form von Versuchungen, aus denen sich echte Probleme entwickeln können, wenn wir ihnen nachgeben. Es ist empfehlenswert, das ganze sechste Kapitel des Römerbriefes zu lesen. Dann wirst du verstehen, dass wir angewiesen werden, der Sünde durch die Kraft des Heiligen Geistes zu widerstehen. Uns wird nicht versprochen, dass wir niemals *Gefühle* haben würden, doch wir werden dazu aufgefordert, unseren Körper nicht weiterhin als Werkzeug der Sünde zur Verfügung zu stellen.

Es ist wichtig, sich vor Augen zu halten, dass Gefühle nicht einfach verschwinden und sich in nichts auflösen. Wir werden immer Gefühle haben. Wir müssen ihre Existenz nicht abstreiten oder uns ihretwegen schuldig fühlen. Wir müssen sie jedoch in die richtigen Bahnen lenken. Wir sollten dem Fleisch das Recht verwehren, über uns zu herrschen, wir sollten aber nicht leugnen, dass es existiert.

Wie wir später sehen werden, lehrt uns die Bibel, Ausgewogenheit zu bewahren. Häufig ist unser Problem, dass wir von einem Extrem ins andere fallen. So versuchen wir entweder, überhaupt keine Gefühle zu empfinden, oder wir erlauben es uns, jedes aufkommende Gefühl auszuleben, unabhängig davon, ob es nun richtig ist oder nicht. Die meisten Menschen scheinen entweder stark emotional oder emotionslos zu sein. Was wir wirklich nötig haben, ist ein gesundes Gleichgewicht – die Fähigkeit, positive und hilfreiche Gefühle zu zeigen und negative und destruktive Gefühle unter Kontrolle zu halten.

Wenn uns etwas in unserem Leben aufregt und frustriert, lassen wir das häufig an anderen aus: an unserem Ehepartner, an unseren Kindern oder an jemand anders, der uns nahe steht. Das eigentliche Problem ist jedoch nicht so sehr die Wut und die Frustration, sondern ein Mangel an Selbstbeherrschung.

Ein weiteres Beispiel ist Geduld oder vielmehr der Mangel an Geduld. Von meinem Naturell her neige ich dazu, sehr leicht ungeduldig zu werden. Ich will, dass die Dinge erledigt werden, und zwar richtig und sofort. Ich möchte niemandem etwas zweimal sagen müssen, geschweige denn dreimal!

Doch je mehr ich über Jesus und seine Sanftmut, Demut, Freundlichkeit und Geduld lese, desto mehr wünsche ich mir, nicht mehr von dieser Ungeduld beherrscht zu werden. Und so arbeite ich nun schon längere Zeit mit dem Heiligen Geist zusammen, um diese Gefühle in ein gesundes Gleichgewicht zu bringen.

Am wichtigsten ist es, zu verstehen, was Gefühle sind, und anzuerkennen, dass wir sie haben, weil Gott sie uns gegeben hat. Dann müssen wir lernen, mit ihnen richtig umzugehen, statt ihnen freien Lauf zu lassen und uns danach schuldig zu fühlen.

Wir dienen einem Gott, der sich über jede einzelne unserer Bemühungen freut, wenn wir ihm näher kommen möchten. Es ist nicht schwer, Gott zu gefallen. Er erwartet von uns nicht, vollkommen zu sein. Er erwartet lediglich, dass wir uns ständig auf ihn zubewegen und ihm voller Vertrauen erlauben, uns in Einklang mit seinem Willen zu bringen.

Die Botschaft auf diesen Seiten ist einfach: Gefühle an sich sind nicht falsch, solange wir sie im Griff haben. Der Herr hat mir aufs Herz gelegt, dieses Buch zu schreiben, um dir dabei zu helfen, *richtig mit deinen Gefühlen umzugehen.*

1

Geführt,
aber nicht von Gefühlen

Unsere fleischlichen, noch nicht durch das Kreuz veränderten Gefühle versuchen, uns dazu zu bewegen, ihnen zu folgen und uns aus dem Willen Gottes herauszubewegen.

Das entspricht auch Satans Plan für unser Leben: uns dazu zu bringen, aus unseren fleischlichen Gefühlen zu leben, um so nie im Geist zu wandeln.

Das Wörterbuch sagt unter anderem, dass Gefühle „eine unerklärbare Stimmung"[1] hervorrufen können. Das ist wahr. Unsere Gefühle sind aufgrund ihrer Komplexität nicht leicht erklärbar. Das erschwert uns den richtigen Umgang mit ihnen.

So gibt es beispielsweise Zeiten, in denen der Heilige Geist uns leitet, etwas zu tun. Dann kommen unsere Gefühle mit ins Spiel und wir sind ganz begeistert darüber. Diese Unterstützung durch unsere Gefühle hilft uns, zu erkennen, dass Gott wirklich etwas Bestimmtes von uns will. Wir empfinden diese emotionale Unterstützung als Bestätigung für den Willen Gottes.

Dann wiederum führt uns der Herr, etwas zu tun, und unsere Gefühle widerstreben dem, was Gott uns offenbart und aufgetragen hat. Sie bieten uns keinerlei Unterstützung.

In diesen Zeiten ist es schwerer, Gott zu gehorchen, weil wir von der emotionalen Unterstützung abhängig sind. Wenn wir die Unbeständigkeit unserer Gefühle nicht ausreichend verstehen, kann Satan unsere Gefühle – oder die Abwesenheit der Gefühle – benutzen, um uns vom Willen Gottes fern zu halten. Ich bin fest davon überzeugt, dass kein Mensch jemals im Willen Gottes und letztendlich im Sieg leben kann, wenn er sich von seinen Gefühlen leiten lässt.

Gott oder Gefühl?

Der Weise wird auch hören und an Kenntnis zunehmen, und der Verständige wird sich Fertigkeiten aneignen und vernünftigen Rat annehmen [damit er dadurch seinen Weg richtig lenken kann] ...

Sprüche 1, 5

Weil es sowohl Zeiten gibt, in denen wir uns über unsere Gefühle und ihre unterstützende Wirkung in Bezug auf die Führung Gottes freuen können, und Zeiten, in denen unsere Gefühle der Führung Gottes widerstreben und sich nachteilig auswirken, fällt es häufig schwer, jemandem verständlich zu machen, wie er herausfindet, ob er nun wirklich Gott oder seinen Gefühlen folgt.

Nur weil wir innerlich angerührt sind, etwas herzugeben, bedeutet es noch lange nicht, dass es auch Gottes Wille ist. Eine der größten Freuden meines Lebens ist es, anderen etwas zu schenken. Allerdings musste ich lernen, dass es nicht immer hilft, wenn man anderen etwas gibt. Es kann sogar schlecht für sie sein, weil es verhindern kann, dass Gott in ihrem Leben das wirkt, was er gerade wirken möchte.

Wenn sich diese Menschen zum Beispiel nicht angemessen um das kümmern, was Gott ihnen bereits anvertraut hat, kann es sein, dass Gott sie bedürftig bleiben lässt, bis sie lernen, gut mit dem umzugehen, was ihnen bereits anvertraut worden ist. Aber jemand, der aus seinen Gefühle heraus handelt, sieht eine Not und will dieser Not begegnen, ohne vorher zu überlegen, ob es weise ist.

Im ersten Kapitel der Sprüche lehrt uns die Bibel, dass wir mit weiser Überlegung handeln sollen. Wenn wir diesen biblischen

Rat nicht befolgen, können wir jemanden daran hindern, erwachsen zu werden und seine persönliche Verantwortung zu übernehmen.

Der umgekehrte Fall muss auch in Betracht gezogen werden: Hier ist jemand, der noch nicht sehr reif im Herrn ist und noch viel lernen muss. Er erleidet Mangel, und zwar deshalb, weil er noch nicht weiß, was er zu tun hat. In diesem Stadium kann es durchaus sein, dass Gott uns dazu führt, jemandem zu helfen, denn wir alle brauchen in unserem geistlichen Wachstum Ermutigung.

Immer wieder bereiten wir uns durch unsere Unwissenheit über Gottes Wege selbst Probleme. Selbst wenn wir anfangen, seine Wege zu lernen, benötigen wir immer noch viel Zeit, bis all die negativen Situationen in unserem Leben ins Positive verändert werden. Wir können einander zu einem großen Segen werden, wenn wir auf die Führung des Heiligen Geistes achten und dementsprechend handeln und helfen. Emotional bewegt zu sein, heißt nicht, vom Heiligen Geist geleitet zu sein. *Gefühle sollten immer der Weisheit untergeordnet werden!* Wenn sie mit der Weisheit übereinstimmen, können wir unseren Plan fortsetzen.

Hier ein Beispiel: Wir alle lieben unsere Kinder und wissen, wie schwer es für uns Eltern ist, wenn sie bestimmte Dinge nicht haben können, die sie gerne hätten und brauchen. Die meisten von uns wollen ihre Kinder sofort aus ihrer schwierigen Situation befreien, wenn es uns möglich ist. Und das mag meistens auch sehr gut sein. Natürlich ist es gut, wenn wir unseren Kindern helfen und sie wissen lassen, dass wir für sie da sind, wenn sie uns brauchen. Allerdings kann es auch sein, dass wir sie am Erwachsen-Werden hindern, wenn wir sie aus jeder schwierigen Situation retten. Es gehört zum Reifeprozess, durch Schwierigkeiten hindurchzugehen.

Als ich vor geraumer Zeit nach geeignetem Material für ein Seminar Ausschau hielt, las ich, dass ein Adlerküken, noch während es sich im Ei befindet, einen kleinen scharfen Zahn am

Schnabelende entwickelt. Es benutzt ihn, um immer wieder gegen die Schale zu picken, bis sie schließlich aufbricht. Dieser Prozess dauert lange und erfordert großes Durchhaltevermögen. Manchmal versuchen gut meinende Menschen, zu helfen, indem sie die Schale aufbrechen. Oft stirbt das Adlerküken, wenn das geschieht.

Wie das Adlerküken brauchen junge Menschen Schwierigkeiten, um auf das Leben vorbereitet zu werden. Wir sollten unseren Kindern helfen, dabei aber nicht ihren Reifeprozess unterbinden.

Emotionale Menschen

Ein emotionaler Mensch ist jemand, der sich leicht von seinen Gefühlen beeinflussen und leiten lässt. Es ist gut, sich selbst und die eigenen Persönlichkeitsmerkmale zu kennen. Manche Menschen neigen eher dazu, sich von Emotionen leiten zu lassen als andere. Sich dessen bewusst zu sein, kann viel Leid und Schmerz im Leben abwenden.

Selbst wenn wir nicht zu den emotionalen Menschen gehören, haben wir doch alle Gefühle, und es besteht die Gefahr, dass wir uns von ihnen leiten lassen. Vielleicht fühlen wir uns eines Morgens beim Aufstehen deprimiert und folgen dann den Rest des Tages diesem Gefühl.

Am nächsten Tag wachen wir vielleicht zornig auf – am liebsten würden wir jemandem so richtig die Meinung sagen, und wir tun es dann auch. Oder wir wachen mit Selbstmitleid auf, setzen uns in eine Ecke und weinen den ganzen Tag.

Wenn wir es zulassen, werden unsere Gefühle Probleme hervorrufen, die dafür sorgen, dass wir uns aus dem Willen Gottes heraus- und in den Willen Satans, des Verführers, hineinbewegen.

Viele Jahre folgte ich meinen Gefühlen. War ich beim Aufwachen deprimiert, hielt das den ganzen Tag an. Mir war damals gar nicht bewusst, dass ich diesen Gefühle auch *widerstehen* hätte können. Jetzt ist mir klar, dass ich das Lobpreisgewand anziehen kann, wie es uns die Bibel in Jesaja 61, 3 lehrt. Ich kann singen oder gute christliche Musik auflegen – dadurch bekämpfe ich das negative Gefühl, das mich den ganzen Tag lang beherrschen möchte.

Wir müssen lernen, uns unserer Gefühle bewusst zu sein, und wissen, wie wir sie richtig in den Griff bekommen. Eine Möglichkeit hierfür ist es, mit den verschiedenen Persönlichkeitstypen vertraut zu sein, um zu wissen, wie unterschiedlich sie in ähnlichen Situationen reagieren.

Die vier grundlegenden Charaktertypen

Wie jeder weiß, sind manche Charaktertypen emotionaler als andere, wobei Frauen allgemein eine stärkere Tendenz zur Emotionalität haben als Männer. Nach einer Lehre, die weit in die Geschichte zurückreicht, gibt es vier grundlegende Charaktertypen, die jeweils mit einem entsprechenden Namen identifiziert werden.

Der erste Typ wird *Choleriker* genannt. Das ist die Kategorie, in die ich gehöre. Choleriker sind geborene Leiter. Ihre starke Persönlichkeit will Kontrolle ausüben. Eine Stärke des Cholerikers besteht darin, viel zu erreichen. Eine seiner Schwächen ist sein Hang zur Dominanz.

Choleriker sind meist stark zielorientiert und gewinnen ihre Motivation aus neuen Ideen und Herausforderungen. Wenn der Herr mir ein Projekt gibt, werde ich ganz begeistert und renne zu meinem Mann, der ein ganz anderer Persönlichkeitstyp ist als ich.

Dave gehört zur Gruppe der *Phlegmatiker*. Phlegmatiker zeigen meist kaum Gefühle. Interessanterweise heiratet ein Choleriker oft einen Phlegmatiker.

Unsere Charakterunterschiede hatten uns in unserer Ehe schon oft bis zur Weißglut getrieben, bis wir schließlich den Plan Gottes darin erkannten. Dave ist in Bereichen stark, in denen ich schwach bin; und ich bin in Bereichen stark, in denen er schwach ist. Mittlerweile glaube ich, dass Gott gegensätzliche Persönlichkeiten zusammenbringt, damit sie sich gegenseitig ergänzen und voneinander lernen. Dave und ich brauchten eine gewisse Zeit, bis wir gelernt hatten, unsere Unterschiede zu akzeptieren und sie zur gegenseitigen Ergänzung einzusetzen.

Ein Beispiel, um das zu veranschaulichen: Ich war von einem neuen Projekt ganz begeistert und ging damit zu Dave. Er sagte jedoch nur: „Mal sehen!" In Momenten wie diesen hätte ich ihn am liebsten geschlagen, bis ich schließlich lernte, ihn zu verstehen. Ich reagierte emotional, er logisch. Ich sah, wie aufregend das Projekt sein könnte, er betrachtete die Verantwortung, die damit einherging. Damals schrie ich ihn dann immer an: „Kannst du dich eigentlich nie für irgendetwas begeistern?"

Oder wir gingen in dynamische charismatische Gemeinden, und wenn ich aus dem Gottesdienst herauskam, sagte ich: „Hast du auch die Gegenwart Gottes gespürt?"

Und Dave sagte dann: „Nein, ich habe gar nichts gespürt." Er wusste, dass Gott gegenwärtig war, machte das aber nicht von Gefühlen abhängig. Lange Zeit dachte ich, mein Mann sei völlig gefühllos.

Wir haben uns beide verändert, nachdem Gott jahrelang an uns gearbeitet hat, und wir sind jetzt viel ausgeglichener. Ich bin nicht mehr so emotional getrieben und er zeigt mehr Begeisterung, wenn ich mich wirklich über etwas freue.

Es ist gut, wenn Phlegmatiker daran denken, dass sie ihren Glauben dafür einsetzen und sich bemühen sollten, etwas Gefühl zu zeigen. Es kann sehr fade werden, wenn man mit einem Menschen zusammenlebt, der nie eine Regung zeigt.

Wenn du ein ruhiger, tiefgründiger Mensch bist, solltest du dich zugunsten derer, mit denen du in Beziehung stehst, bemühen, mehr Gefühl zu zeigen, als es deinem Naturell entspricht. Wir handeln in Liebe, wenn wir uns selbst aufopfern und das tun, was andere brauchen.

Wenn du andererseits eher wie ich bist, dazu neigst, auf Dinge voller Begeisterung zu reagieren, dann wäre es gut, wenn du lernen würdest, deine Gefühle etwas herunterzuschrauben und ausgeglichener zu werden. Du musst auch bedenken, dass es jemandem, der nüchtern und ernst ist, schwer fällt, sich dir gegenüber richtig zu verhalten, weil er nicht dasselbe fühlt wie du. Die Antwort lautet Ausgewogenheit. Wir werden darauf später nochmals eingehen.

Der dritte Persönlichkeitstyp ist der *Sanguiniker*. Er ist der emotionalste Typ von allen. Der Sanguiniker blubbert innerlich und scheint durch das Leben zu hüpfen. Man weiß sofort, dass ein Sanguiniker den Raum betreten hat. Seine Stimme übertönt jede andere: „Ich bin ja so begeistert, hier zu sein!"

Sanguiniker neigen dazu, Cholerikern auf die Nerven zu gehen – ganz besonders mir! Ich bin ein ernsthafter, zielorientierter Typ, der immer einen Plan hat und sich an ihn hält. Wenn dann so ein Sanguiniker hereinhüpft, stört mich das oft. Doch der Sanguiniker bemerkt das womöglich gar nicht. Er ist so voller Energie und Freude, dass er für gewöhnlich alles außer Acht lässt, was ihn daran hindern könnte, eine gute Zeit zu haben.

Sanguiniker heiraten oft den vierten Typ, den so genannten *Melancholiker*. Man kann sich schon denken, dass der Melancholiker von allen wohl am meisten Probleme mit Depression hat. Er ist tiefgründig, ein Denker, immer organisiert. Er ist so durchorganisiert, dass er sogar seine Gewürze alphabetisch sortiert und seine Schnürsenkel in die Schuhe steckt, bevor er sie sorgfältig im Schuhschrank abstellt. Er glaubt, dass es einen richtigen Platz für alles gibt – alles sollte genau an seinem Platz sein.

Sanguiniker sind meist nicht sehr diszipliniert, und gerade das ist natürlich für melancholisch Veranlagte eine Herausforderung. Melancholiker sind sehr ordentliche Menschen. Sie haben immer einen Plan und oft heiraten sie einen Sanguiniker, dem es völlig egal ist, ob ein Plan existiert oder nicht. Und selbst wenn sie einen Plan hätten, könnten Sanguiniker sich ihn nicht länger als fünf Minuten merken. Sie sind die, die ihr Auto auf einem Parkplatz oder in einem Parkhaus abstellen und sich dann nicht mehr daran erinnern können, wo sie es gelassen haben.

Meinst du, einen Sanguiniker würde das stören? Nicht die Frau, die ich kenne, der das wirklich passiert ist. Sie fand es äußerst amüsant. Jetzt hat sie wieder etwas, das sie auf Partys erzählen kann.

Wie du sehen kannst, hängt unsere Reaktion auf Gefühle zu einem gewissen Grad davon ab, welcher dieser vier Charaktertypen uns beschreibt: der Choleriker, der Phlegmatiker, der Sanguiniker oder der Melancholiker. Die meisten von uns sind eine Mischung aus zwei oder mehreren dieser Persönlichkeitstypen.

Es hilft dir wirklich, wenn du dich selbst kennst. Es gibt einige gute christliche Bücher zu diesem Thema, beispielsweise: *Geisterfülltes Temperament* von Tim LaHaye und *Einfach typisch!* von Florence Littauer.

Denke immer daran, dass wir lernen können, unsere Schwächen durch die Kraft des Heiligen Geistes in den Griff zu bekommen. Dadurch werden wir ausgeglichene Menschen, die von Satan nicht kontrolliert werden können.

Emotionalität

Der Ausdruck *Emotionalität* wird benutzt, um die „Tendenz zu beschreiben, sich auf Gefühle zu verlassen oder einen zu großen Wert auf sie zu legen."[2] Oftmals wird sie auch als „übermäßiger Gefühlsausbruch" beschrieben.

Ein emotionaler Mensch ist jemand, dessen „Verhalten von Gefühlen und nicht vom Verstand bestimmt wird"[3].

Auf meinen Lehrseminaren gebe ich den Teilnehmern zu diesem Thema immer die Aufgabe, das Buch der Sprüche zu lesen und darin alle Verse zu suchen, die Gefühle der Weisheit gegenüberstellen.

Wenn sie das tun, entdecken sie meist, dass einer der Unterschiede zwischen Weisheit und Gefühlen der richtige Zeitpunkt ist.

Weisheit wartet immer auf den richtigen Zeitpunkt, wohingegen Gefühle immer darauf drängen, sofort zu handeln. Emotionalität hat den Hang zur Unbesonnenheit. Sie verlangt unverzügliches Handeln. Weisheit dagegen blickt voller Ruhe voraus und versucht, zu erfassen, wie sich eine Entscheidung auf die Zukunft auswirkt. Gefühle befassen sich nur mit dem, was im Moment geschieht.

Wie oft hast du im Überschwang deiner Gefühle etwas gesagt oder getan und später dein vorschnelles Handeln zutiefst bedauert?

„Hätte ich doch nur meinen Mund gehalten!"

Es ist erstaunlich, welcher Schaden einer Beziehung durch einen einzigen Gefühlsausbruch zugefügt werden kann.

Eines Tages, als ich gerade versuchte, zu lernen, meine Zunge unter Kontrolle zu bekommen und meinem Mann nicht zu widersprechen, reagierte ich so emotional, dass der Herr zu mir sagen musste: „Jetzt reicht's, Joyce! Du sagst jetzt kein Wort mehr!" Eilends verließ ich den Raum, rannte in den Flur und schloss mich in der Toilette ein. Ich war so wütend, dass ich mein Gesicht in einem Handtuch vergrub und hineinschrie. Manchmal sind die Festungen unseres Fleisches uns so stark einverleibt, dass wir entschieden vorgehen müssen, um sie einzureißen. Deshalb müssen wir lernen, gegen unsere undisziplinierten Gefühle anzukämpfen und sie dem Willen Gottes unterzuordnen.

Der Kampf mit den Gefühlen

[Daher behandle ich Gottes Gnadengeschenk nicht, als hätte es keinen Wert, sonst würde es seinen Zweck verfehlen]. Ich stelle Gottes Gnade (unverdiente Gunst) nicht einfach zur Seite und entkräfte sie nicht und entwerte sie nicht ...

Galater 2, 21

Anfangs wird es nicht leicht sein, unsere Gefühle zu überwinden. Das ist es nie. Wenn wir beginnen, mit einer Gewohnheit zu brechen, steht uns ein Kampf bevor. Wir müssen innerlich kämpfen und zu Gott schreien: „Herr, hilf mir, hilf mir!" Es ist so wunderbar, zu wissen, dass der Heilige Geist immer bei uns ist, um uns zu helfen.

Wenn du weißt, dass du dich einer schlechten Angewohnheit hingibst, sagen wir einmal, du isst aus emotionalen Gründen, dann musst du, sobald du am Tisch sitzt, innerlich zum Heiligen Geist sagen: „Hilf mir, nicht zu viel zu essen." Wenn im Restaurant alle an deinem Tisch den Nachtisch bestellen und du merkst, dass du zu wanken beginnst, kannst du in deinem Herzen rufen: „Heiliger Geist, hilf mir, hilf mir!"

Ich habe festgestellt, dass ich jedes Mal versage, wenn ich mich nur auf meine eigene Willenskraft oder Entschlossenheit verlasse. Wenn ich mich jedoch entscheide, der Versuchung zu widerstehen, indem ich um die Kraft des Heiligen Geistes bitte, erhalte ich die nötige Stärke zum Siegen.

Mir ist auch klar geworden, dass der Herr nicht alles für uns im Leben tun wird. Wir können nicht einfach jemanden bitten, uns die Hände aufzulegen, damit wir für immer von allen Bindungen freigesetzt sind. Es gibt auch einen Part, den wir selbst mit unserem Verstand und unserem Willen erfüllen müssen. Glaube und Handeln gehören zusammen.

Der Apostel Paulus sagte, dass er die Gnade Gottes nicht umsonst empfange (siehe Gal. 2, 21). Er sagte damit, dass er von Gott nicht erwartete, alles für ihn zu tun, ohne seinen eigenen Teil dazu beizutragen. Gott befähigt uns, das zu tun, was wir tun müssen, aber wir müssen uns entscheiden, richtig zu handeln.

Der Autor des Buches der Sprüche sagt uns: „Der Anfang der Weisheit besteht darin: Erwirb Weisheit (Gottes, erprobte Weisheit)! [Denn Gottes erprobte Weisheit ist das Wichtigste.] Und mit allem, was du hast, erwirb Erkenntnis (Unterscheidungsvermögen, Verständnis und Interpretationsvermögen)" (Spr. 4, 7). Anders ausgedrückt: Wir müssen fähig sein, die Lügen Satans zu durchschauen, wenn er sie uns einflüstert, unabhängig von den Gefühlen, die sie in uns hervorrufen. Wir müssen das Wort Gottes im Auge behalten und tun, was es uns sagt – und nicht das, wozu der Feind unsere Gefühle anstachelt.

Wenn du jemand sein möchtest, der dem Wort Gottes hingegeben ist, wirst du lernen müssen, dich vom Geist und nicht von deinen Gefühlen leiten zu lassen.

Wenn in mir ein Gefühl hochsteigt, überprüfe ich es, um zu sehen, ob es mit Gottes Wort übereinstimmt. Wenn das nicht der Fall ist, offenbart es mir der Geist Gottes, und ich widerstehe diesem Gefühl.

So kämpfen wir gegen unsere Gefühle: Wir benutzen unseren Willen und treffen die Entscheidung, dem Wort Gottes und nicht unseren Gefühlen zu gehorchen.

Gefühlslosigkeit

Ein gefühlloser Mensch ist jemand, „dem es an Gefühlen mangelt – der unfähig ist, Gefühle zu zeigen; jemand, der keine oder nur sehr wenig Gefühle empfindet."[4]

Menschen, die in ihrer Vergangenheit stark verletzt wurden, entwickeln oft innerlich einen harten Kern und errichten hohe

Mauern, um sich zu schützen. Sie können dieselben Gefühle empfinden wie andere, sind aber unfähig, diese zu zeigen. Manchmal sind sie so verletzt, dass sie in ihrer Verhärtung überhaupt nichts fühlen können. In beiden Fällen ist echte Heilung nötig.

Verhärtete und ungezügelte Gefühle

So sage ich dies und bezeuge es feierlich im [Namen des] Herrn [somit in seiner Gegenwart], dass ihr nicht so leben sollt, wie die Heiden (die Ungläubigen) es in der Verdorbenheit ihres Denkens tun [ihrer seelischen Torheit, Nichtigkeit und Leere, in ihrem unnützen Denken]. Ihr moralisches Empfinden ist verfinstert und ihr Verstand ist vernebelt. [Sie sind] fremd (entfremdet) dem Leben Gottes (haben sich selbst davon verbannt), haben wegen der Unwissenheit (dem Mangel an Kenntnis und Einsicht, der vorsätzlichen Blindheit) [keinen Anteil daran], die durch die Verhärtung ihres Herzens (wegen ihrer moralischen Insensibilität) tief in ihnen verwurzelt ist. Durch ihre geistliche Teilnahmslosigkeit sind sie abgestumpft, gefühl- und rücksichtslos geworden und haben sich selbst [als Beute] ungezügelter Ausschweifung hingegeben, eifrig darin und gierig danach, jeder Unreinheit nachzugeben [gemäß den Verlangen und Forderungen ihrer verdorbenen Begierden].

Epheser 4, 17–19

Der Herr machte mich auf diesen Abschnitt über Ungläubige aufmerksam und zeigte mir dazu zwei Dinge: Erstens heißt es, dass Ungläubige so verstockt und abgestumpft sind, dass sie empfindungslos geworden sind. Doch derselbe Vers sagt ebenfalls, dass sie aus ihren Gefühlen in Ausschweifung und fleischlicher Gier leben.

Als ich über diese Aussage nachdachte, zeigte mir der Herr, dass solche Menschen über das hinausgegangen sind, was sie mit ihren Gefühlen tun sollten.

Gott gibt uns Gefühle aus einem bestimmten Grund, sie sollen uns in unserem Leben mit ihm nützlich sein. Diese Menschen wurden so weit verhärtet, dass ihre Gefühle nicht mehr dem eigentlichen Zweck dienen. Satan hat sie dazu gebracht, ungezügelt zu leben und immer das zu tun, wonach sie sich fühlen.

Das ist die Einstellung der Welt. Hauptsache, es fühlt sich gut an

Wir dürfen nicht so leben.

Jesus und Gefühle

Denn wir haben nicht einen Hohepriester, der unsere Schwachheiten und unsere Anfälligkeit, von der Versuchung angegriffen zu werden, nicht verstehen, der nicht mit uns mitfühlen kann, sondern einen [Jesus], der in allem genau so wie wir versucht worden ist, doch ohne zu sündigen.

Hebräer 4, 15

Dieser Vers zeigt uns, dass Jesus dieselben Gefühle empfand wie wir, doch sündigte er dabei nicht. Warum sündigte er nicht? Weil er seinen falschen Gefühlen nicht nachgab. Er kannte das Wort Gottes für jeden Lebensbereich, weil er es jahrelang studiert hatte, bevor er seinen Dienst begann.

Die Bibel sagt, dass Jesus als Kind „wuchs und erstarkte im Geist, erfüllt mit Weisheit …" (Lk. 2, 40), dass er im Alter von zwölf Jahren bereits meinte, er sei nun alt genug, in den Tempel nach Jerusalem zu gehen, um sich um die Angelegenheiten seines Vaters zu kümmern (siehe Lk. 2, 41–52). Aber er musste noch jahrelang lernen, bevor er den vollzeitlichen Dienst begann.

Wir werden niemals fähig sein, unseren Gefühlen zu widerstehen, wenn wir Gottes Wort nicht gut kennen. Jesus hatte dieselben Gefühle wie wir, aber er sündigte nie dadurch, dass er ihnen nachgegeben hätte.

Wenn mich jemand verletzt oder ich aufgebracht bin, ist es für mich solch ein Trost, dass ich mein Gesicht, meine Hände und meine Stimme erheben und zum Herrn sagen kann: „Jesus, ich bin so froh, dass du verstehst, was ich gerade fühle, und dass du mich nicht dafür verdammst, dass ich mich so fühle. Ich möchte mich weiter im Griff haben, möchte diesen Gefühlen nicht nachgeben. Hilf mir, Herr, sie zu überwinden. Hilf mir, denen zu vergeben, die mir Böses getan haben, dass ich sie nicht beleidige, sie nicht meide, dass ich nicht versuche, ihnen das Böse, das sie mir angetan haben, zurückzuzahlen. Hilf mir, mich selbst auch nicht zu verdammen, indem ich denke, dass ich solche Gefühle gar nicht haben dürfte."

Es geht dabei nicht darum, nur zu denken: „Ich sollte solche Gefühle nicht haben", sondern darum, dass wir Gott um Hilfe anrufen und in der Frucht des Geistes, der Selbstbeherrschung, reagieren (vgl. Gal. 5, 23).

Wir brauchen keine Verdammnis zu empfinden, weil wir schlechte Gefühle haben. Jesus versteht das und sein Hauptanliegen ist es, dass wir so werden, wie er ist: demütig, freundlich, sanftmütig und bescheiden. Er möchte, dass wir Erbarmen, Verständnis und ein sanftes Herz entwickeln.

Da ich in meiner Kindheit sehr verletzt worden war, hatte ich, wie schon gesagt, einen harten Kern entwickelt und zu meinem Selbstschutz hohe Mauern um mich errichtet. Ich war innerlich verhärtet und abgestumpft. Aber ich habe gelernt, dass jeder Persönlichkeitstyp, unabhängig davon, wie sehr er verletzt worden ist, freundlich und sanft ausgelebt werden kann.

Unabhängig von unseren Erfahrungen und Gefühlen sollen wir anderen gegenüber voller Erbarmen sein. Wir sollen uns mit denen freuen, die sich freuen, und mit denen weinen, die weinen (siehe Röm. 12, 15).

Jesus vermittelte den Menschen etwas, das er uns heute auch noch vermittelt und das wir anderen vermitteln sollen: Verständnis und nicht Härte.

Unabhängig davon, was uns jemand antut oder bereits angetan hat, sollten wir ihm vermitteln: „Ich verstehe, was du gerade durchmachst. Ich verstehe auch, wie du dich fühlst. Aber lass mich dir auch sagen, was Gottes Wort sagt. Du musst nicht in dem Zustand bleiben, in dem du dich gerade befindest." Verletzte Menschen verletzen andere Menschen, doch Liebe kann sie heilen und verändern.

Wozu Satan uns bringen will, ist offensichtlich: Wir sollen hart und abgestumpft werden, sodass wir *nicht* fühlen und den Bedürfnissen der Menschen gegenüber *nicht* sensibel sein können.

Gott möchte, dass wir gegenüber den Gefühlen und Bedürfnissen anderer empfindsamer und unseren eigenen Gefühlen und Bedürfnissen gegenüber weniger empfindsam sind. Er möchte, dass wir uns in seine Hand begeben und ihn sich um uns kümmern lassen, während wir anderen gegenüber freundlich, barmherzig und sensibel sind.

Als Christen sollten wir nicht von unseren Gefühlen geleitet werden, sondern durch sie dazu bewegt werden, uns derer zu erbarmen, die in Not sind. Das ist der Sinn, der Zweck unserer Gefühle. „Damit auch wir fähig sind, diejenigen, die in Schwierigkeiten oder Drangsal geraten sind, mit dem Trost (dem Beistand und der Ermutigung), mit dem wir selbst von Gott getröstet (und ermutigt) wurden, zu trösten (beizustehen und zu ermutigen)" (2. Kor. 1, 4).

Gefühle oder Entscheidungen?

✐ ✑

… als er furchtbare [Seelen-]Qualen erlitt, betete er [noch] ernsthafter und intensiver, und sein Schweiß

wurde wie große Blutstropfen und sie fielen auf den Boden.

Lukas 22, 44

Bedenke: Gefühle sind Teil der Seele, die oft in drei Bereiche aufgeteilt wird: Verstand, Wille und Gefühle.

Wenn wir von neuem geboren werden, wird uns nicht befohlen, zu denken aufzuhören. Uns wird befohlen, auf eine neue Art zu denken.

Wenn wir von neuem geboren werden, wird uns nicht befohlen, aufzuhören, Entscheidungen zu treffen und Wünsche zu haben. Uns wird befohlen, unseren Willen Gott unterzuordnen und uns zu entscheiden, vom Heiligen Geist geführt zu tun, was er möchte.

Dasselbe gilt auch für unsere Gefühle. Wenn wir von neuem geboren werden, wird uns nicht befohlen, aufzuhören Gefühle zu haben. Uns wird befohlen, zu lernen, Gefühle richtig zum Ausdruck zu bringen.

Jesus *fühlte* sich nicht danach, ans Kreuz zu gehen, aber er widerstand der Versuchung, seinen Gefühlen nachzugeben. Er unterstellte seine Gefühle seinem himmlischen Vater.

Im Garten Gethsemane litt Jesus große Seelenqualen, als er der Versuchung, seinen Gefühlen zu folgen, widerstand, den Gefühlen, die ihn von dem abbringen wollten, was Gottes Wille für ihn war.

Gefühle werden geprüft

Oh lass die Bosheit der Bösen zu Ende gehen, aber gib den [kompromisslos] Gerechten [die aufrichtig und mit dir im Einklang sind] Bestand, denn du, der du die Herzen, Gefühle und den Verstand prüfst, bist ein gerechter Gott.

Psalm 7, 10

Hier in Psalm 7, 10 und auch in Offenbarung 2, 23 („… ich bin es, der den Sinn (die Gedanken, *Gefühle* und Absichten) und das [innerste] Herz erforscht …“) lesen wir, dass Gott ein Gott ist, der unsere Gefühle prüft. Was heißt das in diesem Zusammenhang? Es bedeutet, etwas so lange zu prüfen, bis es gereinigt ist.[5]

Vor einigen Jahren sagte Gott zu mir im Gebet: „Joyce, ich werde deine Gefühle prüfen.“ Ich hatte von so etwas noch nie gehört. Mir war nicht einmal bewusst, dass diese Stellen in der Bibel waren. Ich machte also ganz normal weiter.

Ungefähr sechs Monate später schien es plötzlich, als würde ich ein emotionales Wrack werden. Ich weinte grundlos und war sehr verletzlich.

Ich fragte mich: „Wo liegt denn das Problem? Was ist nur los?“

Dann erinnerte mich der Herr an das, was er mir damals gesagt hatte: „Ich werde deine Gefühle prüfen.“ Er zeigte mir Psalm 7, 10 und Offenbarung 2, 23 und half mir, zu verstehen, was er zu meinem eigenen Wohlergehen tat.

Ganz egal, wer du bist, es wird Zeiten in deinem Leben geben, in denen du mehr Gefühle empfindest als normalerweise. Vielleicht wachst du eines Morgens auf und fühlst dich danach, einfach zusammenzubrechen und grundlos zu weinen. Das mag eine Woche oder sogar länger anhalten. Du fragst dich dann vielleicht: „Was ist bloß mein Problem?“

In diesen Zeiten musst du vorsichtig sein, weil deine Gefühle sehr leicht verletzt werden. Die kleinste Angelegenheit reicht dann schon aus.

Es gab Zeiten, da ging ich abends zu Bett, betete und fühlte mich wunderbar, doch ich stand am nächsten Tag mit dem falschen Fuß auf. Ich war so schlecht gelaunt, dass ich jeden, der mir über den Weg lief, am liebsten geschlagen hätte.

Was sollten wir tun, wenn wir uns so fühlen? Zuallererst sollten wir nicht unter Verdammnis kommen. Zweitens sollten wir gar nicht erst versuchen, herauszufinden, was los ist. Wir sollen einfach sagen: „Meine Gefühle werden gerade geprüft. Ich werde Gott vertrauen und lernen, sie in den Griff zu bekommen."

Wie sollen wir jemals lernen, unsere Gefühle im Griff zu haben, wenn Gott es nicht ab und zu zulassen würde, dass wir durch schwierige Zeiten gehen?

Denke daran, dass die Bibel sagt, dass Gott es nie zulassen wird, dass uns etwas geschieht, das über unser Vermögen hinausgeht (siehe 1. Kor. 10, 13). Wenn der Herr solche Prüfungszeiten in unserem Leben nicht zulässt, werden wir nie lernen, wie wir mit Satan umzugehen haben, wenn er uns versucht – was er früher oder später tun wird. Wenn wir geprüft werden, ist es Zeit, zu lernen.

Gefühle und Erschöpfung

Er selbst aber ging in die Wüste eine Tagereise weit und kam und ließ sich unter einem einzelnen Ginsterstrauch nieder. Da wünschte er sich, sterben zu können, und sagte: Es ist genug. Nun, Herr, nimm mein Leben hin! Denn ich bin nicht besser als meine Väter.

1. Könige 19, 4 (*Elberfelder*)

Ich habe oft gehört, dass jemand, der durch ein emotionales Hoch geht, normalerweise anschließend in einem emotionalen Tief auf Grund läuft.

Im ersten Buch der Könige sehen wir das im Leben des Propheten Elia. An einem Tag ist er auf dem Berg Karmel, blamiert die Baalspriester, ruft Feuer vom Himmel herab und erlebt ein emotionales Hoch. Am nächsten Tag sehen wir ihn in der Wüste unter einem Ginsterstrauch sitzen und er bittet Gott, ihn sterben zu lassen, weil er deprimiert ist.

Auch in meinem Leben merke ich, dass ich, wenn ich in vielen Veranstaltungen nacheinander diene und für die Menschen bete und ihren Bedürfnissen begegne, dabei geistlich, geistig und emotional alles gebe. Ich werde begeistert, wenn ich sehe, was Gott durch diese Veranstaltungen, meine Radio- und Fernsehsendungen und unsere anderen Projekte tut.

Doch wenn ich nach so aufregenden Ereignissen wieder nach Hause komme und zum normalen Alltag übergehe, ist das beinahe unerträglich. Wer will schon den Haushalt schmeißen, nachdem er Dämonen ausgetrieben hat?

Oftmals denken wir: „Ach, wenn ich doch nur immer in diesem emotionalen Hoch leben könnte!" Aber Gott weiß, dass wir es nicht aushalten würden. Viele emotionale Höhen und Tiefen reiben uns emotional, geistig und körperlich auf.

Wenn ich von diesen Reisediensten nach Hause kam, verstand ich nicht, was mit mir nicht stimmte. Ich widerstand dem Teufel, obwohl es eigentlich nur eine Sache gab, die nicht in Ordnung war: Ich war müde – körperlich, geistig und emotional erschöpft. Wie Elia in der Wüste musste ich nicht etwa den Feind besiegen, sondern mich ausruhen.

Wenn du dich so fühlst, mache es nicht wie Elia, indem du dich selbst herunterziehst. Fange nicht an, darüber nachzudenken, wie arm du doch dran bist. Jammere nicht, wie schlecht du dich heute fühlst, wo du doch gestern noch so glücklich warst. Fange nicht damit an, dich beim Herrn darüber zu beschweren, wie unnütz du dich fühlst.

Weißt du, was ich tue, wenn ich anfange, mich so zu fühlen? Ich sage dann: „Herr, ich fühle mich gerade niedergeschlagen, also werde ich mich ausruhen und mich wieder neu auferbauen. Ich werde Zeit mit dir verbringen, Herr, und dir erlauben, mich zu stärken."

Manische Depression

Der psychologische Fachausdruck für Menschen, die von einem emotionalen Extrem ins andere fallen, ist „manisch depressiv".

Eine junge Frau, die zu einer unserer Veranstaltungen kam, erzählte mir, dass ihr Mann manisch depressiv sei. Sie sagte, dass er drei Monate lang in einem emotionalen Hoch lebe und in dieser Zeit wirklich kreativ sei. In seinem Geschäft kaufe und verkaufe er, investiere enorme Gelder und sei in allem außerordentlich erfolgreich. Doch wenn dieses emotionale Hoch abflaue, falle er in eine tiefe Depression, die bis zu sechs Monate anhalten könne.

Die medizinische Forschung versuchte früher, manisch Depressive aus ihrem emotionalen Tief harauszuholen. Doch wenn sie sich in einem emotionalen Hoch befanden, wurde nichts für sie getan. Laut einem Artikel, den ich kürzlich las, hat man nun entdeckt, dass versucht werden muss, sie von ihren extremen Höhen herunterzuholen. Fachleute lernen nun, dass hier Ausgeglichenheit der Schlüssel ist.

Wir haben immer Hochgefühlen applaudiert und den Tiefen kritisch gegenübergestanden. Doch eigentlich sind beide Extreme falsch.

Die meisten von uns werden niemals ein Problem mit manischer Depression haben, aber wir können von der Behandlungsmethode etwas lernen. Wir müssen verstehen, dass es einfach nicht genügt, der Depression zu widerstehen, wir müssen auch der Versuchung widerstehen, uns auf solche emotionale Höhen einzulassen, die uns erschöpfen und uns zur leichten Beute für den Feind machen.

Niemand kann ständig auf dem Gipfel leben. An manchen Tagen werden wir uns gut fühlen und an anderen werden wir uns weniger gut fühlen. Gefühle sind unbeständig, sie verändern sich regelmäßig ohne ersichtlichen Grund. Wir müssen lernen, mit beiden Extremen richtig umzugehen.

Ehrlichkeit ist wichtig, wenn wir beständig emotional gesund sein wollen – Ehrlichkeit uns selbst und anderen gegenüber. Menschen, die uns nahe stehen, spüren es, wenn wir emotional zu kämpfen haben. Ich habe herausgefunden, dass es für mich und meine Familie am besten ist, wenn ich ihnen ehrlich sage, was in mir vorgeht. Wenn ich spüre, dass sich Zorn, Depression oder andere negative Gefühle in mir ausbreiten, sage ich meiner Familie: „Meine Gefühle spielen heute verrückt. Wenn ich nichts sage, beachtet mich einfach für ein Weilchen nicht."

Wir dürfen nicht vergessen, dass auch die Dinge, die wir verstecken, immer noch Macht über uns ausüben. Wenn wir sie aufdecken, beginnen sie sofort, ihren Einfluss zu verlieren. Johannes 8, 32 lehrt uns, dass die Wahrheit uns freisetzt. Jakobus 5, 16 ermutigt uns, unsere Fehler einander zu bekennen, sodass wir geheilt und unser Denken und unser Herz wieder auf ein geistliches Niveau angehoben würden.

Ich habe herausgefunden, dass Verwirrung in die Familie kommt, wenn ich versuche, meinen geistlichen Ruf zu schützen, indem ich vorgebe, alles sei in Ordnung. Sie meinten, ich wäre aus irgendeinem Grund auf sie sauer. Dann regten sie sich auf, weil sie versuchten, herauszubekommen, was sie getan hatten. Uns allen ging es viel besser, wenn ich ihnen einfach die Wahrheit sagte.

Ich lernte, in diesen Zeiten einfach still zu sein.

Wenn wir innerlich aufgewühlt sind, neigen wir dazu, Dinge zu sagen, die wir später bedauern. Es liegt in unserer Verantwortung, dafür zu sorgen, dass unsere Familienmitglieder und die Menschen, mit denen wir viel Zeit verbringen, nicht erraten müssen, was denn nun mit uns los sein könnte.

Hier ist ein gutes Beispiel: Eine Mitarbeiterin unseres Reiseteams, die normalerweise sehr gesprächig und lebendig ist, wurde unvermittelt sehr ruhig und nahezu in sich gekehrt. Mehrere andere Teammitglieder bemerkten es und kamen zu Dave und mir mit der Frage: „Was ist denn mit _____ los?" Sie waren der Meinung, sie sei auf ein Mitglied des Reiseteams oder wegen etwas anderem sauer.

In einem Gespräch fand ich heraus, dass sie lediglich gesundheitliche Probleme hatte. Sie hatte erst vor Kurzem verschiedene Gesundheitstests durchführen lassen und erwartete nun besorgt deren Resultate. Sie sagte: „Wenn ich mit solchen Situationen zurechtkommen muss, werde ich immer still und bete einfach."

Ich bestätigte ihr, dass still zu werden und im Gebet zu bleiben die richtige Reaktion sei. Dennoch ermutigte ich sie dazu, nächstes Mal den anderen gegenüber zu erwähnen, dass sie vor einer persönlichen Herausforderung stehe und sie sich über ihre Zurückhaltung keine Gedanken machen müssten. So können wir verhindern, dass der Teufel in einer solchen Situation negative Vorstellungen in anderen Menschen erzeugt.

Menschen respektieren uns, wenn wir ehrlich und aufrichtig sind. Ich habe das in meiner Familie gelernt und es hat uns alle vor viel Sorge und Unruhe bewahrt.

Denke daran: Der Teufel will unsere Gefühle dazu nutzen, uns in Verdammnis- und Schuldgefühle zu stürzen. Doch Gott benutzt sie oft, um uns zu prüfen, sodass wir durch dieses Gefühlschaos stärker werden und unsere Gefühle noch besser kontrollieren können.

Die Lösung heißt: den Gefühlen nicht nachgeben oder sie gar fördern. Jahrelang durchlebte ich ständig emotionale Höhen und Tiefen, doch mittlerweile bin ich sehr beständig geworden. Gott hilft uns, wenn wir ihm vertrauen und der Führung des Heiligen Geistes gehorchen.

Gefühlen nachzugeben, kostet viel

⤐ ⤏

Diejenigen aber, die ein Leben im Fleisch führen [den Gelüsten und dem Drängen ihrer fleischlichen Natur nachgeben], können Gott nicht gefallen oder ihn zufrieden stellen und sind für ihn nicht annehmbar.

Römer 8, 8

Die englische *Amplified Bible* erklärt, dass „im Fleisch zu leben" bedeutet, den Gelüsten und dem Drängen unserer fleischlichen Natur nachzugeben.

Wir waren alle schon bei einem Bankett oder einer ähnlichen Festlichkeit, bei der ständig für Nachschub gesorgt wird. Es macht Spaß, bedient zu werden, es ist angenehm, wenn allen unseren Wünschen und Bedürfnissen vollständig und unverzüglich durch andere nachgekommen wird. Aber für diesen Service bezahlen wir immer einen Preis.

Dasselbe gilt für unsere Gefühle. Es gibt einen Preis, den wir bezahlen müssen, wenn wir uns darauf einlassen, den Wünschen und Verlangen unserer Gefühle – unserem „Fleisch", wie es die Bibel nennt – nachzugeben.

Denn die Gesinnung des Fleisches [Sinn und Verstand ohne den Heiligen Geist] ist Tod [der Tod, der alles Elend umfasst, das durch Sünde entsteht, gegenwärtiges und zukünftiges]. Die Gesinnung des [Heiligen] Geistes jedoch ist Leben und [Seelen-]Friede [sowohl jetzt als auch in Ewigkeit].

Römer 8, 6

Das bedeutet, dass wir einen Preis bezahlen, wenn wir den Vorgaben und dem Drängen des Fleisches – unseren ungezügelten Gefühlen – folgen. Warum?

… weil die Gesinnung des Fleisches [mit ihren fleischlichen Gedanken und Absichten] Gott feindselig gesinnt

*ist, denn sie ordnet sich dem Gesetz Gottes nicht unter,
sie kann es auch nicht.*

Römer 8, 7

Ein Teil des Preises, den wir bezahlen, wenn wir unseren Gefühlen
nachgeben, ist, dass wir kein geisterfülltes Leben führen können:

*Denn die, welche nach dem Fleisch und im Griff ihrer
unheiligen Begierden sind, haben sich dazu entschlossen, dem nachzujagen, was das Fleisch erfreut.
Die aber, welche nach dem Geist und im Griff des Ver-
langens des Geistes sind, haben sich entschlossen, das
zu suchen, was den [Heiligen] Geist erfreut.*

Römer 8, 5

Die Bibel lehrt sehr deutlich, dass das Fleisch und der Geist im
Widerspruch zueinander stehen. Sie befeinden einander
ständig. Das bedeutet, dass wir nicht gleichzeitig von unseren
Gefühlen und vom Heiligen Geist geleitet sein können. Wir
müssen uns entscheiden.

Wenn die Bibel sagt, dass die, die ihren Gefühlen nachgeben,
Gott nicht gefallen können, bedeutet das nicht, dass Gott
diese Menschen nicht liebt.

Wir können in einem schlimmen emotionalen Durcheinander
leben und sind dennoch von unserem himmlischen Vater geliebt.
Die Tatsache, dass wir emotionale Probleme haben, bedeutet
nicht, dass wir nicht in den Himmel kommen werden. Es bedeutet nur, dass unser Lebensstil Gott nicht gefällt. Warum?
Weil es ihn in die Position versetzt, nicht das für uns tun zu
können, was er gerne tun würde.

Wie ich vorher bereits erwähnt habe, wollen wir alle, dass unsere
Kinder gesegnet sind und an unserem Erbe teilhaben. Doch wenn
eines unserer Kinder sich entscheidet, ein ungezügeltes Leben
in Sünde zu führen, sind wir nicht dazu geneigt, ihm unser Erbe
anzuvertrauen. Wir wissen ja, es würde das Erbe nur zum Fenster
hinauswerfen, für sein „ungezügeltes Leben" verschwenden und

die „Begierde des Fleisches" erfüllen. Wenn der Apostel Paulus sagt, dass Gott sich nicht über die freut, die im Fleisch und nicht im Geist leben, will Paulus damit meiner Meinung nach sagen, dass ihnen Gottes Bestes nicht anvertraut werden kann.

Primitive Triebe

Denn ihr seid noch immer [ungeistlich und vom Wesen her] fleischlich [im Griff eurer Triebe]. Denn so lange es Neid und Eifersucht und Streit und Spaltungen unter euch gibt, seid ihr dann nicht ungeistlich und fleischlich und lebt nach menschlichen Maßstäben und wie (unveränderte) Menschen?

1. Korinther 3, 3

In seinem Brief an die Gemeinde in Korinth bezeichnet der Apostel Paulus die Korinther als ungeistlich, weil sie nicht aus dem Geist Gottes, sondern aus ihrer eigenen menschlichen Natur lebten, die von ihren Trieben kontrolliert wurde.

Paulus sagte nicht, dass sie ungeistlich waren, weil sie diese Triebe hatten, sondern weil sie sich *von ihnen leiten ließen.* Statt ihre Triebe im Griff zu haben, ließen sie sich von ihnen beherrschen.

Ich definiere „Trieb" als einen plötzlichen Drang, der jemanden zum Handeln veranlasst, oder als eine angeborene vernunftwidrige Neigung. Ein von seinen Trieben geleiteter Mensch ist impulsiv, er handelt aufgrund von Gefühlen und nicht aufgrund von Vernunftschlüssen oder Weisheit.

Man spricht beispielsweise von „Spontankauf", einem impulsgesteuerten Kauf, über den man sich im Voraus keine Gedanken gemacht hat.

Paulus sagt, dass ein impulsiver Lebensstil – wenn man sich also von seinen Trieben und nicht vom Geist Gottes leiten lässt – zu viel Bösem führt, wie Eifersucht, Neid und Streit. Kurz gesagt, zu dem, was unter uns Trennung und Spaltung verursacht.

Deine Gefühle als dein Feind

Watchman Nee macht in seinem Buch *Der geistliche Christ* zwei wichtige Feststellungen über Gefühle: 1. Gefühle können als gewaltigster Feind des Lebens eines geistlichen Christen angeführt werden, und 2. Wer von seinen Gefühlen geführt wird, lebt ohne Prinzipien.[6]

Diese Aussage stimmt genau mit dem überein, was Paulus in diesem Abschnitt sagt. Wir können nicht geistlich sein – das heißt, im Geist leben – und uns gleichzeitig von Gefühlen leiten lassen.

Wir werden nicht aufhören, Gefühle zu haben, aber wir können lernen, sie in den Griff zu bekommen. Wir müssen lernen, mit unseren Gefühlen richtig umzugehen, dürfen ihnen dabei jedoch nicht vertrauen! Warum? Weil sie unsere größten Feinde sind. Satan benutzt unsere Gefühle mehr als alles andere, um uns davon abzuhalten, im Geist zu wandeln.

Wir wissen, dass unser Verstand das eigentliche Schlachtfeld ist – der Ort, an dem die Schlacht zwischen Geist und Seele ausgetragen wird. Ich habe gelesen, dass der Verstand getäuscht wird und das Gewissen nicht mehr gemäß seinem Standard urteilen kann, wenn Gefühle die Oberhand gewinnen.

Oft werde ich gefragt: „Wie kann ich sicher wissen, ob ich auf Gott oder auf meine Gefühle höre?"

Ich glaube, wir müssen lernen, zu warten. Gefühle drängen uns zur Eile. Sie sagen uns, dass wir etwas tun müssen und dass wir es sofort tun müssen! Gottes Weisheit sagt uns, dass wir warten sollten, bis wir wissen, was wir zu welchem Zeitpunkt tun sollen.

Wir müssen die Fähigkeit entwickeln, uns zurückzuhalten und die Situation aus Gottes Perspektive zu betrachten. Wir müssen lernen, Entscheidungen zu treffen, die auf *Wissen* statt auf *Gefühlen* basieren.

Oft sagen wir: „Ich *spüre*, dass Gott will, dass ich dies oder jenes tue." In Wirklichkeit bringen wir damit zum Ausdruck, dass wir in unserem Geist empfinden, dass der Herr zu uns sagt, dass wir eine bestimmte Sache tun oder lassen sollen. Wir sprechen dabei nicht davon, aufgrund von Gefühlen zu handeln, sondern davon, aufgrund dessen zu handeln, was wir geistlich als den Willen Gottes in dieser Situation erkennen.

Wenn wir vor eine Entscheidung gestellt werden, müssen wir uns selbst fragen: „Treffe ich diese Entscheidung nach meinen Gefühlen oder nach dem Willen Gottes?"

Ich will dir ein Beispiel aus meinem eigenen Leben geben.

Urteilen aufgrund unserer Gefühle

Denn wir wandeln durch Glauben, [das heißt, wir richten unser Leben und unsere Verhaltensweise nach unserer Überzeugung, nach unserem Glauben aus, indem wir die Beziehung des Menschen zu Gott und göttliche Dinge anerkennen, im Vertrauen und mit heiligem Eifer; denn wir leben] nicht durch das, was wir sehen, oder nach dem Anschein.

2. Korinther 5, 7

Mein Mann Dave und ich gehen auf eine bestimmte Weise mit unserem Geld um. Jeder von uns bekommt jede Woche eine bestimmte Summe zur Verfügung. Normalerweise spare ich mein Geld, um Kleider oder andere Dinge zu kaufen, die ich brauche oder gerne hätte.

Einmal hatte ich ungefähr 375 Dollar gespart, um eine gute Uhr zu kaufen. Das muss ich ungefähr einmal pro Jahr tun, weil ich über meine Haut so viel Säure ausdünste. Ich wollte eine gute, 14-karätige Golduhr kaufen, damit das Armband nicht seine Farbe verlieren würde.

Da ich bereits seit geraumer Zeit nach einer Uhr Ausschau gehalten hatte, wusste ich, dass eine Uhr, wie ich sie mir wünschte, 800 bis 900 Dollar kosten würde, und so sparte ich dafür mein Geld.

Eines Tages waren Dave und ich in einem Einkaufszentrum unterwegs und hielten an einem Schmuckladen an, in dem ich eine Uhr sah, die nur vergoldet, aber wirklich sehr hübsch war. Sie passte zu meinem Ring und schien genau das zu sein, wonach ich Ausschau gehalten hatte. Sie saß perfekt an meinem Arm und hätte nicht einmal gekürzt werden müssen. Zudem bot der Verkäufer mir noch an, den Preis von 395 auf 316 Dollar zu reduzieren. Meine Gefühle sagten mir: „JA, das ist genau das, was ich will!"

Aber dann sagte mein Mann: „Du weißt, dass es nicht 14-karätiges Gold ist."

Also fragte ich den Verkäufer: „Wie lange meinen sie, dass die Goldbeschichtung halten wird?"

„Nun, sie kann fünf bis zehn Jahre halten; es kommt darauf an, wie säurehaltig ihre Haut ist", erwiderte er.

Ich wandte mich an Dave und sagte: „Ach, diese Uhr gefällt mir wirklich. Was soll ich tun?"

„Es ist dein Geld", antwortete er.

„Wissen Sie, was ich jetzt tun werde?", sagte ich zu dem Verkäufer. „Sie legen mir die Uhr 30 Minuten zurück. Ich werde hier im Einkaufszentrum etwas herumlaufen, und wenn ich die Uhr kaufen will, werde ich in einer halben Stunde wieder vorbeikommen."

So liefen Dave und ich ein Weilchen im Einkaufszentrum herum. Dabei kamen wir an einem Kleidungsgeschäft vorbei. Da ich sowieso gerade neue Kleidung brauchte, ging ich hinein und fand einen wirklich schönen Anzug. Ich probierte ihn an und er passte perfekt. Er gefiel mir sehr gut.

„Das ist ein schöner Anzug", sagte Dave. „Du solltest ihn dir kaufen."

Ich schaute auf das Preisschild und da stand 279 Dollar. „Kein Wunder, dass er an mir so gut aussieht", antwortete ich. Aber ich wollte diesen Anzug wirklich haben!

Nach einer Weile hängte ich den Anzug wieder zurück.

„Kaufst du ihn nicht?", fragte Dave.

„Nein", antwortete ich. „Ich werde keines von beiden kaufen. Ich werde darüber nachdenken."

Es gab drei Dinge, die ich wollte: Ich wollte die Uhr, ich wollte den Anzug, und ich wollte nicht pleite sein. Ich wollte etwas Geld übrig haben, damit ich immer wieder kleine Dinge kaufen könnte, die ich ab und zu benötige, damit ich Unternehmungen machen könnte, die mir Spaß machen, wie zum Beispiel ab und zu meine Kinder ins Restaurant einzuladen.

Was machte ich? Ich wandte Weisheit an. Ich entschied mich, zu warten. Die Uhr hätte alle meine Ersparnisse aufgebraucht und wäre doch nicht genau das gewesen, was ich eigentlich wollte. Der Anzug war schön, aber auch er hätte mich den größten Teil meines Ersparten gekostet. Und da er lange Ärmel hatte, hätte ich ihn bis zum kommenden Herbst nicht anziehen können. Ich hätte ihn lange Zeit in meinem Schrank hängen müssen.

Ich entschied daher, dass es das Beste sei, wenn ich mein Geld behalten und darauf warten würde, bis ich wüsste, was ich am ehesten wollte.

Aus dieser Erfahrung habe ich wirklich eine Lektion gelernt: Ich hatte Frieden über meine Entscheidung. So sehr mir sowohl die Uhr als auch der Anzug gefallen hatten, wusste ich doch, dass ich zur richtigen Entscheidung gekommen war.

Später kaufte mir mein Mann sogar beides: die Uhr und den Anzug – und sogar noch einen passenden Ring dazu. Alles lief so wunderbar, weil ich bereit gewesen war, auf meinen Verstand zu hören und der Weisheit zu folgen, statt mich von meinen Gefühlen beherrschen zu lassen.

Wenn wir bereit sind, zu lernen, unsere Gefühle unter Kontrolle zu halten, wird Gott uns segnen.

Damit will ich aber nicht sagen, dass jemand anders deine Entscheidungen für dich treffen wird, wenn du sie hinauszögerst, und du dann automatisch alles bekommst, was du willst. Ich will vielmehr verdeutlichen, dass es normalerweise am weisesten ist, es so zu handhaben: Wenn du dir nicht sicher bist, lass es!

Warte, wenn du schwierigen Entscheidungen gegenüberstehst, bis du eine klare Antwort hast, bevor du einen Schritt tust, den du später bereuen könntest. Gefühle sind etwas Wunderbares, sie dürfen aber nicht die Vorherrschaft über Weisheit und Erkenntnis erlangen. Denke daran: Habe deine Gefühle im Griff! Lass dich nicht von ihnen beherrschen.

2

Heilung verletzter Gefühle
Teil 1

Bei der Heilung emotionaler Wunden handelt es sich um einen Prozess und nicht um etwas, das plötzlich oder über Nacht geschieht. Es bedarf gewisser Zeit und strikten Gehorsams gegenüber Gottes Geboten.

Aus meiner eigenen Erfahrung ist mir bewusst, dass es oft so erscheint, als würdest du keinen Fortschritt machen. Es kommt dir möglicherweise so vor, als hättest du so viele Probleme, dass du überhaupt nicht vorwärts kommst.

Aber du kommst vorwärts!

Du magst noch einen langen Weg vor dir haben, aber denke daran, dass du auch schon einen weiten Weg zurückgelegt hast. Danke Gott für den bereits erzielten Fortschritt und vertraue ihm, dich schließlich – Schritt für Schritt – in den Sieg zu führen.

Schritt für Schritt

In meinen Vorträgen über dieses Thema halte ich gerne mehrere verschiedenfarbige Schnürsenkel hoch, die zusammengeknotet sind. Dann sage ich meinen Zuhörern: „So siehst du aus, wenn du den Veränderungsprozess mit Gott beginnst. Du bist ganz verknotet. Jeder dieser Knoten repräsentiert ein anderes Problem in deinem Leben. Um all diese Knoten zu lösen und deine Probleme glatt zu bügeln, benötigt es etwas Zeit und Mühe, sei also nicht entmutigt, wenn nicht alles auf einmal geschieht."

Wir haben alle dieselben Probleme, doch Gott nimmt sie nicht alle auf einmal in Angriff, und er geht auch nicht bei jedem gleich vor. Vielleicht beginnt er bei einem mit dem, was er sagt, bei einem anderen mit seiner Selbstsucht und beim nächsten mit dessen Zorn und Bitterkeit.

Wenn du von Gott emotionale Heilung empfangen und völlig heil werden möchtest, musst du dir darüber im Klaren sein, dass Heilung ein Prozess ist, und dem Herrn erlauben, mit dir und deinen Problemen auf seine eigene Art und nach seinem Zeitplan zu arbeiten. Deine Aufgabe ist es, mit ihm zusammen-zuarbeiten, egal in welchem Bereich er zuerst in dir zu wirken beginnt.

Du möchtest vielleicht an einer bestimmten Sache arbeiten, doch Gott möchte mit etwas anderem beginnen. Wenn du nach deinem eigenen Plan vorgehst, wirst du schnell merken, dass keine Salbung für die Lösung dieses Problems da ist. Die Gnade Gottes für deine Befreiung wird dir nicht außerhalb seines Zeitplanes zuteil.

Ich sage in meinen Seminaren: „Wenn du von der Botschaft, die ich hier bringe, überführt wirst, bedeutet das nicht, dass du gleich einen Zehn-Punkte-Plan aufstellen sollst, wie du diese Situation angehst. Du musst zuerst beten und Gott bitten, auf diesem Gebiet deines Lebens in dir zu wirken. Dann musst du mit ihm zusammenarbeiten, während er wirksam wird."

Da Gott mit jedem von uns einen bestimmten Problembereich nach dem anderen angeht, kann der Vorgang einen Zeitraum zwischen einer Stunde und mehreren Jahren in Anspruch nehmen. In meinem Fall arbeitete der Herr ein ganzes Jahr daran, mir klar zu machen, dass er mich liebt.

Ich werde das nie vergessen. Ich brauchte dieses Fundament in meinem Leben. Ich musste dringend begreifen, wie sehr Gott mich persönlich liebt, und zwar nicht nur, wenn ich getan hatte, was ich dachte, tun zu müssen, sondern die ganze Zeit, egal, ob ich seine Liebe „verdient" hatte oder nicht.

Ich musste begreifen, dass Gott mich bedingungslos liebt und seine Liebe nicht etwas ist, das ich mit guten Werken oder gutem Verhalten erkaufen könnte.

Als Teil des Prozesses begann ich, jeden Morgen aufzustehen und zu sagen: „Gott liebt mich!" Auch wenn ich etwas falsch gemacht hatte, sagte ich: „Gott liebt mich!" Wenn ich durch Schwierigkeiten und Probleme ging, sagte ich mir immer wieder: „Gott liebt mich!" Wenn Satan versuchte, mir diese Gewissheit zu stehlen, sagte ich mir wieder: „Gott liebt mich! Er liebt mich!"

Ich las Bücher über Gottes bedingungslose, unendliche Liebe. Ich dachte beständig darüber nach, bis diese fundamentale Wahrheit tief in meinem Herzen und in meinen Gedanken verankert war: „Gott liebt mich!" Indem ich ständig zu diesem Thema dazulernte und darüber nachsann, wurde ich in der Liebe Gottes verwurzelt und gegründet, wie uns Paulus in Epheser 3 ermutigt.

Eines unserer Probleme ist, dass wir in unserer modernen und schnelllebigen Gesellschaft dazu tendieren, von einer Sache zur nächsten zu hüpfen. Wir erwarten, dass alles schnell und einfach geht. Wir wollen nicht an einem einzigen Problem arbeiten, bis wir einen Durchbruch erlangen und wissen, dass wir auf diesem Gebiet den Sieg haben.

Der Herr ist nicht so. Er steht nie unter Zeitdruck und er gibt auch nie auf. Er arbeitet an uns an einer bestimmten Sache, und dann gibt er uns für eine Weile Ruhe – aber nicht allzu lange. Schon bald kommt er zurück und fängt an etwas anderem zu arbeiten an. Er macht so weiter, Stück für Stück, bis alle Knoten aufgelöst sind.

Manchmal mag es so scheinen, als würdest du keine Fortschritte machen, weil der Herr die Knoten nacheinander aufmacht. Es mag schwierig sein und es mag auch einen gewissen Zeitraum in Anspruch nehmen, aber wenn du nicht aufgibst, wirst du früher oder später den Sieg erringen und die Freiheit erfahren, auf die du schon lange gewartet hast.

In manchen Bereichen habe ich innerhalb weniger Monate, in manchen nach einem Jahr Freiheit erlangt, aber es gab ein Gebiet in meinem Leben, in dem es 14 lange Jahre dauerte. Vielleicht bist du ja nicht so dickköpfig und hartnäckig, wie ich es war, sodass du nicht so lange brauchen wirst, bis die Festungen, die dich gebunden halten, zerbrochen werden. Das Eine musst du dir aber merken: Egal, wie lange es braucht, hör niemals auf, gib niemals auf – bleib dran!

Geh weiter

Gott erwartet von uns, wenn es darum geht, dass unsere Probleme gelöst werden sollen, in erster Linie Glauben und Ausharren. Studiere Gottes Wort und verbringe Zeit mit ihm.

Was können wir sonst noch tun?

Einen Knoten in unserem Leben können wir nicht immer selbst lösen. Manche Knoten sind schwerer zu lösen als andere. Wenn wir nicht aufpassen, können wir sie sogar noch fester verschnüren, als sie es vorher schon waren. Wenn wir angestrengt versuchen, unsere Knoten zu lösen, machen wir oftmals alles nur noch schlimmer.

Es gab einen Zeitpunkt in meinem Leben, als ich so in meinen Problemen und meinen nutzlosen Anstrengungen, sie zu lösen, verwickelt war, dass ich weder für mich noch für irgendjemand anderes nützlich war.

Doch als ich lernte, dem Herrn die Probleme zu überlassen und einfach mit ihm zusammenzuarbeiten, begannen die Dinge sich zu verbessern. Jetzt bin ich frei in Jesus und fähig, anderen zu helfen, die ebenso in ihren Problemen gebunden und verstrickt sind, wie ich es war.

Probleme, die Menschen selbst verursachen

Manche Menschen wurden sehr verletzt. Ich habe den Eindruck, dass die meisten von uns irgendwann irgendwie zu dieser Gruppe gehörten oder gehören werden. Lass uns deshalb einige dieser Probleme betrachten.

Manche Menschen empfinden sich selbst als unwürdig. Sie haben einen in Scham gegründeten Selbsthass, sie lehnen sich selbst ab, da ist eine innere Stimme, die ihnen sagt, dass sie nicht gut sind, dass etwas mit ihnen nicht stimmt.

Jahrelang lief ich mit der nagenden Frage herum: „Was stimmt mit mir bloß nicht?"

Ist es nicht sonderbar, dass das Erste, das der Herr uns gibt, wenn wir von neuem geboren werden, seine Gerechtigkeit durch sein Blut ist? Wir können damit aufhören, uns ständig zu fragen, was mit uns nicht in Ordnung ist, und das bekennen, was mit uns in Ordnung ist, da wir jetzt in Christus sind!

Andere Menschen werden zu Perfektionisten. Sie versuchen beständig, ihren Wert zu beweisen und Liebe und Anerkennung durch Leistung zu verdienen. Sie kämpfen beständig damit, alles immer etwas besser zu machen, in der Hoffnung, geliebt und angenommen zu werden.

Andere wiederum sind hypersensibel. Kannst du dich daran erinnern, was der Apostel Paulus in 1. Korinther 13, 5 über die Liebe sagt? Sie ist nicht reizbar (siehe *Hoffnung für alle*).

Bist du reizbar? Würdest du dich gerne von Hypersensibilität befreien lassen? Wenn ja, musst du der Tatsache ins Auge sehen, dass du reizbar bist und dass das Problem nicht bei denen liegt, die dich ständig aufregen und oder deine Gefühle verletzen, sondern bei dir und deinem außerordentlich sensiblen Wesen. Wenn du eine gesunde Selbstsicherheit entwickelst, wirst du von deiner Überempfindlichkeit frei.

Mir half in diesem Bereich eine Aussage, die eine Frau vor einigen Jahren machte, als sie ein Buch zu diesem Thema las. Sie sagte mir: „Weißt du was? In dem Buch, das ich gerade lese, heißt es, dass Menschen, die deine Gefühle verletzen, das in 95 Prozent der Fälle nicht beabsichtigten."

Das bedeutet also, dass du dich dafür entscheidest, dass deine Gefühle leicht verletzt werden. Die gute Nachricht ist, dass du dich auch entscheiden kannst, dich nicht so leicht verletzen zu lassen.

Ich will dich wirklich ermutigen, deine Überempfindlichkeit abzulegen. Du wirst dich viel besser fühlen, was dich und was andere angeht.

Ich weiß das. Meine Gefühle wurden früher auch schnell verletzt, wenn mein Mann mir kein Geburtstagsgeschenk gekauft oder etwas anderes nicht getan hatte, das ich als Ausdruck seiner Liebe und Wertschätzung erwartet hatte. Wenn er mir kein Kompliment machte, wenn ich der Meinung war, er müsse es tun, fühlte ich mich verletzt.

Wenn du einen Raum betrittst und nicht die Aufmerksamkeit bekommst, die du zu verdienen meinst, verletzt dich das? Hast du den Eindruck, dass dich andere nicht so schätzen, wie sie es sollten? Wenn dem so ist, dann musst du dieses Problem in Gottes Hand legen und ihn den Knoten der Überempfindlichkeit lösen lassen.

Mir hat es in den letzten Jahren enorm geholfen, zu lernen, mich in Gottes Hände fallen zu lassen und ihn die Dinge zu meinem Besten ausarbeiten zu lassen. Ich versuche, mich ihm ganz auszuliefern und mich darauf zu verlassen, dass er mir das gibt, was er für mich hat.

Kurz gesagt, lerne ich es, nicht auf andere Menschen zu schauen, nicht von ihnen zu erwarten, meine Bedürfnisse zu stillen, sondern diesbezüglich auf Gott zu blicken, denn er weiß, was für mich am besten ist.

Es ist interessant, dass Menschen, die anderen gegenüber höchst sensibel reagieren, oft völlig insensibel sind, wenn es um andere geht.

Ich war auch so. Ich war hypersensibel und doch unumgänglich, da ich so unsicher war.

Oftmals sind Menschen überempfindlich, weil sie in der Vergangenheit verletzt wurden und deshalb ihre verwundeten Gefühle leicht schmerzen. Das macht sie so reizbar.

Ich war so. Wie viele Menschen versuchte ich, andere dazu zu bringen, mich glücklich zu machen, weil ich die meiste Zeit meines Lebens die Liebe, die ich brauchte, nicht bekommen hatte. Als ich heiratete, begann ich, meinen Ehemann zu erdrücken. Weil mir Liebe und Zuneigung vorenthalten worden waren, neigte ich dazu, jeden, der mir irgendeine Form der Zuneigung oder Anerkennung zeigte, zu erdrücken.

Ich lernte, dass wir unserem Partner in der Ehe einen gewissen Freiraum einräumen müssen. Wir müssen uns von der Menschenfurcht lösen und stattdessen eine Ehrfurcht vor dem Herrn entwickeln.

Warum haben manche von uns so eine starke Angst vor dem, was andere von uns denken? Es liegt daran, dass wir ein schlechtes Selbstbild haben. Sind wir weniger wertvoll oder unwürdig in Gottes Augen, weil jemand eine schlechte Meinung von uns hat? Natürlich nicht. Aber wir fühlen uns weniger wertvoll, es sei denn, wir sind uns dessen sicher, wer wir in Christus sind.

Menschen, die sich sehr vor anderen fürchten, sind gute Kandidaten dafür, unter den Einfluss von Kontrollgeistern zu geraten. Wir müssen auf diesem Gebiet sehr aufpassen.

Oft erlauben Menschen, die unter einem schlechten Selbstbild leiden, von jemandem kontrolliert zu werden, der verspricht, ihnen Liebe und Anerkennung entgegenzubringen. Sie erlauben es, wie eine Marionette gelenkt zu werden. Sie haben Angst, die

Fäden abzureißen, weil sie den Verlust der Aufmerksamkeit fürchten, die ihnen der manipulierende Mensch entgegenbringt. Sie fürchten sich vor Einsamkeit.

Dann gibt es diejenigen, die aufgrund emotionaler Verletzungen selbst kontrollieren und manipulieren. Ich war eine von ihnen.

Als ich heiratete, fiel es mir aufgrund meiner Verletzungen aus der Vergangenheit sehr schwer, mich meinem Ehemann im Herrn unterzuordnen, wie die Bibel es uns lehrt (siehe Eph. 5, 22; Kol. 3, 18). Ich befürchtete, dass er mich verletzen würde, wenn ich mich ihm unterordnen würde und er auf irgendeine Art Kontrolle über mich ausüben könnte.

Dave sagte mir immer wieder: „Joyce, ich werde dich nicht verletzen! Verstehst du nicht, dass ich dich liebe und dass die Entscheidungen, die ich treffe, das Beste für dich sind? Gott hat mir diese Aufgabe übertragen."

Doch ich konnte das lange nicht verstehen. Ich konnte mir nicht vorstellen, dass mich jemand ausreichend mochte, um Entscheidungen zu treffen, die mir irgendwie nützlich sein könnten. Ich dachte, dass mich jemand, dem ich es erlaube, in meinem Leben zu bestimmen, ausnützen würde und sich für das entscheiden würde, was für ihn am Besten wäre, und nicht für das Beste für mich. Es gibt auch Menschen, die das tun würden, aber Dave gehört nicht zu diesen Menschen. Gott fordert uns auf, ihm zu vertrauen und zu glauben, dass er uns rechtfertigen wird, wenn Menschen uns ungerecht behandeln.

Wenn wir in der Vergangenheit verletzt wurden, neigen wir dazu, unsere Wunden in unsere neuen Beziehungen hineinzuschleppen. Gott möchte uns helfen, in den neuen Beziehungen, die wir entwickelt haben, richtig zu funktionieren, und sie nicht aufgrund unserer schlechten Erfahrungen aus der Vergangenheit zu ruinieren.

Dann gibt es noch verschiedene Arten von Abhängigkeiten und Süchten: Alkoholismus, Drogenabhängigkeit, Fresssucht, die Sucht, Geld zu verschwenden, und vieles andere mehr.

Wenn du unter einer dieser emotionalen Krankheiten leidest, will Gott dich heilen. Er will dich von dem Gefühl, nichts wert zu sein, heilen, von Scham, Selbsthass und Selbstablehnung, von Abhängigkeiten und Süchten, von Überempfindlichkeit und Angst sowie vom Kampf, ein Perfektionist zu sein, der immer versucht, Gott zu gefallen.

Einmal sagte der Herr zu mir: „Joyce, es ist nicht annähernd so schwer, mir zu gefallen, wie die Menschen es meinen."

Gott erwartet von uns nicht, dass wir perfekt sind. Wenn wir perfekt sein könnten, wäre es nicht nötig gewesen, dass Gott uns Jesus als perfektes Opfer sendet.

Gott hat die wunderbare Fähigkeit, uns trotz unserer Fehlerhaftigkeit zu lieben. Er will uns von unseren emotionalen Ängsten, Schwächen und Abhängigkeiten heilen. Aber um dies tun zu können, müssen wir bereit sein, uns helfen zu lassen.

Empfange bereitwillig Hilfe

… Ich bin der Weg …

Johannes 14, 6 (*Elberfelder*)

Viele Menschen sind sehr verletzt und schreien nach Hilfe. Das Problem ist, dass sie nicht bereit sind, die Hilfe zu empfangen, die sie von Gott brauchen.

Die Wahrheit ist, dass wir nie Hilfe empfangen, wenn wir sie auch noch so sehr wollen und benötigen, bis wir bereit sind, die Dinge so zu tun, wie Gott es will.

Es ist erstaunlich, wie oft wir Hilfe wollen, aber möchten, dass Gott sie uns so gibt, wie wir uns das vorstellen. Gott will, dass wir die Dinge so tun, wie er sich das vorstellt.

In Johannes 14, 6 sagt Jesus: „… Ich bin der Weg …“ (*Elberfelder*). Als ich diese Botschaft vorbereitete, ging mir diesbezüglich ein Licht auf. Was Jesus damit meint, ist, dass er bestimmte Wege hat, etwas zu tun, und wenn wir uns *seinem* Weg unterordnen, kommt für uns alles in Ordnung. Doch oft hadern und kämpfen wir mit ihm und versuchen, ihn dazu zu bringen, die Dinge so zu tun, wie wir es möchten. Das wird einfach nicht funktionieren.

In meinem Dienst sagen wir fortwährend: „Ihr müsst im Wort bleiben. Ihr müsst eure Bibel täglich lesen und studieren.“ Ansonsten werden sie nicht wissen, was Gottes Weg ist und wie sie von ihm Hilfe empfangen können.

Wie oft standen schon Menschen bei einem Altaraufruf vor mir und erzählten mir alle möglichen schrecklichen Dinge, die in ihrem Leben gerade geschahen und welch schlimme Schmerzen sie empfanden – und ich wollte ihnen helfen, doch sie weigerten sich hartnäckig, zu tun, was sie tun hätten müssen, um die Hilfe zu empfangen, die sie brauchten.

Ich fragte sie: „Bist du im Wort?“

„Na ja, nicht wirklich.“

„Gehst du in die Gemeinde?“

„Nein, ich schaffe es nicht immer.“

„Wie oft gehst du zu geistlichen Veranstaltungen wie diesen?“

„Ab und zu, vielleicht einmal im Jahr.“

„Hörst du dir Predigtkassetten an?“

„Nun ja, ich habe vier oder fünf davon, aber ich habe sie noch nie angehört.“

Es ist nicht immer so, aber viele verhalten sich, als wäre es eine reine Glückssache. Allzu oft versuchen Menschen eben, einen anderen Weg zu finden, um Hilfe zu bekommen, statt die Dinge so zu tun, wie Gott es möchte.

Die Bibel lehrt ganz deutlich, dass Gott unser Leben segnet, wenn wir lernen, gemäß seinem Wort zu handeln.

Ich will dir dafür ein Beispiel geben. Die Bibel lehrt, dass wir, um in Harmonie und Frieden zusammenleben zu können, denen vergeben müssen, die uns etwas Böses angetan haben. Wenn wir uns weigern, das zu tun, welche Hoffnung haben wir dann, das zu empfangen, was wir brauchen?

Wenn wir nicht tun, was wir tun können, wird Gott nicht das tun, was wir nicht tun können. Wenn wir tun, was wir tun können, wird Gott das tun, was wir nicht tun können. So einfach ist das.

Mir ist klar, dass einer der Gründe, warum wir nicht immer das tun, was uns im Wort Gottes gesagt wird, der ist, dass es manchmal schwer ist, nach dem Wort Gottes und nicht nach unseren Gefühlen zu handeln.

Ich kann mich daran erinnern, wie schwierig es für mich war, als der Herr mir das erste Mal sagte, dass ich zu meinem Mann gehen und ihm sagen sollte, dass es mir Leid tue, so rebellisch ihm gegenüber gewesen zu sein. Ich dachte, auf der Stelle sterben zu müssen. Mein Fleisch schrie, schimpfte und tobte. Wegen des Missbrauchs, den ich in meiner Kindheit erfahren hatte, fiel es mir schwer, mich jemandem unterzuordnen, besonders Männern. Ich dachte, dass ich, nachdem ich schließlich etwas Kontrolle über mein Leben bekommen hatte, keineswegs vor irgendjemandem „meine Knie beugen" würde. Ich war nicht daran interessiert, ein „Zeichen von Schwäche" zu zeigen, was dies für mich gewesen wäre.

Jetzt ist mir klar, dass mich der Herr aufforderte, Demut, also Stärke, die man im Griff hat[1], zu beweisen, und nicht Schwäche, nicht Unterwerfung unter Knechtschaft.

Wenn wir uns demütigen, uns für unsere Fehler entschuldigen und die Dinge tun, die notwendig sind, um Frieden zu halten, wird die Welt uns sagen, dass wir schwach sind und es den anderen erlauben, auf uns herumzutrampeln. Aber Gott nennt es Demut, nicht Schwäche. Wenn Gott sich nach jemandem umschaut, den er benutzen kann, sucht er nach einem demütigen Menschen. Nur ein demütiger Mensch wird Gott unentwegt gehorchen.

Die Bibel sagt, dass Mose der demütigste Mann auf der Erde war, als Gott ihn dazu berief, die Arbeit zu tun, für die er ihn vorbereitet hatte (siehe 4. Mo. 12, 3). Wir müssen heute dasselbe tun wie Mose: gehorchen.

Gehorche dem Wort

Seid aber Täter des Wortes [befolgt die Botschaft] und nicht bloß Hörer, wodurch ihr euch selbst betrügt [durch die Täuschung, entgegengesetzt der Wahrheit zu denken].

Jakobus 1, 22

Ich erinnere mich an eine Frau, die eines meiner Seminare besuchte. Sie hatte sehr viele emotionale Wunden, aufgrund derer sie unsicher und ängstlich war. Sie wollte unbedingt frei werden, aber nichts schien bei ihr zu funktionieren.

Am Ende des Seminars sagte sie mir, dass sie nun verstand, warum sie niemals Fortschritte gemacht hatte. Sie sagte: „Joyce, ich saß in einer Gruppe von Frauen, die alle in der Vergangenheit viele der Probleme gehabt hatten, die ich gehabt hatte. Sie hatten auch emotionale Probleme gehabt, aber Schritt für Schritt hatte Gott sie befreit. Als ich ihnen zuhörte, hörte ich sie sagen: ‚Gott hat mich geleitet, dies zu tun, und ich tat es. Dann hat er mich geführt, etwas anderes zu tun, und ich tat es.' Als ich dasaß, wurde mir klar, dass Gott auch mir aufgetragen hatte, dieselben

Dinge zu tun. Der einzige Unterschied bestand darin, dass sie diese Dinge taten, ich jedoch nicht."

Um von Gott das zu empfangen, was er uns in seinem Wort verheißen hat, müssen wir seinem Wort gehorchen. Ja, wir müssen das Wort empfangen, aber wir müssen Täter des Wortes werden, und nicht nur Hörer.

Wir müssen am Bibelstudium teilnehmen und in den Gottesdienst gehen, um das Wort zu hören. Aber wir müssen auch in die Welt hinausgehen und das Wort in unserem Alltag umsetzen. Es wird Zeiten geben, in denen die Umsetzung des Wortes Gottes nicht einfach ist; Zeiten, in denen wir uns nicht danach *fühlen*, das zu tun, was das Wort uns sagt.

Dem Wort zu gehorchen erfordert Beständigkeit und Fleiß. Es darf keine Glückssache sein. Wir dürfen es nicht einfach eine gewisse Zeit versuchen, um zu sehen, ob es funktioniert. Es bedarf der Hingabe und Entschlossenheit, das Wort zu tun, egal, was dabei herauskommt.

Ich habe mich mit dieser Thematik sehr lange beschäftigt und du kannst es mir glauben, wenn ich dir sage, dass diejenigen, die die Dinge auf Gottes Art und Weise angehen, den Sieg erringen werden!

„Ja", magst du sagen, „aber ich setze das Wort schon seit so langer Zeit um und habe noch immer keinen Sieg."

Dann setze es einfach weiterhin um. Niemand weiß genau, wie lange es dauert, bis das Wort in deinem Leben zu wirken beginnt. Aber ich kann dir versichern, wenn du dranbleibst, wird es früher oder später funktionieren.

Gottes Weg funktioniert! Und es gibt keinen anderen Weg, der auch funktionieren würde.

Ich weiß, dass es oft ein Kampf ist, dranzubleiben und immer weiterzumachen – vor allem, wenn es den Anschein hat, als ob überhaupt nichts passieren würde. Ich weiß, dass Satan versucht, dich vom Wort fern zu halten. Und wenn du dann ins Wort gehst, versucht er alles, was in seiner Macht steht, um dich davon abzuhalten, das Wort in deinem Leben in die Tat umzusetzen. Ich weiß auch, dass er, sobald du anfängst, das Wort in deinem Leben in die Tat umzusetzen, alles tut, um dich davon zu überzeugen, dass es nicht funktioniert.

Darum musst du daran festhalten. Bitte Gott, dir zu helfen, indem er dir den Wunsch gibt, in sein Wort zu gehen und es umzusetzen, egal, wie schwer es ist oder wie lange es dauert, bis es Ergebnisse in deinem Leben hervorbringt.

Willst du gesund werden?

Es war aber ein Mensch dort, der schon achtunddreißig Jahre an einer hartnäckigen, anhaltenden Krankheit litt. Als Jesus ihn [hilflos] daliegen sah in dem Wissen, dass er schon eine lange Zeit in diesem Zustand lebte, sagte er zu ihm: Willst du gesund werden? [Ist es dir wirklich ernst damit, gesund zu werden?]

Johannes 5, 5–6

Ist es nicht eine erstaunliche Frage, die Jesus hier diesem armen Mann stellt, der schon 38 Jahre lang krank war: „Willst du wirklich gesund werden?"

Das ist die Frage des Herrn an dich, während du diese Worte liest: „Willst du wirklich gesund werden?"

Wusstest du, dass es Menschen gibt, die nicht gesund werden wollen? Sie wollen einfach nur über ihr Problem reden. Gehörst du zu diesen Menschen? Willst du wirklich gesund werden oder willst du nur über dein Problem sprechen?

Manchmal werden Menschen innerlich davon abhängig, ein Problem zu haben. Es wird Teil ihrer Identität, Teil ihres Lebens. Es bestimmt ihr Denken, ihr Reden und ihr Handeln. Ihr gesamtes Sein dreht sich darum.

Wenn du eine „hartnäckige, chronische Krankheit" hast, will der Herr, dass du weißt, dass sie nicht der Mittelpunkt deiner gesamten Existenz sein muss. Er möchte, dass du ihm vertraust und mit ihm zusammenarbeitest, während er dich Schritt für Schritt in den Sieg über das Problem führt.

Versuche nicht, ein Problem dafür zu benutzen, Anerkennung, Sympathie oder Mitgefühl zu bekommen.

Wenn ich mich früher bei meinem Mann beschwerte, antwortete er mir: „Joyce, ich werde dich nicht bemitleiden."

„Ich versuche gar nicht, dich dazu zu bringen, mich zu bemitleiden", protestierte ich dann.

„Doch, das tust du", antwortete er mir. „Und ich werde es nicht tun, denn wenn ich es täte, würdest du nie aus deinen Problemen herauskommen."

Das machte mich dann immer so wütend, dass ich am liebsten Kleinholz aus ihm gemacht hätte. Wir werden sauer auf die Menschen, die uns die Wahrheit sagen. Und die Wahrheit ist, dass wir auch gesund werden *wollen* müssen, bevor wir gesund werden können, und zwar an Geist, Seele und Leib. Wir müssen es wirklich wollen, sodass wir bereit sind, die Wahrheit zu hören und anzunehmen.

Gott geht bei jedem individuell vor. Jeder muss lernen, dem Plan Gottes für sein Leben zu folgen. Was unser Problem auch sein mag, Gott hat verheißen, dass er unseren Bedürfnissen begegnen und uns unseren Verlust zurückerstatten wird. Der Wahrheit ins Gesicht zu schauen, ist der Schlüssel, wenn du möchtest, dass die Gefängnistüren aufgeschlossen werden, die dich gefangen halten.

Die Gerechtigkeit Gottes

Für eure [frühere] Schande sollt ihr eine zweifache Entschädigung erhalten; statt Schande und Schmach soll sich [dein Volk] in ihrem Erbteil freuen. Darum werden sie in ihrem Land das Doppelte [dessen, was sie verwirkt hatten] besitzen, ewige Freude wird ihnen zuteil.

Jesaja 61, 7

Das Wort „Entschädigung" bedeutet „Rückzahlung".[2] Wenn der Prophet sagt, dass der Herr uns für unsere Scham, die Schande und die Schmach entschädigen will, bedeutet das, dass Gott uns für all die Verletzungen, die wir in unserem Leben erfahren haben, etwas zurückerstatten will.

Die Bibel sagt: „Geliebte, rächt euch nicht selbst, sondern macht Raum dem Zorn [Gottes]; denn es steht geschrieben: ‚Mein ist die Rache, ich will vergelten', sagt der Herr" (Röm. 12, 9).

Einer der größten Fehler, die wir machen, besteht darin, zu versuchen, uns selbst zu rächen, selbst für Gerechtigkeit sorgen zu wollen, anstatt Gott zu vertrauen, das für uns zu tun. Wenn wir versuchen, es selbst zu tun, werden wir letztendlich nur ein großes Durcheinander verursachen.

Wenn die Bibel von Vergeltung und Gerechtigkeit spricht, bedeutet das einfach, dass wir das bekommen, was richtig und angemessen ist.

Als durch das Blut Jesu erkaufte Kinder Gottes wissen wir nun, dass uns nicht das treffen wird, was als Strafe für unsere Sünden angemessen wäre, sondern dass wir den Lohn der Gerechtigkeit erhalten werden, solange wir dem Herrn vertrauen und ihm gehorchen und unsere Sünden und Übertretungen bereuen. Jesus nahm unsere Strafe auf sich und wir erhalten sein Erbe.

Die Bibel sagt in Psalm 37, 1–2: „Entrüste dich nicht über die Übeltäter, beneide auch nicht die, welche Ungerechtigkeit (das, was vor Gott nicht aufrichtig und wahrhaftig ist) vollbringen. Denn wie Gras werden sie verdorren und wie das grüne Kraut schnell verwelken."

Die Liebe Gottes ist ausgegossen in unser Herz durch den Heiligen Geist (vgl. Röm. 5, 5). Wir wollen nicht, dass irgendjemand „abgeschnitten wird" oder „verwelkt", selbst diejenigen nicht, die uns Böses angetan haben. Ich danke Gott dafür, dass ich in meinem Leben an den Punkt gekommen bin, an dem ich es mir nicht mehr wünsche, dass die Menschen, die mir Böses angetan haben, ein elendes Leben führen. Gott hat uns, die wir ihm gehören und ihm nachfolgen, jedoch versprochen, dass diejenigen, die uns Schmerzen zugefügt haben, eines Tages für ihre Sünden uns gegenüber bezahlen werden, wenn sie nicht zuvor Buße tun. Gott wird uns Entschädigung schenken, wenn wir ihm vertrauen.

Zu oft scheinen Gläubige nicht zu verstehen, dass sie die Dinge nicht selbst in die Hand nehmen dürfen. Viele sind zornig wegen dem, was ihnen angetan wurde – und dieser Zorn manifestiert sich auf vielerlei Weisen, immer zerstörerisch.

Ein Teil des Problems ist, dass wir als Christen noch nicht gelernt haben, dass wir alle Leid ertragen müssen. In Psalm 34, 20 steht: „Vielfältig ist das Unglück des Gerechten …" (*Elberfelder*). Obwohl wir Kinder Gottes sind, wird nicht alles immer so verlaufen, wie wir es uns wünschen, und nicht jeder wird uns so behandeln, wie wir gerne behandelt werden würden.

Aber die Bibel lehrt uns, dass Gott die Waagschalen in unserem Leben ausgleichen wird, wenn wir weiterhin auf Gott vertrauen, egal, was uns geschieht, und unsere Augen auf ihn gerichtet bleiben. Der zweite Teil von Psalm 34, 20 lautet: „… aber aus dem allen errettet ihn der Herr" (*Elberfelder*). Die Zeit kommt, wenn alles wieder gerade gerückt wird. Unseren Feinden wird ihr Verrat zurückgezahlt und uns wird alles, was wir verloren haben, doppelt zurückerstattet.

Es lohnt sich, auf wahre Gerechtigkeit zu warten.

Eine gewaltige Entschädigung

Nach diesen Dingen kam das Wort des Herrn in einer Vision zu Abram: Fürchte dich nicht, Abram, ich bin dein Schild, deine überreiche Entschädigung, und deine Belohnung soll sehr groß sein.

1. Mose 15, 1

In diesem Abschnitt sehen wir, dass der Herr zu Abraham kam und ihm versprach, dass er selbst seine große Entschädigung und Belohnung sein würde, wenn er ihm treu bleiben und gehorchen würde. Später, in Galater 3, sehen wir, dass der Segen Abrahams nicht nur ihm alleine galt, sondern uns allen, die wir Abrahams Kinder durch den Glauben an Gottes Sohn Jesus Christus sind. Jeder von uns kann genauso gesegnet werden, wie Abraham es war, wenn wir ebenso treu und gehorsam sind wie er.

Mein Mann und ich haben ein wunderbares Leben in unserem Dienst. Gott ist so gut zu uns! Manchmal sind die Dinge so wunderbar, dass ich mich wie eine Märchenprinzessin fühle. Ich staune über das, was Gott getan hat, wenn ich darüber nachdenke: „Hier reise ich um die ganze Welt und Menschen kommen, um mich sprechen zu hören. Ich bin im Radio, im Fernsehen, und Gott öffnet mir überall, wohin ich gehe, Türen – ich bin so gesegnet!"

Gott wird dich auch segnen – wenn du in seinen Wegen gehst und dich darauf verlässt, dass er deine Entschädigung ist, deine überfließende Belohnung, dein Rächer. Bevor die Segnungen kamen, musste ich lernen, loszulassen und es Gott zu erlauben, sich um die Situationen zu kümmern.

In 1. Mose 12, 3 sagte Gott Abraham als Teil des Bundes, den er mit ihm schloss, dass er die segnen würde, die Abraham segnen, und die verfluchen würde, die Abraham verfluchen, wenn Abraham ihm gehorchen würde.

Wenn du aufhörst, dich über all die Dinge zu ärgern, die dir zugestoßen sind, und nicht mehr versuchst, dich an allen zu rächen, die dir Böses angetan haben, wird der gerechte Gott alles in Ordnung bringen!

Jahrelang jammerte ich über meine Vergangenheit und all die ungerechten Dinge, die mir in meinem Leben angetan worden waren. Jahrelang fragte ich Gott: „Warum ich, Herr? Warum ich?" Ich machte mich selbst verrückt mit diesen Fragen voller Selbstmitleid.

Schließlich sprach der Herr zu mir: „Joyce, du kannst voller Selbstmitleid oder voller Kraft sein. Was möchtest du sein?"

Bei uns allen tritt in Erscheinung, was uns im Leben zugestoßen ist. Erfahrungen aus der Vergangenheit sind der Grund für unsere negative Einstellung und Verhaltensweise. Doch auch wenn dies der Grund dafür ist, dass wir so *sind*, wie wir sind, ist es noch lange kein Grund dafür, dass wir so *bleiben*, wie wir sind.

Gott sagt heute jedem von uns: „Wenn du mir so weit vertraust, mir deine Vergangenheit in die Hand zu geben, sodass ich mich darum kümmern kann, dann werde ich alles wiedergutmachen. Versuche nicht weiter, es selbst zu tun; dadurch machst du alles nur noch schlimmer!"

Wenn wir die Dinge in Gottes Hand lassen möchten, müssen wir vergeben. Wir werden darauf später detaillierter eingehen.

Ein Mann sagte mir einmal: „Ich stehe einem Seelsorgezentrum vor und das größte Problem, das wir mit den Leuten haben, die wir seelsorgerlich betreuen, ist Unversöhnlichkeit."

Aus meinem eigenen Leben und Dienst weiß ich, dass das der Wahrheit entspricht. Obwohl wir viele Botschaften über das Thema Vergebung gehört haben, müssen wir immer noch lernen, richtig damit umzugehen. Ansonsten werden die Waagschalen der Gerechtigkeit in unserem Leben nie ausgeglichen werden und wir werden nie das volle, überfließende Leben erfahren, mit dem Gott uns beschenken will.

Wenn du lernst, deine gesamte Vergangenheit dem Herrn anzuvertrauen, dann hat er dir versprochen, dass er es denen vergelten wird, die dir Böses zugefügt haben (wobei Gottes Art, etwas zu vergelten, oft anders aussieht, als wir es uns vorstellen). Und er wird dir das, was du an Elend erlitten hast, doppelt zurückzahlen. Lohnt es sich nicht, all die Verletzungen der Vergangenheit für solch eine Entschädigung aufzugeben?

Die zwei Wege

Tretet durch die enge Pforte ein, denn weit ist die Pforte und geräumig und breit ist der Weg, der zum Verderben führt, und viele sind es, die auf ihm hineingehen. Aber eng ist die Pforte [durch Druck verengt] und schmal der Weg, der zum Leben führt; und es sind wenige, die ihn finden.

Matthäus 7, 13–14

Wir haben gesehen, dass Jesus sagt: „Ich bin der Weg." In diesem Abschnitt spricht er von zwei verschiedenen Wegen: dem breiten, der zum Verderben führt, und dem schmalen, der zum Leben führt.

Als ich über diesen Textabschnitt nachdachte, erklärte der Herr ihn mir und sagte: „Joyce, auf dem breiten Weg ist Raum für alle möglichen fleischlichen Dinge wie Bitterkeit, Unversöhnlichkeit und Rachsucht. Auf dem schmalen Weg ist nur Raum für den Geist."

Im Fleisch ist es leicht, den breiten Weg einzuschlagen, aber das Endergebnis ist Verderben. Es ist viel schwieriger, den schmalen Weg einzuschlagen, der zum Leben führt.

Unsere Gefühle bringen uns dazu, den leichten Weg einzuschlagen, das zu tun, was sich in diesem Moment gut anfühlt. Weisheit bringt uns dazu, den schwierigen Weg zu wählen, der zum Leben führt.

Die Frage ist: Welchen dieser Wege wählen wir?

Gott will dir Gutes tun!

Und darum wartet [erwartet, sucht und sehnt sich] der Herr [ernsthaft] darauf, euch gnädig zu sein, und darum erhebt er sich, dass er dir Gnade und Fürsorge zeigen kann. Denn der Herr ist ein Gott des Rechts. Gesegnet (glücklich, zufrieden) sind alle (und werden darum beneitet), die [ernsthaft] auf ihn harren, ihn erwarten, ihn suchen und sich nach ihm sehnen [nach seinem Sieg, seiner Gunst, seiner Liebe, seinem Frieden, seiner Freude und seiner unvergleichlichen, ungeteilten Freundschaft]!

Jesaja 30, 18

Achte darauf, dass Gott ein Gott des Rechts ist! Er wartet, erwartet, sucht und sehnt sich danach, das Richtige zu tun.

Hebräer 6, 10 sagt uns: „Denn Gott ist nicht ungerecht, euer Werk und die Liebe zu vergessen oder zu übersehen, die ihr zu seinem Namen bewiesen habt …" Darum sind wir alle, die wir ernsthaft auf ihn warten, gesegnet.

Gott ist im Himmel und wartet darauf, dir und mir Gutes tun zu können. Er ist ein Gott der Gnade und der Gerechtigkeit, nicht des Zornes oder der Strafe. Er will die Waagschalen in unserem Leben ausgleichen und uns für all die Verletzungen und Wunden, die wir erlitten haben, entschädigen, um was es sich dabei auch handeln möge.

Wie auch immer deine gegenwärtige Situation oder deine Vergangenheit aussehen mag, Gott will dir Gutes tun! Er hat einen guten Plan für dein Leben.

Gehe weiter!

☞ ☜

... werden deine Ohren ein Wort hinter dir her hören: Dies ist der Weg, den geht!

Jesaja 30, 21 (*Elberfelder*)

Was dir in deinem Leben auch zugestoßen sein mag, auch wenn du von deinem Ehepartner verlassen, von deinen Eltern missbraucht oder von deinen Kindern oder anderen verletzt wurdest, wenn du auf dem schmalen Weg bleibst und allen Ballast hinter dir lässt, wirst du früher oder später den Frieden, die Freude und die Erfüllung finden, die du suchst.

Jesus ist der Weg und er hat uns den Weg gezeigt, auf dem wir gehen sollen. Der Herr hat seinen Heiligen Geist auf uns gesandt, um uns auf dem Weg zu leiten, auf dem wir gehen sollen, auf dem schmalen Weg, der zum Leben führt, und nicht auf dem breiten Weg, der zum Verderben führt.

Wir müssen weiterhin auf den Wegen des Herrn gehen: „Und lasst uns im Gutestun und richtigen Handeln nicht den Mut verlieren und müde werden und ermatten, denn zur richtigen Zeit und zum bestimmten Zeitpunkt werden wir ernten, wenn wir nicht aufgeben und nicht unseren Mut verlieren und nicht ermatten" (Gal. 6, 9).

Die Bibel verspricht nicht, dass wir sofort die Belohnung ernten, wenn wir das Richtige tun. Aber sie versichert uns, dass wir schließlich belohnt werden, wenn wir beständig das Richtige tun.

Gott sagt: „Solange die Erde besteht, wird es Saatzeit und Ernte geben" (1. Mo. 8, 22; vom Autor frei wiedergegeben). Wir könnten es auch so lesen: „Solange die Erde besteht, wird es SAAT, ZEIT und ERNTE geben." Wir müssen geduldig sein wie ein Landwirt. Er pflanzt den Samen und wartet *voller Erwartung* auf die Ernte. Er freut sich auf die Ernte und spricht über sie.

Wenn du weiterhin auf den Wegen gehst, die der Herr für dich in seinem Wort und durch seinen Geist vorgesehen hat, wirst du die Entschädigung erhalten für alles, was du erlitten hast, und das sowohl in diesem Leben als auch in der Ewigkeit.

Gehe also weiter auf dem schmalen Pfad, der zum Leben führt – einem Leben im Überfluss!

3

Heilung verletzter Gefühle
Teil 2

In diesem Kapitel betrachten wir, durch welche Schritte uns der Heilige Geist zur Heilung unserer verletzten Gefühle führt.

Diese Schritte wurden mir bewusst, als mich der Heilige Geist von den Verletzungen heilte, die ich durch jahrelangen Missbrauch in meiner Vergangenheit erlitten hatte.

Ich glaube, sie werden auch dir dabei helfen, endgültig den Sieg über emotionale Probleme zu erringen und zu erleben, wie dein zerbrochener Geist wiederhergestellt wird.

Schritt 1: Sieh der Wahrheit ins Gesicht

Wenn ihr in meinem Wort bleibt [an meinen Lehren festhaltet und im Einklang mit ihnen lebt], seid ihr wahrhaftig meine Jünger. Und ihr werdet die Wahrheit erkennen und die Wahrheit wird euch freisetzen.

Johannes 8, 31–32

Wenn du die Heilung deiner Gefühle empfangen willst, musst du als Erstes lernen, der Wahrheit ins Gesicht zu sehen.

Du kannst nicht freigesetzt werden, solange du dein Problem verleugnest. Du darfst dir nichts vormachen, nicht so tun, als seien bestimmte negative Dinge niemals geschehen oder als wären sie spurlos an dir vorübergegangen und hätten dich nicht zu Reaktionen veranlasst.

Oft versuchen Menschen, die in ihrem Leben Missbrauch oder andere Tragödien erlebt haben, so zu leben, als sei das alles niemals geschehen.

Nehmen wir beispielsweise ein junges Mädchen, das ihr Kind abgetrieben hat oder es unehelich zur Welt gebracht und es dann zur Adoption freigegeben hat. Dieses traumatische Erlebnis kann dazu führen, dass sie zu einem späteren Zeitpunkt emotional Schaden erleidet. Sie nimmt eine Meinung und Haltung gegenüber sich selbst ein, die auf dem basiert, was sie in der Vergangenheit getan hat.

So ist es auch, wenn jemand verbal, physisch oder sexuell missbraucht wurde. So ein Mensch kann ein negatives Selbstbild entwickeln, das auf dem fehlgeleiteten Konzept basiert, dass etwas mit ihm nicht in Ordnung sei, wenn er missbraucht worden ist. Er glaubt, er habe diese Behandlung selbst verursacht oder er hätte diese Behandlung irgendwie verdient.

Aus meiner eigenen Erfahrung und aus vielen Jahren des Dienstes an anderen wurde mir deutlich, dass wir Menschen unglaublich geschickt darin sind, Mauern zu errichten und manche Angelegenheiten in dunklen Ecken verschwinden zu lassen, wobei wir uns und anderen vormachen, sie seien nie geschehen.

In den ersten 18 Jahren meines Lebens, die ich in einer vom Missbrauch geprägten Umgebung verbrachte, musste ich mich jedes Mal in dem Moment mit dem Missbrauch auseinander setzen, als er geschah. Sobald ich jedoch in die Welt hinausging und mich von dieser Situation entfernte, verhielt ich mich, als sei alles in Ordnung. Man kann im Prinzip sagen, dass ich zwei verschiedene Leben zur gleichen Zeit führte. Ich erzählte niemals jemandem, was in meinem Privatleben vor sich ging.

Warum wollen wir solche Dinge nicht ans Licht bringen? Weil wir Angst davor haben, was die Menschen denken könnten. Wir haben Angst davor, abgelehnt oder missverstanden zu werden oder gar die Liebe der Menschen zu verlieren, die uns wichtig sind und die vielleicht anders über uns denken würden, wenn sie alles über uns wüssten.

Es ist wunderbar, Jesus als Freund zu haben, weil wir vor ihm nichts verbergen müssen. Er weiß sowieso alles über uns. Wir können immer zu ihm kommen und dürfen wissen, dass wir geliebt und angenommen sind, unabhängig davon, was wir durchgemacht oder wie wir darauf reagiert haben.

Wir müssen bedenken: Gott weiß *alles*. Die Bibel sagt, dass er sogar unsere Worte kennt, bevor wir sie aussprechen (siehe Ps. 139, 1–4).

Als ich noch sehr jung im Herrn war und noch nicht gelernt hatte, dass ich vor ihm nichts verstecken konnte, überlegte ich einmal, während ich betete, ob ich ihm eine bestimmte Sache, die ich auf dem Herzen hatte, sagen sollte oder nicht.

Während ich innerlich mit mir rang, sprach Gott zu mir. Er sagte: „Joyce, ich weiß schon alles darüber."

„Warum muss ich es dir dann sagen, wenn du es sowieso schon weißt?", fragte ich ihn.

Weißt du, warum wir dem Herrn alles sagen müssen, was in unserem Herzen und Leben geschieht? Er möchte, dass wir es herauslassen und offenlegen. Das ist ein Teil des Heilungsprozesses.

Wenn du jetzt gerade in deinem Leben Probleme hast, egal welcher Art, dann sieh der Wahrheit ins Gesicht und gib sie Gott gegenüber im Gebet zu. Bitte den Heiligen Geist, dich zu heilen. Er wird beginnen, dich in und durch deinen Heilungsprozess zu führen.

Schritt 2: Bekenne deine Fehler

Bekennt deshalb einander eure Fehler (eure Ausrutscher, eure Fehltritte, eure Ärgernisse, eure Sünden) und betet [auch] füreinander, damit ihr geheilt und aufgerichtet werdet [zu einer geistlich gesinnten Haltung in

*eurem Denken und eurem Herzen]. Das ernsthafte
(überzeugte, fortwährende) Gebet eines Gerechten setzt
ungeheure Kraft frei [wirkt dynamisch].*

Jakobus 5, 16

Ich glaube, dass es früher oder später einen Zeitpunkt gibt, zu
dem wir schließlich einem anderen Menschen mitteilen werden,
was in unserer Vergangenheit geschehen ist. Es bewirkt Wunder,
wenn wir diese vormals verborgenen Dinge aussprechen.

Sei dabei weise und lass dich vom Geist Gottes führen. Wähle
jemanden aus, dem du vertrauen kannst. Und gehe sicher, dass
du ihm dein Anliegen mitteilst und es ihm nicht etwa als Last
aufbürdest. Gehe auch nicht auf Ausgrabungserkundung, indem
du versuchst, alte Verletzungen, die längst begraben und vergessen sind, hervorzuholen und wieder ans Licht zu bringen.

Angenommen, dein Großvater hat dich vor 40 Jahren missbraucht und deine Großmutter ist heute 85 Jahre alt – entscheide dich nicht, jetzt zu ihr zu gehen, um zu erzählen, was
damals passiert ist. Das wäre nicht weise. Es würde dich zwar
möglicherweise innerlich erleichtern, aber es würde deine
Großmutter unnötig belasten.

Es ist sehr wichtig, in diesen Angelegenheiten ausgewogen zu
sein. Wenn du dein Problem jemandem mitteilen möchtest,
erlaube Gott, dir zu zeigen, wen du als Vertrauensperson aus-
wählen sollst. Wähle einen reifen Christen, den das, was du ihm
erzählst, nicht belastet oder schadet und der es nicht gegen dich
verwendet, um dich zu verletzen, und nicht dazu beiträgt, dass
du dich noch schlechter fühlst.

Oft sind wir erleichtert, wenn wir diese Dinge, die wir jahrelang
versteckt gehalten haben, endlich jemandem mitteilen. Vor
allem dann, wenn wir herausfinden, dass wir weiter geliebt und
angenommen werden.

Als ich endlich den Mut aufbrachte, jemandem zu erzählen, was
in meiner Kindheit und Jugend geschehen war, zitterte ich jedes

Mal gewaltig, wenn ich darüber redete. Es fühlte sich wie ein heftiger Schüttelfrost an. Es war eine emotionale Reaktion auf die Dinge, die ich so viele Jahre in mir vergraben hatte. Ich zitterte vor lauter Angst.

Wenn ich heute über meine Vergangenheit rede, ist es so, als spräche ich über Probleme, die jemand anders hatte. Weil ich geheilt und wiederhergestellt worden bin, stört mich meine Vergangenheit nicht mehr. Ich weiß, dass ich in Christus eine neue Schöpfung bin (siehe 2. Kor. 5, 17).

Häufig kommen Leute in meine Veranstaltungen und erzählen mir Ereignisse, die vor 20, 30, 40 oder sogar 50 Jahren passiert sind. Oft schluchzen und weinen sie, wenn die Wahrheit ans Licht kommt. Ich glaube, dass viele von ihnen völlig freigesetzt werden, wenn ihnen klar wird, dass sie über diese schmerzlichen Dinge reden können und trotzdem angenommen sind.

Ich sage ihnen: „Gott liebt dich und er nimmt dich an – ich auch. Was in der Vergangenheit passiert ist, macht für deine christlichen Freunde keinen Unterschied."

Schritt 3: Gestehe dir selbst die Wahrheit ein

Siehe, du hast Lust an der Wahrheit im Innern, und im Verborgenen wirst du mir Weisheit kundtun.
Psalm 51, 8 (*Elberfelder*)

Gott will, dass wir in unserem Innersten der Wahrheit ins Gesicht sehen und sie dann der richtigen Person richtig bekennen. Manchmal müssen wir sie selbst am meisten hören.

Wenn mich Menschen auf diesem Gebiet um Hilfe bitten, sage ich ihnen oft: „Geh, schau in den Spiegel und bekenne dein Problem dir selbst."

Vielleicht ist dein Problem, dass deine Eltern dich als Kind nicht geliebt haben.

„Wie könnte ich das jemals in Worte fassen oder jemand anders vermitteln?", fragst du dich vielleicht. Du kannst es mit der Hilfe des Heiligen Geistes in dir.

Ich glaube, um vorwärts gehen zu können, müssen wir den Tatsachen ins Auge sehen. Wenn deine Eltern dich tatsächlich nicht geliebt haben, dann musst du dich dieser Tatsache ein für alle Mal stellen. Du musst dich selbst im Spiegel betrachten und dir sagen: „Meine Eltern haben mich nicht geliebt und vielleicht werden sie mich nie lieben."

Manche Menschen verbringen ihr ganzes Leben damit, zu versuchen, etwas zu bekommen, das sie nie bekommen werden. Wenn du bisher zugelassen hast, dass die Tatsache, dass du nicht geliebt worden bist, dein Leben bis jetzt ruiniert, dann lass nicht auch noch zu, dass der Rest deines Lebens ruiniert wird.

Tu, was David in Psalm 27, 10 tat. Bekenne dir selbst: „Obwohl mich mein Vater und meine Mutter verlassen haben, nimmt mich der Herr dennoch auf [er adoptiert mich als sein Kind]."

Egal, welches Problem dich belästigt, schau ihm ins Gesicht. Überlege, ob du es einer Vertrauensperson bekennen solltest, und gestehe es dir dann auch selbst tief in deinem Inneren ein.

Ich hörte von einem Arzt, der in regelmäßigen Abständen seine Praxis verließ und zum Penner wurde. Als nach vielen Jahren jemand schließlich an die Wurzel des Problems gelangte, kam ans Licht, dass er sein Leben lang versucht hatte, die Anerkennung seines Vaters zu gewinnen, der ihn immer abgelehnt hatte.

Er hatte hart gearbeitet, um Arzt zu werden. Er hatte geglaubt, dass er sich so die Zustimmung und Annahme verschaffen könnte, nach der er verlangte. Als das nicht funktionierte, arbeitete er immer härter und baute eine sehr erfolgreiche Praxis auf. Er dachte, dass sein Vater dann sicherlich stolz auf ihn sein würde. Er besuchte seinen Vater, berichtete ihm von seinen Erfolgen und erlebte statt der erwünschten Anerkennung nur noch mehr Ablehnung.

Wenn wir uns viel Mühe geben und dann versagen, sind wir oft körperlich, geistig und emotional erschöpft. In solchen Zeiten sackte dieser Arzt emotional ab und wurde vom erfolgreichen Arzt zum obdachlosen Bettler.

Als er sich der Wahrheit stellte, dass sein Vater ein Problem hatte und nicht fähig war, Liebe zu zeigen, wurde er geistig und emotional wiederhergestellt.

4. Schritt: Empfange Vergebung und vergiss deine Sünde

Denn ich werde ihre Schuld vergeben und an ihre Sünde nicht mehr denken.

Jeremia 31, 34 (*Elberfelder*)

Egal, was dein Problem ist und wie schlecht du dich deswegen fühlst, Gott liebt dich. Jesus Christus hat dir ein neues Leben geschenkt. Er hat dir eine neue Familie gegeben, neue Freunde, die dich lieben, annehmen, schätzen und unterstützen. Du bist in Ordnung und du wirst es schaffen, weil sich der, der in dir lebt, um dich kümmert.

Vielleicht musst du in den Spiegel schauen und bekennen: „Ich habe mein Kind abgetrieben. Ich habe das getan, Herr, und es erstaunt mich, dass ich hier stehen und mir selbst in die Augen sehen kann. Aber ich kann es, weil ich weiß, dass du – obwohl ich diese schreckliche Tat, die falsch war, begangen habe – meine Sünde von mir entfernt hast, so weit weg, wie der Osten vom Westen entfernt ist, und du erinnerst dich nicht mehr daran!"

Egal, was wir auch getan haben, wir müssen eine tiefere Offenbarung von dem bekommen, was Gott meint, wenn er sagt: „Ich werde nicht mehr an deine Sünden denken."

Wenn wir unsere Sünden bekannt und Gott um Vergebung gebeten haben und sie dann jedes Mal, wenn wir im Gebet zu ihm kommen, wieder hervorziehen, erinnern wir ihn an etwas, das er zu vergessen versprochen hat, an etwas, das er so weit von uns weggetan hat, wie der Osten vom Westen entfernt ist (siehe Ps. 103, 12).

Wenn du deine Sünden Gott bekannt und ihn gebeten hast, dir zu vergeben, hat er sie dir nicht nur *vergeben*, sondern sie auch tatsächlich *vergessen*.

Du musst dasselbe tun. Höre auf, dich für etwas zu bestrafen, das nicht mehr existiert.

Schritt 5: Erkenne dich selbst als eine neue Schöpfung

Daher, wenn jemand in Christus (den Messias) [einge-pfropft] ist, ist er eine neue Schöpfung (ein ganz neues Geschöpf); das Alte [der alte moralische und geistliche Zustand] ist vergangen. Siehe, das Frische und Neue ist gekommen!

2. Korinther 5, 17

In meiner Vergangenheit habe ich vieles getan, auf das ich nicht stolz bin. Als ich ein Kind war, stahl ich beispielsweise regelmäßig. Ich stahl alles, was mir in die Finger kam. Das war schlimm, aber heute stehle ich natürlich nicht mehr und mache mich nicht wegen der Dinge fertig, die ich als Kind getan habe. Ich glaube, dass ich stahl, weil ich missbraucht worden war. Das Stehlen vermittelte mir das Gefühl, selbst etwas unter Kontrolle zu haben und nicht ständig von allem und jedem kontrolliert zu werden.

Es gab auch eine Zeit in meinem Leben, in der ich als Bardame arbeitete. Jetzt schenke ich „neuen Wein" aus und mache mir keine Sorgen um das, was ich früher getan habe.

Weißt du, es ist einfach ein starkes Zeugnis, wenn wir zugeben können, wie wir früher einmal waren, und nun bezeugen können, dass dieser alte Mensch – der Mensch, der wir früher waren –

tatsächlich gestorben ist und wir nun neue Menschen in Christus sind.

Die Bibel sagt uns, dass unser alter Mensch gestorben und begraben ist und wir jetzt zu neuem Leben auferweckt worden sind, sodass wir nun an himmlischen Orten mit Christus sitzen (siehe Eph. 2, 5–6).

Warum sollte ich mich dann schämen, etwas, das in meinem alten Leben geschehen ist, zuzugeben? Es kostet mich keine Überwindung, über einen Verstorbenen zu reden!

Wenn wir in Jesus Christus neue Geschöpfe sind und das Alte vorbei ist, dann müssen wir es auch vergessen!

Ganz egal, was dir in der Vergangenheit passiert oder was dir angetan worden ist, du solltest dich frei fühlen, jeden anzusehen und zu ihm sagen zu können: „So war ich einmal und das habe ich einmal getan. Aber ich danke Gott, dass ich jetzt eine neue Schöpfung in Christus Jesus bin. Das, was ich war, bin ich nicht mehr! Du kannst dir gar nicht vorstellen, was Gott in meinem Leben alles getan hat!"

Denke an das, was ich dir schon gesagt habe: Wenn wir etwas ans Licht bringen, verliert es seine fesselnde Wirkung in unserem Leben.

Schritt 6: Übernimm persönlich Verantwortung

Wenn wir [freimütig] zugeben, dass wir gesündigt haben, und unsere Sünden bekennen, ist er treu und gerecht [wie es seinem Wesen und seinen Verheißungen entspricht], dass er uns die Sünden [unsere Gesetzlosigkeit] vergibt und uns [beständig] von jeder Ungerechtigkeit [von allem, was nicht in Übereinstimmung mit seinem Willen, seinen Gedanken und seinem Handeln ist] reinigt. Wenn wir sagen (behaupten), dass wir nicht gesündigt haben, widersprechen wir seinem Wort und behaupten, dass er falsch und ein Lügner ist, und sein Wort ist nicht in uns [die göttliche Botschaft des Evangeliums ist nicht in unserem Herzen].

1. Johannes 1, 9–10

Manche Menschen verleugnen ihre Erfahrungen aus Angst vor dem, was passieren könnte, wenn andere die Wahrheit über sie erfahren. Doch solange sie ihre Vergangenheit verleugnen, können sie nicht freigesetzt werden.

Niemand kann von einem Problem befreit werden, wenn er nicht bereit ist, zuzugeben, dass er ein Problem hat. Ein Alkoholiker oder Drogenabhängiger, eigentlich jeder, der die Kontrolle über sein Leben verloren hat, ist dazu verdammt, so lange zu leiden, bis er bereit ist, zu sagen: „Ich habe ein Problem und brauche Hilfe."

Statt selbst die Verantwortung für unsere Probleme zu übernehmen, klagen wir normalerweise lieber andere an. Mangelnde Bereitschaft, unserer persönlichen Verantwortung ins Gesicht zu sehen und sie zu übernehmen, ist kindisch.

Ich habe viel von meinem jüngsten Sohn gelernt. Er ist so lieb und ich bin froh, dass Gott ihn uns gegeben hat. Er sorgt dafür, dass ich jung und dynamisch bleibe.

Obwohl Danny jetzt von neuem geboren und mit dem Heiligen Geist erfüllt ist, lebte er als Kind völlig im Fleisch. Ein Zeichen dafür war, dass er niemals die Verantwortung für etwas übernehmen wollte, das er falsch gemacht hatte. Egal, was geschah, aus seiner Sicht war es nie Dannys Schuld.

Einmal saß ich mit ihm in unserem Caravan und schaute hinter mich, um zu sehen, was er gerade machte. Der ganze Rücksitz war voller Müll: Chipstüten und -krümel, eine zerdrückte Coladose und so weiter. Ich sagte: „Du meine Güte, Danny, räum die Sauerei dort hinten auf!"

„Ich kann nichts dafür!", rief er.

„Wer denn dann?", fragte ich. „Ich sitze doch nicht da hinten!"

„Na ja, Papa hat mir die Cola und die Chips gegeben!", erklärte er.

Obwohl er das, was ihm gegeben worden war, überall verstreut hatte, war es nicht sein Fehler! Es war der Fehler seines Vaters, der ihm diese Dinge gegeben hatte. So konnte er seine eigene Verantwortung auf jemand anders schieben.

Wir tun oft genau dasselbe!

Vor einiger Zeit hatte ich zugenommen, ohne es zu bemerken. Als ich mich anziehen wollte, beklagte ich mich bei meinem Mann über die Frau, die mir bei meiner Wäsche geholfen hatte.

„Was macht sie nur mit meiner Wäsche?", wunderte ich mich. „Sie ruiniert alles, es ist eingegangen! Ich hatte ihr gesagt, sie soll die Sachen nicht in den Trockner packen, sondern in die Reinigung geben!"

Wenn ein Kleidungsstück aus der Reinigung kam, sagte ich: „Was machen diese Leute bloß mit meinen Kleidern, dass sie sie so eingehen lassen!" Ich beschuldigte andere dafür, dass ich nicht mehr richtig in meine Kleider passte.

Ich machte so weiter, bis ich eines Tages auf der Waage stand und feststellte, dass ich etwa drei Kilo zugenommen hatte. Plötzlich verstand ich, dass nicht etwa meine Kleidung geschrumpft, sondern ich breiter geworden war.

Ich musste mir selbst sagen: „Joyce, du hast zugenommen, und zwar weil du zu viel gegessen hast!"

Ich musste der Wahrheit ins Gesicht sehen und für mein Handeln die Verantwortung übernehmen. Genauso müssen wir alle die Wahrheit zugeben und die Verantwortung für unsere Probleme übernehmen und auch dafür, sie zu lösen.

Auch wenn unsere Probleme dadurch entstanden sind, dass etwas gegen unseren Willen passiert ist, gibt es keine Ausrede dafür, dass diese Probleme bestehen bleiben oder gar wachsen und unser ganzes Leben kontrollieren. Vielleicht sind wir so, wie wir sind, aufgrund unserer Erfahrungen in der Vergangenheit. Aber wir müssen nicht so bleiben. Wir können die Initiative ergreifen und etwas tun, um Veränderung zu bewirken.

Schritt 7: Folge dem Geist der Wahrheit

Wenn aber er, der Geist der Wahrheit (der Geist, der Wahrheit weitergibt) kommt, wird er euch in alle Wahrheit leiten (die ganze, volle Wahrheit).

Johannes 16, 13

Wie wir festgestellt haben, müssen wir der Wahrheit ins Auge sehen und zugeben, in welcher Situation wir uns befinden, um geheilt zu werden. Wir müssen aufhören, andere wegen allem anzuklagen, was mit uns nicht in Ordnung ist. Es ist sogar ungesund, unsere jetzigen Verhaltensweisen auf das zu schieben, was uns in der Vergangenheit zugefügt wurde.

Früher fiel mir der Umgang mit anderen Menschen schwer und ich war mir sicher, dass es darauf zurückzuführen war, wie ich in meiner Kindheit und Jugend behandelt worden war. Doch als ich anfing, den Herrn zu bitten, mich zu heilen, begann er, mir die Wahrheit über mich und meine Situation zu offenbaren.

Er offenbarte mir unter anderem, dass ich jedes Mal, wenn mich der Heilige Geist zu einer unangenehmen Wahrheit über mich selbst führen wollte, sofort sagte: *„Ja, aber …"*

Der Herr zeigte mir, dass eine Ausrede die Wurzel eines Problems überdeckt, damit sie nicht zum Vorschein kommt. So kann man nie frei werden.

Wenn dich jemand korrigiert, machst du es dann so wie ich früher und legst dir eine Ausrede zurecht? Oder siehst du der Wahrheit ins Gesicht und gibst zu, dass du im Unrecht bist? Es gehört zu den schwierigsten Dingen im Leben, zuzugeben, dass wir im Unrecht sind.

Mein Mann kam eines Abends spät vom Golfspielen nach Hause, obwohl er mir vorher versprochen hatte, rechtzeitig zum Abendessen zurück zu sein. Bis er dann wirklich erschien, hatte ich genügend Zeit, um meine Standpauke bis ins Detail vorzubereiten. Ich bläute ihm sofort ein, dass er mich anrufen solle, wenn er sich verspäten würde, damit ich Bescheid wüsste. Ich war kurz davor, richtig loszulegen, als er mich ansah und sagte: „Du hast völlig Recht." Es nahm mir den Wind aus den Segeln. Dann fuhr er fort: „Ich werde beten und Gott bitten, mir zu helfen, es nie wieder zu tun." Ich konnte nichts weiter sagen. Weil er die Wahrheit gesprochen hatte, wurde ein großer Streit vermieden.

Wenn Gott versucht, uns etwas zu zeigen, das wir falsch machen, finden wir es oft schwer, einfach zu sagen: „Herr, du hast völlig Recht. Ich habe keine Ausrede. Ich bitte dich, mir zu vergeben und zu helfen, diese Schwäche zu überwinden."

Ich glaube, dass solche Ehrlichkeit in unserer Beziehung zu Gott und den Menschen den Teufel aus unserem Leben verscheucht. Ich glaube, Satan weiß nicht, was er mit solcher Wahrheit anfangen soll – wie ich nicht mehr wusste, was ich noch zu Dave sagen sollte. Wahrheit beendet die Herrschaft des Teufels.

Innere Heilung oder emotionale Heilung?

… ich werde den Vater bitten und er wird euch einen anderen Tröster (Ratgeber, Helfer, Fürbitter, Anwalt, Kraftgeber und Beistand) geben, dass er immer bei euch bleibe. Den Geist der Wahrheit, den die Welt nicht empfangen (willkommen heißen, ins Herz lassen) kann, weil sie ihn nicht sieht, kennt oder erkennt. Aber ihr kennt und erkennt ihn, denn er lebt [beständig] mit euch und wird in euch sein.

Johannes 14, 16–17

In Johannes 16, 13 nannte Jesus den Heiligen Geist „den Geist der Wahrheit". In diesem Abschnitt sagt er uns, dass der Geist gesandt worden ist, um in jedem von uns zu leben. Wenn der Geist der Wahrheit in uns ist, was ist dann seine wichtigste Aufgabe? Nach der Aussage Jesu besteht sie darin, uns in die ganze Wahrheit zu führen.

Eine weit verbreitete Lehre in den Gemeinden, vor der ich warnen möchte, auch wenn viele Gläubige damit nicht einverstanden sind, ist die so genannte Lehre der „inneren Heilung".

Ich bin natürlich ganz und gar dafür, dass jeder innerlich heil wird. Aber ich nenne es lieber „emotionale Heilung", um es von dem abzugrenzen, was heute in vielen christlichen Kreisen gelehrt und praktiziert wird.

Ich glaube, dass das Motiv, das hinter dieser Lehre der inneren Heilung steht, richtig ist. Diejenigen, die sie lehren und praktizieren, wollen den Menschen helfen. Aber ich bin fest davon überzeugt, dass einige ihrer Praktiken gefährlich sind.

Innere Heilung ist eine Methode, die angewandt wird, um Wunden aus der Vergangenheit zu heilen. Oft ist diese Methode sehr effektiv, doch wir müssen uns darüber im Klaren sein, dass selbst ungöttliche Methoden manchmal gute Ergebnisse hervorbringen.

Ich möchte dir ein Beispiel geben: Eine meiner Freundinnen war in transzendentale Meditation verwickelt, als sie errettet wurde. Sie ging zu ihrem Pastor und befragte ihn deswegen. Er sah darin kein Problem und meinte: „Wenn es funktioniert, lass es mich wissen."

Diese Frau suchte Frieden und sie war allem gegenüber offen, was ihr wirklich helfen würde. Als sie tiefer in diese Bewegung hineinkam, lernte sie, dass dazu auch fernöstliche Meditation und die Wiederholung eines *Mantras* gehören. Der Duden definiert „Mantra" als „[im Hinduismus u. a. verwendete] magische Formel."[1]

Als sie und die anderen Teilnehmer sitzend meditierten und diese Formel wiederholten, begannen sie, sich in einen der Trance ähnlichen Zustand zu versetzen. Sie sollten dabei schließlich so weit kommen, dass ihnen mystische Gestalten oder „geistliche Führer" erscheinen, die sie leiten und unterweisen sollten.

Da sie nun errettet war, meinte meine Freundin, dass, wenn diese Methode geistlich in Ordnung wäre, sie auch funktionieren würde, wenn sie ihr Mantra mit dem Namen Jesu ersetzen würde. Also versetzte sie sich in einen tranceähnlichen Zustand und wiederholte den Namen Jesu. Plötzlich schleuderte sie ein Geist von der einen Seite des Raumes auf die andere. Sie wusste sofort, dass hier etwas nicht stimmte. Sie nahm schnell von dieser Bewegung Abstand und ging in ihre Ortsgemeinde zurück. Es war völlig richtig, Hilfe zu suchen, doch sie wählte eine völlig falsche Methode.

Eine andere Freundin machte eine ähnliche Erfahrung, als sie mit einem Mind-Control-Ansatz herumexperimentierte. Alle diese Methoden der so genannten inneren Heilung oder auch inneren Erleuchtung geschehen außerhalb der Gemeinde Jesu Christi und sollten gemieden werden.

„Warum?", wirst du dich vielleicht fragen. „Was kann denn schon falsch daran sein, wenn man sich Heilung, Trost, Vergebung und Wiederherstellung bildhaft vor Augen führt?"

Ja, es *klingt* gut. Es scheint so, als würde es gut in die Gemeinde passen. Daher versuchen so viele verzweifelte Menschen, darin Hilfe zu finden. Sie halten nicht inne und fragen: „Stimmt das mit Gottes Wort überein?" Tatsache ist, dass weder ein solches System noch eine solche Methode irgendwo in der Bibel zu finden sind.

Das Hauptproblem sehe ich in der Visualisierung und der Vorstellungskraft, die eine so große Rolle darin spielt. Als Christen sollte für uns immer Jesus die wichtigste Rolle spielen, nicht mystische okkulte Gestalten, die unserer Vorstellung entspringen.

Was mir außerdem an dieser Art der inneren Heilung nicht gefällt, ist die Tatsache, dass sie nicht der Heilige Geist, sondern der Mensch initiiert. Bei manchen dieser Methoden soll man sich in einen meditativen Zustand versetzen, seinen Verstand entleeren und sich vorstellen, zu dem Zeitpunkt zurückzukehren, zu dem man verletzt wurde.

Manchmal gehen diese Rückwärtsschritte bis in den Mutterleib oder zum Moment der Geburt zurück. Dem Teilnehmer wird gesagt, er solle die Szene nachspielen und sich vorstellen, Jesus käme in den Raum und brächte Heilung.

Das einzige Problem dabei ist meiner Meinung nach, dass der Jesus, der hier ins Spiel kommt, einfach der Vorstellungskraft dieser Person entspringt und nicht der wahre Jesus der Bibel ist.

Ich las neulich die Lebensgeschichte eines Mannes, der dachte, Jesus wäre ihm erschienen. Er hatte drei Visionen, in denen ihm seiner Meinung nach Jesus erschienen sei. Die Person, die er gesehen hatte, war von einem großen Licht umgeben, das in ihm vorübergehend das Gefühl von Frieden und Wohlergehen auslöste. Dann begann diese Person, zu ihm zu sprechen und ihm Anweisungen zu geben.

Dieser Mann wurde unter anderem sozusagen *gezwungen,* zum Strand zu gehen und den Menschen dort Zeugnis zu geben. Die Stimme machte ihm klar, dass er dies tun müsse, und zwar sofort – ob er es wolle oder nicht.

Wenn dieser Mann Gottes Wort gekannt hätte, wäre ihm an Ort und Stelle klar gewesen, dass er nicht Gott begegnet war. Gott zwingt seine Kinder zu nichts. Er führt und leitet uns durch den Heiligen Geist, doch er tut das immer freundlich und sanft. Niemand *muss* jemals etwas tun, als hänge gar seine Errettung davon ab.

Heilung oder Täuschung?

Ich habe vom Herrn Jesus gewaltige Heilung empfangen. Ich musste jedoch keine der zuvor beschriebenen Methoden anwenden, um diese Heilung zu empfangen, keine der Methoden, die in der bekannten Bewegung der „inneren Heilung" praktiziert werden. Ich erlaubte dem Heiligen Geist einfach, mich zu führen und zu leiten.

Wenn du betest und Gott bittest, dir zu helfen, in deinen Gefühlen geheilt zu werden, wird er dich führen und leiten. Er hat einen individuellen Plan für jeden von uns und dieser Plan stimmt immer mit Gottes Wort überein.

So betete ich beispielsweise vor einigen Jahren, dass Gott mein problematisches Leben heilen würde. Während ich dafür betete, kam eine Frau in unsere Gemeinde und gab Zeugnis. Ihr Hintergrund und ihre Erfahrungen waren mit meinen fast identisch. Mein Mann erkannte das und empfahl mir, das Buch, das sie über dieses Thema geschrieben hatte, zu kaufen.

Ich kaufte es und las es. Die Frau, die jetzt im geistlichen Dienst ist, beschrieb einige der Dinge, die in ihrem Leben geschehen waren. Plötzlich begann ich, Rückblenden zu haben. Mir wurde klar, dass es der Heilige Geist war, der diese Szenen wieder in mein Gedächtnis brachte, um mir zu helfen, damit fertig zu werden und Heilung zu erfahren.

Genau so funktioniert wahre emotionale Heilung. Der Heilige Geist gibt den Anstoß, und nicht irgendetwas, das der Hilfesuchende selbst heraufbeschwört.

Wenn du emotionale Heilung brauchst, versuche nicht, etwas heraufzubeschwören, damit du dich besser fühlst. Gehe zum Herrn und bitte ihn, dich durch seinen Heiligen Geist auf den Wegen, auf denen du gehen sollst, zu leiten und zu führen. Sei dann bereit, allem ins Gesicht zu sehen, mit dem er dich konfrontieren möchte, damit du vollständig wiederhergestellt werden kannst.

Erlaube niemandem, dich so zu beeinflussen, dass du zurück in die Vergangenheit gehst und Dinge ausgräbst, denen du vielleicht noch gar nicht ins Auge sehen kannst. Das kann zerstörerische Auswirkungen haben!

Der Heilige Geist führt uns liebevoll Schritt für Schritt. Er weiß, wann wir bereit sind, bestimmten Dingen ins Auge zu sehen. Wenn Gott uns mit den harten Tatsachen unseres Lebens konfrontiert, wissen wir, dass es an der Zeit ist, uns mit diesen schmerzhaften Themen auseinander zu setzen.

Denke daran: Geistliche Offenbarung kommt von Gott, nicht von Menschen.

Hüte dich vor so genannten „Geistführern". Satan versucht, Gottes Wirken zu pervertieren, indem er es nachahmt und Menschen täuscht, um sie von legitimen geistlichen Erfahrungen wegzuführen. Sei vorsichtig, wem und was du nachfolgst. Bete und bitte den Herrn, dich vor Verführung zu bewahren.

Es gibt sehr viel geistlichen „Müll", der uns heutzutage angeboten wird, und manches hört und fühlt sich gut an. Sei sicher, dass das, was du befolgst, mit Gottes Wort übereinstimmt und von seinem Heiligen Geist initiiert worden ist. Wenn du deinen Geist für Führung öffnest, sei dir sicher, dass du dich dem Geist Gottes und nicht einem Nachahmer öffnest.

Öffne dich für Gott

Und dies ist die Botschaft [die Botschaft der Verheißung], die wir von ihm gehört haben und euch nun berichten: Gott ist Licht und in ihm gibt es keine Finsternis [nein, überhaupt nicht]. Wenn wir [also] sagen, dass wir zusammen an ihm Anteil haben und Gemeinschaft mit ihm genießen, während wir in Finsternis leben und uns in ihr bewegen und in ihr wandeln, lügen wir und leben und praktizieren nicht die Wahrheit [die das Evangelium aufzeigt].

1. Johannes 1, 5–6

Das ist eine großartige Schriftstelle, denn sie zeigt uns Folgendes: Wenn wir die Verantwortung für uns und unsere eigene Situation übernehmen und nicht versuchen, jemand anders dafür zu beschuldigen, ist das der erste Schritt zur Heilung.

Oft wird das, was wir tief in uns vergraben, um es dort zu verstecken, in uns zur Finsternis. Dieser Abschnitt sagt uns, dass es in Gott keinerlei Finsternis gibt. Wenn wir ihm erlauben, unser Herz und unsere Gedanken zu erfüllen, wird dort keine Finsternis sein.

Ich bin sehr froh, dass Gott in meinem Herzen alles ausfüllt, sodass ich mit seinem Licht erfüllt bin. Es gibt keinen Ort in meinem Herzen, den ich bewusst vor ihm und seinem Licht, das mit seiner Gegenwart kommt, verschließe.

Gute Beziehungen mit den Menschen, mit denen wir im Alltag umgehen, einschließlich unseres Ehepartners und unserer Kinder, sind oft ein Zeichen dafür, dass wir im Licht des Evangeliums leben.

Ich kann ehrlich sagen, dass ich keinen in meinem Leben kenne, mit dem ich ein größeres Problem hätte. Und das liegt nicht etwa daran, dass sich die *anderen* alle verändert hätten. Es liegt daran, dass ich dem Herrn erlaubt habe, in die dunklen Kammern meines Herzens zu kommen und sie mit seinem wunderbaren Licht zu erhellen. Ich habe mich selbst dem offenbarenden, reinigenden Licht des Heiligen Geistes geöffnet. Infolge dessen herrschen bei mir in Bereichen, in denen zuvor Dunkelheit, Angst und Elend geherrscht hatten, heute Licht, Friede und Freude.

Als mein Inneres mit meinem Äußeren nicht übereinstimmte, musste ich Masken tragen und den anderen etwas vormachen. Ich musste eine Fassade aufsetzen. Ich bin so froh, dass ich jetzt vor Gott, meiner Familie und jedem anderen aufrecht stehen und mit mir selbst und mit anderen in Frieden leben kann.

Weil ich mein Herz dem Heiligen Geist geöffnet habe und er die finsteren Orte in mir erhellt hat, kann ich jetzt frei leben. Ich muss keine Angst mehr davor haben, was andere über mich denken.

Du wirst dasselbe sagen können, wenn du Gott dein Herz öffnest und ihm erlaubst, jeden Teil von dir mit seinem Leben spendenden Geist zu erfüllen.

Die Nase weiß Bescheid!

Wenn wir aber [wirklich] im Licht leben und wandeln, wie er [selbst] im Licht ist, haben wir [wahre, ununterbrochene] Gemeinschaft miteinander, und das Blut Jesu Christi, seines Sohnes, reinigt uns von jeder Sünde und Schuld (entfernt sie von uns) [reinigt uns beständig von allen Formen und Manifestationen der Sünde].

1. Johannes 1, 7

Ich mag den letzten Teil des Verses, der von dem Blut Jesu spricht, das uns von Sünde in all ihren Formen und all ihren Manifestationen reinigt.

Lass mich dir ein Beispiel dafür geben, wie das in unserem Alltag aussieht.

Wenn in deinem Kühlschrank etwas Verfaultes ist, merkst du das jedes Mal, wenn du die Tür öffnest, weil du es riechen kannst. Du weißt vielleicht nicht, was es ist oder wo es sich genau befindet, aber du weißt, dass es irgendwo da drin ist.

Ich glaube, unser Leben ist auch so. Wenn in uns etwas schlecht ist, werden das die, die mit uns in Kontakt kommen, merken, egal, ob sie wissen, was es ist oder warum es da ist. Sie werden es „riechen", sie werden es spüren.

In 2. Korinther 2, 15 sagt uns der Apostel Paulus, was wir Christen sind: „… wir sind der süße Duft Christi [der aufsteigt] zu Gott unter denen, die gerettet sind, und denen, die verloren gehen [und von beiden Gruppen wahrgenommen wird]."

Leider funktioniert es auch anders herum: Wenn es in uns etwas gibt, das weggesperrt worden, verfault und kaputt gegangen ist, verleiht es uns ein völlig anderes Aroma, das jeder wahrnehmen kann.

Daher müssen wir uns öffnen und dem Heiligen Geist erlauben, in uns hineinzukommen, unser Herz zu reinigen und alles, was uns einen faulen Gestank verbreiten lässt, zu beseitigen.

Wenn wir uns dem Herrn öffnen und ihm erlauben, die Heilung und Reinigung in uns zu beginnen, werden wir feststellen, dass wir zunehmend bessere Beziehungen mit den Menschen in unserem Umfeld haben werden. Es wird nicht über Nacht geschehen, weil es ein Prozess ist. Aber es wird Schritt für Schritt stattfinden.

Gehe dem Problem auf den Grund

Wenn wir sagen, dass wir keine Sünde haben [uns weigern, zuzugeben, dass wir Sünder sind], täuschen wir uns selbst und führen uns in die Irre, und die Wahrheit [die das Evangelium aufzeigt] ist nicht in uns [wohnt nicht in unserem Herzen]. Wenn wir [freimütig] zugeben, dass wir gesündigt haben und unsere Sünden bekennen, ist er treu und gerecht [wie es seinem Wesen und seinen Verheißungen entspricht], dass er uns die Sünden [unsere Gesetzlosigkeit] vergibt und uns [beständig] von jeder Ungerechtigkeit [von allem, was nicht in Übereinstimmung mit seinem Willen, seinen Gedanken und seinem Handeln ist] reinigt.

1. Johannes 1, 8–9

In diesem Abschnitt wird deutlich, dass wir nicht erwarten können, eine Lösung für unser Sündenproblem zu finden, bis wir bereit sind, zuzugeben, dass wir eines haben, und dann dem Herrn erlauben, uns zu reinigen. Ein Teil dieses Prozesses besteht darin, uns einer geistlichen Inventur zu unterziehen, um an die grundlegende Ursache unseres Sündenproblems zu gelangen.

Wenn du emotionale Probleme hast, möchte ich dich ermutigen, zu verstehen, dass die Gefühle, die du empfindest, nicht das Problem sind, sondern nur seine äußerliche Auswirkung. Du musst also nicht nur die Symptome – deine Gefühle – angehen, sondern an die Wurzel des Problems vordringen, die bewirkt, dass du diese Gefühle hast.

Im Allgemeinen schenken wir unseren Gefühlen viel zu viel Aufmerksamkeit. Wir sagen so etwas wie: „Ich *habe das Gefühl*, dass sich niemand um mich kümmert", oder „Ich *habe das Gefühl*, dass die anderen mich nicht lieben und verstehen", oder „Ich *habe das Gefühl*, dass mir die Leute nicht genug Aufmerksamkeit schenken."

Diese Gedanken und Aussagen sind ein Beweis dafür, dass wir uns von unserer Gefühlswahrnehmung beeinflussen lassen und nicht von dem, was tatsächlich in unserem Leben geschieht. Lass mich dir ein Beispiel geben:

Nehmen wir einmal an, eine Frau empfindet, dass ihr ihr Mann nicht genug Aufmerksamkeit schenkt. Also betet sie und bittet Gott, dass er ihren Mann dazu bringt, ihr mehr Aufmerksamkeit zu schenken. Wenn ihr Gebet nicht beantwortet wird, greift sie ein und sorgt selbst dafür, dass es geschieht. Sie meckert und beschwert sich bei ihrem Mann: „Du schenkst mir nicht genügend Aufmerksamkeit. Dir ist ganz egal, wie es mir geht oder wie ich mich fühle."

Eigentlich ist es jedoch so: Egal, wie viel Aufmerksamkeit ihr ihr Mann oder sonst jemand gibt, sie wird niemals zufrieden sein. Es wird nie genug sein. Warum? Weil sie versucht, von anderen Menschen das zu bekommen, was sie nur von Gott bekommen kann. Sie versucht, ihr Selbstbild auf die Resonanz und die Meinung anderer aufzubauen statt auf ihren Wert in den Augen des Herrn.

Dass sie nicht geliebt und geschätzt wird, mag ihr Problem sein, aber die Wurzel des Problems ist die Tatsache, dass sie sich so *fühlt*, weil sie als Kind emotional verhungert ist. Also verlangt sie jetzt als Erwachsene mehr von anderen, als diese ihr zu geben bereit und fähig sind. Sie erstickt jeden, der mit ihr eine Beziehung eingeht. Wenn sie nicht erkennt, was passiert, und etwas dagegen unternimmt, wird sie schlussendlich überhaupt keine Beziehungen mehr haben.

Wenn sie nicht zur Wurzel des Problems vordringt und es löst, wird sie ihr ganzes Leben lang andere beschuldigen. Sie wird behaupten, dass die anderen an ihrem Problem schuld sind, weil sie ihr gegenüber nicht einfühlsam oder dankbar sind.

Sie hört auf ihre Gefühle, statt zur Wurzel des Problems vorzudringen und in Erfahrung zu bringen, warum sie sich so fühlt, wie sie sich fühlt.

Hier ist ein weiteres Beispiel aus meinem Leben: Als ich noch viele emotionale Probleme hatte, explodierte ich regelmäßig und hatte Wutanfälle, wenn nicht alles so lief, wie ich es wollte.

Ich war beispielsweise ruhig und friedlich in der Küche und arbeitete, doch dann kamen meine Kinder durch die Hintertür und – „peng" – knallten sie zu. Ich verwandelte mich in eine völlig andere Person. Ich wurde zornig und ließ meine Wut an ihnen aus.

Danach ging ich ins Gebet und sagte: „Herr, was ist mit mir nicht in Ordnung?" Da ich mir sicher war, dass bei mir nichts falsch lief, fragte ich eigentlich: „Herr, was ist bloß mit diesen Leuten los?"

Ich war überzeugt, dass ich nicht so reagieren würde, wenn sich die anderen anders verhalten würden.

In Wirklichkeit lag der Fehler jedoch bei mir.

Wenn eines meiner Kinder nach Hause kam und über die Türschwelle stolperte, sagte ich nicht etwa: „Oh Schatz, geht es dir gut?", sondern ging stattdessen auf es los und schrie: „Was ist bloß los mit dir? Kannst du nicht einmal zur Tür hereinkommen, ohne ein Durcheinander zu machen? Um Himmels willen, soll ich dir etwa auch noch beibringen, wie man läuft?"

Ich beschuldigte ständig andere Menschen oder Dinge, für meine Gefühle verantwortlich zu sein. Doch eines Tages, als ich gerade betete: „Gott, was stimmt mit mir nicht?", zeigte er mir, was es war – und das wurde für mich zur lebensverändernden Offenbarung.

Der Herr sprach zu mir: „Du lebst dein Leben und tust, was du meinst, tun zu müssen, um eine gute Frau, eine gute Mutter und ein guter Christ zu sein. Doch eigentlich fühlst du dich wegen allem schuldig und verdammt – von dem Gefühl, nicht genug zu beten, bis zum Gefühl, für die Dinge verantwortlich zu sein, die dir in deiner Vergangenheit passiert sind."

Er sagte weiter: „Diese Gefühle setzen dich unter Druck, der sich innerlich aufbaut. Weil du meistens allein zu Hause bist, ist keiner da, an dem du diese Gefühle auslassen könntest, also wirst du zu einem Dampfkochtopf. Sobald etwas passiert, das dein System überlastet, explodierst du."

Vielleicht ergeht es dir genauso. Vielleicht stehst du wie ich wegen unterschwelliger Gefühle unter Druck, der sich in dir aufstaut, sodass immer, wenn etwas geschieht, das dir nicht gefällt, dein Temperament mit dir durchgeht. Wie ich weißt du vielleicht gar nicht, warum du so reagierst.

Ich habe gelesen, dass laut medizinischer Studien 75 Prozent aller körperlichen Krankheiten von emotionalen Problemen verursacht werden.[2] Und eines der größten emotionalen Probleme, die Menschen erleben, ist Schuld. Viele Menschen strafen sich selbst mit Krankheit. Sie weigern sich, sich zu entspannen und das Leben zu genießen, denn im Grunde *verdienen* sie es nicht, eine gute Zeit zu haben. Also bedauern und bereuen sie ihre Situation ständig und vergehen vor Selbstmitleid. Dieser Stress macht Menschen krank.

Falls du dich in dieser Beschreibung wiedererkennst, bitte den Heiligen Geist, dir zu helfen, an die Wurzel des Problems zu gelangen, das dir so viel Kummer bereitet.

Ich erinnere mich an eine Geschichte über Henry Ford. Eines Tages funktionierte eine wichtige Maschine in seiner Automobilfabrik nicht richtig, also rief er einen Freund namens Steinmetz an, der wahrlich ein mechanisches Genie war. Er war zwar körperlich behindert, aber sein Gehirn war phänomenal.

Als Ford erkannte, dass niemand diese so dringend benötigte Maschine reparieren konnte, rief er Steinmetz herbei. Dieser spielte ungefähr zehn Minuten daran herum, dann funktionierte die Maschine wieder. Die beiden Freunde freuten sich und Steinmetz ging wieder.

Ein paar Tage später erhielt Ford eine Rechnung von Steinmetz über 10.000 Dollar! Sofort rief er seinen Freund an und beschwerte sich: „Meinst du nicht, dass das ein bisschen übertrieben ist? 10.000 Dollar sind viel Geld für jemanden, der zehn Minuten herumgebastelt hat."

Steinmetz antwortete ruhig: „Nun, zehn Dollar dieser Rechnung sind für die zehn Minuten, die ich herumgebastelt habe; die 9.990 Dollar sind dafür, dass ich wusste, wo ich herumzubasteln hatte."

Der Heilige Geist ist bei der Heilung unserer Gefühle so wertvoll, weil er weiß, wo er herumbasteln muss!

Der Heilige Geist ist der Einzige, der dich besser kennt als du selbst. Er weiß, was mit dir nicht in Ordnung ist und was diesbezüglich zu tun ist. Das Beste, was du tun kannst, ist, ihn zu bitten, diese Aufgabe zu erledigen, und ihn dann das erforderliche „Herumbasteln" besorgen zu lassen, wo es nötig ist. Wenn er es tut, sei geduldig. Denke daran: Die Heilung deiner Gefühle ist ein Prozess, der Zeit beansprucht.

Voller Selbstmitleid oder voller Kraft?

Seid ausgewogen (gemäßigt, nüchtern im Sinn), seid wachsam und immer vorsichtig, denn euer Feind, der Teufel, zieht umher wie ein brüllender [ausgehungerter] Löwe und sucht, wen er ergreifen und verschlingen kann. Widersteht ihm, seid fest im Glauben [verwurzelt, gegründet, stark, unbeweglich und entschlossen in euerer Haltung gegen seine Angriffe], da ihr wisst, dass dieselben Leiden euren Brüdern (dem ganzen Leib Christi) in der ganzen Welt bestimmt sind.

1. Petrus 5, 8–9

Wenn du die Heilung deiner Gefühle empfangen und in deinem Leben vorwärts gehen willst, musst du dein Selbstmitleid ablegen. Ich bin davon so überzeugt, dass ich dir dieselbe Frage stellen will, die Gott mir vor einigen Jahren stellte: „Willst du voller Selbstmitleid oder voller Kraft sein?"

Zu diesem Thema will ich dir auch noch einige andere Fragen stellen. Die erste ist: Tust du dir selbst Leid?

Sei bei deiner Antwort ehrlich. Tu nicht das, was ich jahrelang getan habe, und antworte: „Ja, aber …"

Gott zeigte mir, dass Selbstmitleid wie eine Wand ist, die uns davon abhält, in unserem Leben vorwärts zu gehen. In meinem Leben musste ich lernen, dass jeder Probleme hat. Nur weil ich als Kind missbraucht wurde, bin ich noch lange kein besonderer Fall. Wie jeder andere auch musste ich für meine Heilung und Wiederherstellung selbst die Verantwortung übernehmen – du musst das auch. Wir müssen mit dem Wirken des Heiligen Geistes in unserem Leben zusammenarbeiten.

Meine nächste Frage ist: Fühlst du dich schnell ungerecht behandelt und wirst du dann aggressiv?

Jahrlang hatte ich dieses Problem, weil ich mir sagte: „Was mir angetan wurde, war nicht fair, kein Hund hätte so etwas verdient, also *verdiene* ich, dass …"

Es fällt dem Fleisch schwer, zuzugeben, dass unsere besonderen Probleme uns nicht zu besonderen Fällen machen. Wir sind für Gott alle etwas Besonderes, aber jeder wurde auf die eine oder andere Art verletzt oder missbraucht. Jeder von uns muss die Verantwortung für sein eigenes Verhalten übernehmen und aufhören, die Vergangenheit oder die, die uns verletzt haben, dafür verantwortlich zu machen.

Die Bibel sagt uns, dass sich diejenigen, die sich in Selbstmitleid wälzen, dem Teufel gegenüber verletzbar machen, der nur jemanden sucht, den er verschlingen kann.

Wenn wir nicht wollen, dass der Teufel uns verschlingt, dann müssen wir dem Selbstmitleid, den Schuldzuweisungen und dem Gefühl, andauernd ungerecht behandelt zu werden, widerstehen. Wenn wir die Dinge auf Gottes Art und Weise angehen, werden wir Gottes Sieg erfahren.

Das ist die Botschaft, die der Herr mir zu vermitteln versuchte, als er mich fragte, ob ich voller Selbstmitleid oder voller Kraft sein wolle. Er sagte mir so, wie er dir jetzt auch sagt: „Du hast vielleicht einen Grund, dir selbst Leid zu tun, aber du hast kein Recht dazu, weil ich bereit bin, dein Leben zu heilen. Ich werde dich aus allem befreien, was Satan dir antun wollte. Ich werde es dir zum Besten dienen lassen und es verwenden, um mich zu verherrlichen."

All die Verletzungen und Wunden, die du erlitten hast, auch Dinge, die du dir selbst angetan hast, kann der Herr in Werkzeuge und Ausrüstungsmaterial umwandeln, das du brauchst, um anderen verletzten Menschen zu dienen.

Der verletzte Heiler

Gepriesen sei der Gott und Vater unseres Herrn Jesus Christus, der Vater allen Mitgefühls (allen Mitleids und aller Gnade) und der Gott [der die Quelle] jedes Trostes (jedes Beistands und jeder Ermutigung) ist, der uns in jeder Schwierigkeit (jedem Unglück und jeder Not) tröstet (beisteht und ermutigt), damit wir auch fähig sind, diejenigen, die in Schwierigkeiten oder Drangsal geraten sind, mit dem Trost (dem Beistand und der Ermutigung), mit dem wir selbst von Gott getröstet (und ermutigt) wurden, zu trösten (beizustehen und zu ermutigen).

2. Korinther 1, 3–4

Der beste Heiler ist oft der verwundete Heiler. Denn er weiß, mit was er es zu tun hat, da er es selbst durchlitten hat. Das ist es, was Paulus in diesem Abschnitt seines Briefes an die Gemeinde in Korinth sagt.

Wenn du in deinem Leben schwere Zeiten durchlitten hast, wirst du in deinem Dienst anderen helfen können, die dasselbe in ihrem Leben erleiden.

Das bedeutet nicht, dass Menschen, die nie durch Leidens- und Schmerzenszeiten gegangen sind, nicht vom Herrn benutzt werden können. Einige der größten und kraftvollsten Prediger, die ich kenne, haben ein fast perfektes Leben gelebt. Unser Leiden hält uns jedoch nicht davon ab, ebenso erfolgreich zu dienen.

Ich schreibe dieses Buch, um dir zu helfen, zu erkennen, dass Gott das, was du in den harten Zeiten deines Lebens durchgemacht hast, zu seiner Ehre benutzen kann – wenn du es ihm erlaubst!

Wenn ich immer noch da wäre, wo ich begonnen habe, als ich mir selbst so Leid tat, könnte ich weder mir selbst noch sonst jemandem etwas Gutes tun. Ich stünde wahrscheinlich sogar auf dem Speiseplan des Teufels! Er würde mich durchkauen und dann ausspucken. Doch der Herr gab mir die Gnade, mein Selbstmitleid abzulegen und die Herausforderung anzunehmen und für ihn zu leben, und nun bin ich fähig, Hunderttausenden von Menschen in der ganzen Welt zu helfen.

Für mich persönlich ist es das größte Zeugnis überhaupt, dass ich sagen kann: „Womit Satan mich zerstören wollte, nahm Gott und nutzte es zu seiner Ehre und zum Wohle anderer Menschen in seinem Reich!"

So etwas kann einzig und allein Gott vollbringen!

Egal, wo du heute stehst oder was du vielleicht durchmachst, Gott kann deine Situation wenden und sie benutzen, um sein Reich auszubreiten und dir und vielen anderen Segen zu bringen.

Erbarmen oder Mitleid?

Nun sind die Taten (Handlungen) des Fleisches offen-
sichtlich (deutlich): es sind Unmoral, Unreinheit,
Unsittlichkeit, Götzendienst, Zauberei, Feindschaft,
Streit, Eifersucht, Zorn, Selbstsucht, Spaltungen (Mei-
nungsverschiedenheiten), Parteiungen (Splitterparteien,
Sekten mit sonderbaren Meinungen, falsche Lehren),
Neid, Trunkenheit, Völlerei und dergleichen …
Galater 5, 19–21

Das Wort „Mitleid" steht in der Bibel immer für „Erbarmen", das eine Person dazu bringt, für jemand anders aktiv zu werden.

Mitleid und Erbarmen werden in der Bibel niemals benutzt, um auszudrücken, dass wir uns selbst bemitleiden, weil wir etwas Schlimmes durchmachen. Selbstmitleid wird sogar als eine der Sünden des Fleisches betrachtet, die hier in Galater 5, 19–21 aufgelistet werden.

Als mir der Herr diese Tatsache zum ersten Mal offenbarte, schlug ich nach, um sicher zu sein, ihn richtig gehört zu haben.

Ich konnte das Wort in dieser Liste nicht finden, also suchte ich in einer anderen Übersetzung. Als ich es immer noch nicht finden konnte, sprach der Herr zu mir und sagte: „Es heißt ‚Götzendienst‘."

Das ist wahr. Wenn wir uns nach innen kehren und beginnen, vor Selbstmitleid zu weinen, was tun wir dann? Wir vergöttern uns selbst! Wir machen uns selbst zum Mittelpunkt und tun uns Leid, weil nicht alles in Gottes Schöpfung so ist, wie wir es gerne hätten.

Wahres Mitleid und Erbarmen bringt uns dazu, für jemand anders aktiv zu werden, Selbstmitleid und Götzendienst jedoch ziehen uns in Depression und Hoffnungslosigkeit.

Kannst du dich daran erinnern, was Paulus und Silas machten, als sie in Ketten gefesselt in Philippi im Gefängnis waren, weil sie versucht hatten, anderen Gutes zu tun? Statt sich selbst zu bemitleiden, begannen sie, zu singen und Gott zu preisen und sich im Herrn zu freuen. Das hatte zur Folge, dass der Gefängniswärter Buße tat und gerettet wurde.

Wenn wir Anfechtungen und Problemen gegenüberstehen, haben wir die Wahl: Wir können uns selbst bemitleiden oder unsere Hände erheben und zum Herrn schauen, damit er uns in den Sieg führt, so wie Paulus und Silas es machten. Die Entscheidung liegt bei uns.

Lebe weiter!

Und David suchte Gott um des Jungen willen. Und David fastete lange. Und wenn er hineinkam, lag er die Nacht über auf der Erde. Und die Ältesten seines Hauses machten sich zu ihm auf, um ihn von der Erde aufzurichten. Aber er wollte nicht und aß kein Brot mit ihnen. Und es geschah am siebten Tag, da starb das Kind. Und die Knechte Davids fürchteten sich, ihm zu

*berichten, dass das Kind tot sei, denn sie sagten sich:
Siehe, als das Kind noch am Leben war, haben wir
zu ihm geredet, und er hat nicht auf unsere Stimme
gehört: Wie könnten wir jetzt zu ihm sagen: Das Kind
ist tot? Er würde Unheil anrichten. Und David sah, dass
seine Knechte miteinander flüsterten. Da merkte David,
dass das Kind tot war. Und David sagte zu seinen
Knechten: Ist das Kind tot? Sie sagten: Es ist tot. Da
stand David von der Erde auf und wusch sich und
salbte sich und wechselte seine Kleider und ging ins
Haus des Herrn und warf sich vor ihm nieder. Dann
kam er in sein Haus zurück und verlangte zu essen, und
man setzte ihm Brot vor, und er aß. Da sagten seine
Knechte zu ihm: Was ist das für eine Sache, die du tust?
Als das Kind lebte, hast du um seinetwillen gefastet
und geweint, sobald aber das Kind gestorben war, bist
du aufgestanden und hast gegessen! Da sagte er: Als
das Kind noch lebte, habe ich gefastet und geweint,
weil ich mir sagte: Wer weiß, vielleicht wird der Herr
mir gnädig sein, und das Kind bleibt am Leben. Jetzt
aber, da es tot ist, wozu sollte ich denn fasten? Kann
ich es etwa noch zurückbringen? Ich gehe einmal zu
ihm, aber es wird nicht zu mir zurückkehren.*

2. Samuel 12, 16–23 (*Elberfelder*)

Was sagte David in diesem Abschnitt? Er sagte: „Als mein Kind
krank war, habe ich alles getan, um es zu retten. Nun ist es tot,
jetzt kann ich nichts mehr tun. Warum sollte ich herumsitzen und
über etwas trauern, das ich nicht ändern kann? Es ist besser für
mich, wenn ich wieder aufstehe und mein Leben fortsetze."

Das ist es, wozu der Herr uns heute ermutigt. Er sagt uns, dass
wir aufhören sollen, darüber zu trauern, was in der Vergangenheit
passiert ist, und die Entscheidung treffen sollen, dass wir heute
und jeden Tag bis zu unserem Lebensende *leben* werden. Er sagt
uns, dass wir die Zeit, die uns noch zur Verfügung steht, nicht
damit vergeuden sollen, über das zu trauern, was verloren ist.

Natürlich gibt es beim Verlust eines geliebten Menschen eine Zeit, in der man trauert, doch wenn dieser Trauerprozess zu lange anhält, hat er eine zerstörerische Wirkung.

Gelobe dir jetzt selbst, dass du ab sofort keine wertvolle Zeit mehr darauf verschwenden wirst, dich selbst zu bemitleiden, und dich wegen unveränderlicher Angelegenheiten nicht mehr in Selbstmitleid wälzen wirst. Verpflichte dich stattdessen dazu, jeden Tag voll auszuleben und dich auf das zu freuen, was Gott für dich bereithält, während du ihm Schritt für Schritt nachfolgst.

4

Gefühle und
der Vergebungsprozess

Es gibt zwei Dinge, durch die wir uns innerlich verschließen. Zum einen handelt es sich dabei um das Negative, das uns andere angetan haben; zum anderen um das Negative, das wir uns selbst und anderen zugefügt haben. Es ist schwierig, über das hinwegzukommen, was uns andere angetan haben. Und es fällt uns schwer, zu vergessen, was wir anderen und uns selbst angetan haben.

Wir haben untersucht, wie unsere Gefühle funktionieren, weil alles, was unser Vertrauen in uns selbst oder in andere zerstört, nicht nur uns persönlich, sondern auch unsere Beziehung zu anderen beeinträchtigt.

In diesem Kapitel werden wir betrachten, was wir von unseren Gefühlen erwarten können, wenn wir anfangen, zu vergeben: uns selbst, anderen und Gott.

Vergib schnell

Alle Bitterkeit und Entrüstung und aller Zorn (Wut) und Groll (Grimm, Feindseligkeit) und Streit (Rauferei, Geschrei, Zank) und alle Verleumdung (üble Nachrede, Beleidigung und Lästerung) sei euch ferne, so auch alle Bosheit (Gehässigkeit, Böswilligkeit und jegliche Niederträchtigkeit). Und werdet brauchbar und seid hilfsbereit und freundlich zueinander, gutherzig (barmherzig, verständnisvoll, liebevoll), vergebt einander [bereitwillig und großzügig], wie Gott durch Christus euch vergeben hat.

Epheser 4, 31–32

Die Bibel lehrt uns, dass wir einander „bereitwillig und großzügig" vergeben sollen. Wir sollen schnell vergeben.

Nach 1. Petrus 5, 5 sollen wir den Charakter Jesu anziehen. Das bedeutet, langmütig und geduldig zu sein, nicht leicht Anstoß zu nehmen, schnell zu vergeben, langsam zum Zorn und gnädig zu sein.

Meine Definition des Wortes „gnädig" in diesem Zusammenhang ist die Fähigkeit, über das, was geschehen ist, hinauszusehen, um den Grund zu finden, warum es geschehen ist. Viele Menschen tun Dinge, die sie selbst nicht verstehen, aber es gibt immer einen Grund dafür, warum sie sich so verhalten.

Dasselbe gilt für uns Christen. Wir sollen gnädig sein und bereit, anderen zu vergeben – so wie Gott uns in Christus unsere Fehler vergibt, und zwar auch dann, wenn wir selbst nicht verstehen, warum wir tun, was wir tun.

Vergib, damit Satan keinen Vorteil daraus ziehen kann

Wenn ihr jemandem etwas vergebt, vergebe auch ich es ihm; und was ich vergeben habe, wenn ich etwas vergeben habe, geschah um euretwillen in der Gegenwart (und mit dem Einverständnis) Christi (des Messias), damit Satan uns nicht übervorteilen kann, denn seine Strategien und Absichten sind uns bekannt.

2. Korinther 2, 10–11

Die Bibel lehrt, dass wir einander vergeben sollen, damit „Satan uns nicht übervorteilen kann". Wenn wir also anderen vergeben, tun wir nicht nur ihnen einen Gefallen, sondern uns selbst einen noch größeren.

Der Grund, warum wir uns damit selbst einen Gefallen tun, liegt darin, dass Unversöhnlichkeit in uns eine Wurzel der Bitterkeit entstehen lässt, die unser ganzes System vergiftet.

Vergebung und die Wurzel der Bitterkeit

Übt Vorsicht und gebt Acht [aufeinander], dass ihr zuseht, dass keiner zurückfällt und darin versagt, sich die Gnade Gottes zu sichern (seine unverdiente Gunst und seinen geistlichen Segen), damit keine Wurzel des Grolls (der Erbitterung, der Bitterkeit oder des Hasses) hervorsprießt und Schwierigkeiten und üble Qualen hervorruft und viele angesteckt und dadurch verunreinigt werden.

Hebräer 12, 15

Wenn wir voller Unversöhnlichkeit sind, sind wir auch voller Groll und Bitterkeit.

Das Wort „Bitterkeit" wird benutzt, um auszudrücken, dass etwas beißt oder einen scharfen Geschmack hat.

Wir erinnern uns daran, dass das Volk Israel, als es kurz vor dem Auszug aus Ägypten war, am Vorabend vom Herrn angewiesen wurde, das Passahmahl vorzubereiten, zu dem auch bittere Kräuter gehörten. Warum? Gott wollte, dass sie diese bitteren Kräuter aßen, um sich an die Bitterkeit zu erinnern, die sie in der Gefangenschaft erfahren hatten.

Bitterkeit und Gefangenschaft gehören immer zusammen!

Man sagt, dass die Kräuter, die die Israeliten aßen, wahrscheinlich mit Meerrettich verwandt sind. Wenn du jemals ein großes Stück Meerrettich abgebissen hast, weißt du, was für eine starke körperliche Reaktion das hervorrufen kann. Bitterkeit bewirkt in uns geistlich gesehen genau dasselbe. Sie löst nicht nur in *uns*, sondern auch im in uns wohnenden Heiligen Geist Unbehagen aus.

Wir müssen zusehen, dass wir für diejenigen, die mit uns in Kontakt kommen, ein süßer Wohlgeruch sind. Wenn wir mit Bitterkeit angefüllt sind, ist das Aroma, das wir verbreiten, nicht süß, sondern bitter.

Wie beginnt Bitterkeit? Gemäß der Bibel wächst sie aus einer Wurzel. In der *Elberfelder Bibel* wird in diesem Vers von einer „Wurzel der Bitterkeit" gesprochen. Eine Wurzel der Bitterkeit bringt immer die Frucht der Bitterkeit hervor.

Was ist der Same, aus dem diese Wurzel hervorsprießt? Unversöhnlichkeit. Bitterkeit entsteht aus den vielen kleinen Ärgernissen, die wir einfach nicht loslassen wollen, aus den Dingen, die wir uns immer wieder durch den Kopf gehen lassen, bis sie uns immer gewaltiger erscheinen und überdimensional groß werden.

Neben all den kleinen Dingen, die so ihre Proportionen verlieren, gibt es auch größere Verletzungen, die Menschen uns zugefügt haben oder gerade zufügen. Je länger wir ihnen erlauben, zu wachsen und zu eitern, desto stärker werden sie und beeinflussen dann unser ganzes Wesen: unsere Persönlichkeit, unsere Einstellung und unser Verhalten, unsere Perspektive und unsere Beziehungen – besonders unsere Beziehung zu Gott.

Lass es los!

Und ihr sollt das fünfzigste Jahr heiligen und im ganzen Land Freiheit ausrufen für alle seine Einwohner. Es soll ein Jubeljahr für euch sein … Und wenn dein Bruder neben dir arm wird und sich dir verkauft, dann sollst du ihn nicht zwingen, dir als Leibeigener (Sklave, der nicht mehr freigekauft werden kann) zu dienen. Sondern als Tagelöhner und als vorübergehend Aufgenommener soll er bei dir sein, er soll dir bis zum Jubeljahr dienen. Und dann soll er von dir weggehen,

er und seine Kinder mit ihm, zurück zu seiner Familie
und zu den Besitztümern seiner Väter.

3. Mose 25, 10 und 39–41

Um Satan daran zu hindern, dich zu übervorteilen – vergib! Tue dir selbst einen Gefallen und lass die Kränkung los. Vergib, um dich selbst vor Vergiftung – und Gefangenschaft – zu schützen.

Wenn wir vergeben, verzeihen wir dem, der uns etwas angetan hat, wir begnadigen ihn sozusagen.

Wenn sich jemand eines Vergehens schuldig gemacht hat und für eine gewisse Zeit zu einer Gefängnisstrafe verurteilt wird, sagen wir, dass er gegenüber der Gemeinschaft schuldig geworden ist. Wird er begnadigt, darf er ohne weitere Einschränkung sein Leben frei fortsetzen. Solch eine Begnadigung kann nicht verdient werden, sie muss von einer höheren Autorität gewährt werden.

Wenn uns jemand gekränkt hat, denken wir schnell, diese Person schulde uns etwas.

So kam beispielsweise einmal eine junge Frau in einer unserer Versammlungen in die Gebetsreihe und sagte mir, dass sie gerade ihren Mann dabei erwischt hatte, wie er sie betrog. Ihre Antwort darauf war: „Er ist mit etwas *schuldig!*"

Wenn uns jemand verletzt hat, reagieren wir, als hätte er uns bestohlen oder körperlich verletzt. Wir haben das Gefühl, dieser Mensch schulde uns etwas. Darum lehrte Jesus uns im Vaterunser: „… vergib uns unsere Schulden, wie auch wir unseren Schuldnern vergeben haben" (Mt. 6, 12; *Elberfelder*).

Im 3. Mose 25 lesen wir vom Jubeljahr, in dem alle Schulden erlassen und alle Schuldner begnadigt und freigesetzt wurden.

Wenn wir in Christus sind, kann jeder Tag ein Jubeljahr sein. Wir können denen sagen, die uns gegenüber schuldig geworden sind, weil sie uns falsch behandelt haben: „Ich vergebe dir und erlasse dir deine Schuld. Du bist frei. Ich überlasse dich Gottes

Hand, dass er sich mit dir befasst, denn solange ich versuche, mich mit dir zu befassen, wird er es nicht tun."

Gemäß der Bibel sollten wir andere Menschen nicht beständig in ihrer Schuld halten, so wie wir niemandem etwas schuldig bleiben sollten. „Seid niemand irgendetwas schuldig, als nur einander zu lieben ..." (Röm. 13, 8; *Elberfelder)*. Wir müssen lernen, Menschen zu vergeben, ihnen ihre Schuld zu erlassen.

Kannst du dir die Freude eines Menschen vorstellen, der erfährt, dass ihm eine zehn- oder 20-jährige Gefängnisstrafe erlassen wurde? Das ist die gute Nachricht vom Kreuz. Weil Jesus unsere Schuld für uns bezahlt hat, kann Gott zu uns sagen: „Du schuldest mir nichts mehr!"

Es gibt ein Lied, das diesen Gedanken so ausdrückt: „Ich hatte eine Schuld, die ich nicht bezahlen konnte; er bezahlte eine Schuld, die er niemals hatte."

Unser Problem ist, dass wir entweder immer noch versuchen, unsere Schuld bei Gott abzubezahlen, oder wir versuchen, die Schulden anderer Menschen einzutreiben. So wie Gott unsere Schuld erlassen und sie uns vergeben hat, müssen wir die Schuld anderer Menschen erlassen und ihnen vergeben, was sie uns schulden.

Lass es fallen

Und wenn ihr steht und betet, wenn ihr etwas gegen jemanden habt, dann vergebt ihm und lasst es los (verlasst es, lasst es fallen), damit euer Vater, der im Himmel ist, euch eure Verfehlungen und Fehler vergibt und sie loslässt.

Markus 11, 25

Ich mag den Satz, den die *Amplified Bible* in diesem Vers benutzt: „Lasst es fallen!"

Wie oft hattest du schon ein Problem mit jemandem und du meintest, die Sache sei zwischen euch geklärt worden, doch der andere rollt den Fall immer wieder auf?

Mein Mann und ich machten diese Erfahrung bisher in unserem gemeinsamen Leben immer wieder.

Ich glaube, dass die meisten Männer viel eher bereit sind und es ihnen auch leichter fällt, Dinge loszulassen, als Frauen. Das verbreitete Stereotyp der meckernden Frau ist nicht völlig daneben. Ich weiß das, weil ich selbst einmal eine solche Frau war.

Dave und ich hatten beispielsweise eine Meinungsverschiedenheit und er sagte dann: „Komm, wir vergessen die Angelegenheit einfach." Aber ich brachte das Thema immer wieder auf den Tisch. Ich kann mich erinnern, wie er mich verzweifelt fragte: „Joyce, können wir das nicht einfach vergessen?"

Das ist es, wozu Jesus uns in diesem Vers auffordert. Vergiss es, betrachte den Fall als erledigt, lass es los und höre auf, darüber zu reden.

Es stellt sich natürlich die Frage: Wie machen wir das?

Empfange den Heiligen Geist

Jesus sprach erneut zu ihnen: „Friede sei mit euch! [Genauso] wie der Vater mich ausgesandt hat, sende ich euch. Und nachdem er dies gesagt hatte, hauchte er sie an und sprach zu ihnen: Empfangt den Heiligen Geist (lasst ihn herein)! [Nachdem ihr nun den Heiligen Geist empfangen habt, von ihm geführt und geleitet werdet] sind jemandem die Sünden vergeben, wenn ihr sie ihm vergebt, und wenn ihr sie ihm nicht vergebt, sind sie ihm nicht vergeben."
Johannes 20, 21–23

Wenn es darum geht, Sünden zu vergeben, ist die erste Regel, dass wir den Heiligen Geist empfangen müssen, der die nötige Stärke und Vergebungsfähigkeit schenkt.

Keiner von uns kann das selbst tun.

Ich glaube, dass die Jünger in diesem Augenblick, als Jesus sie anblies und sie den Heiligen Geist empfingen, von neuem geboren wurden. Als Nächstes sagte er ihnen, dass alle Sünden, die sie vergaben, vergeben wären, und die Sünden, an denen sie festhielten, festgehalten würden.

Die Fähigkeit, Sünden zu vergeben, scheint die erste Kraft gewesen zu sein, die Menschen erhielten, als sie von neuem geboren wurden. Wenn es sich so verhält, dann ist es unsere erste Pflicht als Christen, Sünden zu vergeben. Doch obwohl wir die *Kraft* haben, Sünden zu vergeben, ist es nicht immer *einfach*, es zu tun.

Wenn mir jemand etwas antut, das ich vergeben muss, bete ich: „Heiliger Geist, hauche mich an und gib mir die Kraft, dieser Person zu vergeben." Ich tue das, weil meine Gefühle rufen: „Du hast mir wehgetan – das ist nicht fair!"

Dann muss ich mich an das erinnern, was wir schon über das Vergeben gelernt haben, nämlich loszulassen und dem gerechten Gott zu erlauben, für Gerechtigkeit zu sorgen und alles letztendlich zu lösen. Ich muss mich daran erinnern, dass es meine Aufgabe ist, zu beten, und seine, zu „bezahlen".

Wenn dir jemand etwas Schmerzhaftes antut, gehe zum Herrn und empfange die Kraft, deinen eigenen Willen auf seinen Altar zu legen und zu sagen: „Herr, ich vergebe diesem Menschen. Ich setze ihn frei und lasse ihn gehen."

Wenn du das getan hast, musst du den Fall als erledigt betrachten. Es wird dir nicht gut tun, wenn du zwar all das befolgst, aber dann mit Freunden oder Kollegen zum Essen gehst und die ganze Sache wieder aufrollst. Warum? Weil Satan es als Gelegenheit nutzen wird, deine Entscheidung zur Vergebung zunichte zu machen und dich deines Segens und Friedens zu berauben.

Satan wird dich ködern!

Versteht [dies], meine lieben Brüder. Jeder sei schnell zum Hören [ein aufmerksamer Zuhörer], langsam zum Reden und langsam zum Anstoßnehmen und zum Zorn.

Jakobus 1, 19

Es ist sehr wichtig, zu verstehen, dass Satan dich ködern wird – sogar durch den Mund anderer Christen.

Weißt du, was sie dir beim Mittagessen sagen werden?

„Und, wie kommst du mit Soundso zurecht? Ich habe gehört, ihr zwei habt ein kleines Problem."

Erkennst du den lockenden Köder?

Da du versuchst, es zu vergessen, sagst du vielleicht: „Keiner wollte dem anderen wirklich etwas Böses."

Aber wenn du nicht aufpasst, werden die anderen weitermachen und dich mit ihren Fragen ködern. Sie verwickeln dich in ein Gespräch über eine Sache, die du als erledigt betrachten wolltest.

Ich weiß, wie Klatsch funktioniert, weil ich früher einfach keine heikle Geschichte unbeachtet lassen konnte. Jemand erzählte mir etwas über jemand anders und meine Ohren richteten sich auf. Ich war ganz begeistert: „Ach, ich erfahre gerade ein Geheimnis!" Und genau das vergiftet uns.

Wenn jemand beginnt, über jemand anders oder über einen anderen Dienst zu sprechen, versuche ich, das Gespräch in eine andere Richtung zu lenken. Ich gehe darüber hinweg und sage beispielsweise: „Nun, ich bete, dass Gott diesem Menschen und diesem Dienst hilft, seine Probleme in den Griff zu bekommen und aus dieser Erfahrung etwas zu lernen, das ihn stärker macht als je zuvor."

Wenn jemand auf dich zukommt und dich ködern will, über ein Problem in deiner Gemeinde oder in deinem Dienst zu sprechen, musst du versuchen, das Gespräch in eine andere Richtung zu lenken, und sagen: „Ja, das stimmt, wir hatten ein Weilchen ein Problem. Aus meiner Sicht wird alles wieder in Ordnung kommen."

Wenn dein Gesprächspartner darauf besteht, weiterhin nachzufragen, wie denn alles so laufe, musst du ihn höflich, aber bestimmt wissen lassen, dass du diese Sache keinesfalls in einem negativen Licht besprechen wirst.

Tue, was die Bibel sagt, und sei langsam zum Reden, schnell zum Hören und langsam, wenn es darum geht, gekränkt zu sein oder zornig zu werden.

Wenn du etwas hörst, das dich aufregt und dazu bringen könnte, voreilig zu reagieren, halte kurz inne und stell dir folgende Frage: „Was versucht mir der Teufel hier gerade anzutun?"

Er versucht vermutlich, dein Gebet der Vergebung zunichte zu machen, indem er dich ködert, die Kränkung immer wieder hervorzuholen.

Was bringt es uns, jemand anders mitzuteilen, wie sehr uns jemand verletzt hat? Ich sage jetzt nicht, dass wir unserem Partner, einem Prediger oder einem nahen Freund niemals mitteilen sollten, was sich in unserem Leben abspielt. Wir müssen hierbei jedoch das Gleichgewicht behalten. Es geht darum, vorsichtig zu sein, den Ruf und Charakter eines anderen Menschen nicht zu verderben. Nur weil uns jemand etwas Böses angetan hat, haben wir nicht das Recht, dieser Person ebenfalls etwas Böses anzutun. Das hätte nichts Gutes zur Folge.

Vergib, damit Satan dich nicht übervorteilen kann. Weigere dich, den Köder des Feindes anzunehmen. Kaue den Fall nicht ständig durch. Wenn du über etwas Schmerzhaftes hinwegkommen willst, höre auf, darüber nachzudenken und darüber zu reden.

Der Tonfall der Gnade

Und als sie an den Ort kamen, der Schädelstätte genannt wird, kreuzigten sie dort ihn und die Übeltäter, den einen zur Rechten, den anderen zur Linken. Jesus aber sprach: Vater, vergib ihnen! Denn sie wissen nicht, was sie tun.

Lukas 23, 33–34 (*Elberfelder*)

Ich habe dieses Beispiel schon oft erzählt, aber ich erzähle es noch einmal, weil ich es für sehr stark halte.

Meine Schwiegermutter zog acht Kinder praktisch alleine auf. Heute dienen alle Kinder dem Herrn.

Als sie noch klein waren, ging sie bei anderen putzen, um finanziell über die Runden zu kommen, weil sie keinerlei staatliche Hilfe bekam. Die einzige Unterstützung war eine kleine, monatliche Rente. Als die älteren Kinder größer wurden, halfen sie ihr und dem Rest der Familie. Jeder tat, was er nur konnte, um etwas Geld in die Familie zu bringen.

Die Umgebung, in der Dave aufwuchs, würde man als „arm" bezeichnen. Doch alle Kinder wussten, dass sie geliebt wurden. Sie wurden mit in den Gottesdienst genommen und es wurden ihnen christliche Werte und Prinzipien vermittelt. Diese Erziehung hatte einen Langzeiteffekt im Leben jedes Einzelnen.

In all den Jahren, die ich mit Dave verheiratet bin, habe ich weder ihn noch eines seiner Familienmitglieder jemals abfällig über ihren Vater reden hören, obwohl er derjenige war, der für diese schwierige Situation am meisten Verantwortung trug. Er war Alkoholiker gewesen und starb, als Dave sechzehn Jahre alt war. Seine Familie hat die Sache stets gnädig angesprochen. Ich glaube, dass diese vergebende Haltung in ihrem Leben dem Segen Türen geöffnet hat.

Als Jesus am Kreuz hing, betete er für die, die ihn quälten, und sagte: „Vater, vergib ihnen, denn sie wissen nicht, was sie tun." Wir müssen Jesus anziehen, seinen Charakter und seine Persönlichkeit annehmen. Wir müssen aufhören, uns so viele Gedanken darüber zu machen, was andere uns antun, und uns mehr darum kümmern, was sie *sich selbst* antun, wenn sie uns so behandeln.

Im Alten Testament sagte der Herr zu den Feinden seines Volkes Israel: „... Tastet meine Gesalbten nicht an ..." (1. Chr. 16, 22; *Elberfelder*). Da wir Kinder Gottes sind, sind wir seine Gesalbten. Menschen bringen sich in eine gefährliche Lage, wenn sie uns schlecht behandeln, also müssen wir für sie beten. Wir müssen ihnen mit Gnade begegnen und das tun, was Jesus tat, indem wir Gott bitten, ihnen zu vergeben, weil sie sich gar nicht im Klaren darüber sind, was sie tun.

Segne und fluche nicht

Ich möchte jetzt gerne drei wichtige Bibelstellen zitieren, die im Zusammenhang mit Vergebung stehen. Kannst du herausfinden, was ihnen gemeinsam ist? Es ist das, was wir oft übersehen, wenn wir uns bemühen, jemandem zu vergeben, der uns verletzt hat.

Ihr habt gehört, dass gesagt ist: Du sollst deinen Nächsten lieben und deinen Feind hassen. Ich aber sage euch: Liebt eure Feinde, und betet für die, die euch verfolgen.
Matthäus 5, 43–44 (*Elberfelder*)

Betet für die Zufriedenheit derer, die euch verfluchen, und erbittet Segen für sie; erfleht Gottes Segen (Gunst) für die, die euch schlecht behandeln [beschimpfen, euch Vorwürfe machen, herabsetzen und willkürlich ausnutzen].
Lukas 6, 28

*Segnet, die euch verfolgen [deren Haltung euch gegen-
über grausam ist], segnet und verflucht sie nicht.*

Römer 12, 14

Siehst du, was fehlt, wenn wir unseren Feinden nur vergeben
und dann nichts weiter tun?

Lass mich dir eine Lektion mitteilen, die ich gelernt habe,
während ich über Vergebung predigte.

Ich fragte den Herrn einmal: „Vater, wie kommt es, dass
Menschen in unsere Versammlungen kommen und beten, dass
sie zu vergeben lernen, doch schon nach kürzester Zeit kommen
sie wieder zurück, haben noch immer dieselben Probleme und
bitten wieder um Hilfe?"

Das Erste, was der Herr mir über diese Menschen sagte, war:
„Sie tun nicht das, was ich ihnen in meinem Wort sage."

Siehst du, obwohl Gott uns in seinem Wort sagt, dass wir *vergeben* sollen, hört er an dieser Stelle nicht auf. Er lehrt uns, dass
wir diese Menschen auch *segnen* sollen.

In diesem Zusammenhang bedeutet segnen, gut von jemandem
zu reden. Eines unserer Probleme ist also, dass wir – obwohl wir
beten und denen vergeben, die uns wehgetan haben – uns um-
drehen und sie mit unserer Zunge verfluchen. Oder wir wärmen
die Angelegenheit immer wieder im Gespräch mit anderen auf.

So funktioniert es nicht!

Um durch den Vergebungsprozess zu kommen und den Frieden
zu genießen, den wir suchen, müssen wir das tun, was Gott uns
gesagt hat, also nicht nur vergeben, sondern auch segnen.

Ein Grund, weshalb wir es so schwer finden, für diejenigen zu
beten, die uns verletzt und schlecht behandelt haben, ist, weil
wir dazu neigen, zu meinen, dass wir Gott dabei bitten, sie
körperlich oder materiell zu segnen.

Wir beten jedoch nicht dafür, dass sie mehr Geld verdienen oder noch mehr besitzen, sondern wir beten dafür, dass sie geistlich gesegnet werden. Wir bitten Gott, ihnen die Wahrheit über ihre eigene Haltung zu offenbaren, damit sie bereit werden, Buße zu tun und von ihren Sünden befreit zu werden.

Ich weiß, wie schwer es sein kann, gut über Menschen zu sprechen, die uns Böses angetan haben. Lass mich dir ein Beispiel aus meiner eigenen Erfahrung geben.

Vor geraumer Zeit zogen wir in ein schönes Haus in einem neuen Stadtviertel. Das Problem dabei war jedoch, dass der Bauunternehmer des Hauses sein Versprechen bezüglich all der Reparaturen, die er noch machen wollte, nicht eingehalten hatte. Wir mussten also zusätzlich Zeit und Geld investieren, um Dinge in Stand zu setzen, die eigentlich nicht in unserer Verantwortung lagen. Aber wir hatten uns fest entschlossen, nicht schlecht über ihn zu reden. Warum? Weil wir nicht wollten, dass Satan uns übervorteilen würde.

Eines Abends sah ich eine junge Frau, die mit ihrem kleinen Jungen in der Nähe unseres Hauses spazieren ging, und so begann ich ein Gespräch mit ihr.

Ich bemühte mich, freundlich zu sein, und fragte sie: „Gefällt ihnen ihr neues Haus?"

„Oh ja", antwortete sie, „doch fangen sie mir bloß nicht von dem Bauunternehmer an."

Sie war eine sehr nette Frau, aber ich erkannte sofort, dass der Teufel versuchte, mich zu ködern. Wie sehr hätte es meinem Fleisch gefallen, zu antworten: „Oh, sprechen sie doch weiter – erzählen sie!"

Ich war sehr versucht, sie zu ermutigen, den Bauunternehmer herabzusetzen. Doch dann fiel mir ein, was ich sagen sollte: „Nun", erwiderte ich, „ich denke, es wäre schwer, einen Bauunternehmer zu finden, der alles 100-prozentig richtig macht."

Diese Bemerkung leitete das ganze Gespräch in eine andere Richtung.

Es genügt nicht, dass wir anderen vergeben, wir müssen auch darauf achten, dass wir sie nicht verfluchen und nicht schlecht von ihnen reden, auch wenn es so erscheint, als hätten sie es verdient. Stattdessen müssen wir tun, was Jesus getan hat, und sie segnen und gut von ihnen sprechen. Warum? Wenn wir das tun, segnen wir nicht nur die anderen, sondern auch uns selbst.

Vergib anderen und dir selbst

Wenn wir aber [wirklich] im Licht leben und wandeln, wie er [selbst] im Licht ist, haben wir [wahre, ununterbrochene] Gemeinschaft miteinander und das Blut Jesu Christi, seines Sohnes, reinigt uns von jeder Sünde und Schuld (entfernt sie von uns) [reinigt uns beständig von allen Formen und Manifestationen der Sünde] ... Wenn wir [freimütig] zugeben, dass wir gesündigt haben, und unsere Sünden bekennen, ist er treu und gerecht [wie es seinem Wesen und seinen Verheißungen entspricht], dass er uns die Sünden [unsere Gesetzlosigkeit] vergibt und uns [beständig] von jeder Ungerechtigkeit [von allem, was nicht in Übereinstimmung mit seinem Willen, seinen Gedanken und seinem Handeln ist] reinigt.

1. Johannes 1, 7–9

Während wir lernen, zu vergeben, müssen wir daran denken, dass wir nicht nur anderen, sondern auch uns selbst vergeben müssen. Wir müssen die Vergebung, um die wir Gott bitten, annehmen und empfangen.

Wenn wir denken, dass wir Dinge getan haben, die anderen Schwierigkeiten bereitet haben, benötigen wir genauso Vergebung, wie wir denen vergeben müssen, die uns Schwierigkeiten bereitet haben.

Wenn wir uns selbst nicht vergeben, schneiden wir uns von der Gemeinschaft mit Gott ab. Dasselbe geschieht auch, wenn wir anderen nicht vergeben. Wir müssen uns unsere eigenen Fehler und Schwächen ebenso schnell vergeben, wie wir denen vergeben, die uns schlecht behandelt haben. Ansonsten enden wir in Schuld und Verdammnis.

Gott will, dass wir frei sind, damit er ungestörte Gemeinschaft mit uns haben kann. Aber wenn wir voller Schuld und Verdammnis sind, ruiniert das unsere Gemeinschaft mit ihm.

Der Herr hat versprochen: „Alle, die mein Vater mir gibt (anvertraut), werden zu mir kommen, und die zu mir kommen, werde ich ganz sicher nicht verstoßen [ich werde niemals, nein niemals, einen von denen, die zu mir kommen, ablehnen]" (Joh. 6, 37).

Wenn du etwas falsch gemacht hast, dann gehe zum Herrn. Er hat versprochen, dir deine Sünde zu vergeben, sie von dir so weit zu entfernen, wie der Osten vom Westen ist, und sich nie wieder daran zu erinnern.

Hast du schon einmal etwas Wichtiges vergessen und konntest dich einfach nicht mehr daran erinnern, so sehr du dich auch bemühtest? So ist es mit Gott und unserer Sünde. Wenn wir sie einmal zugegeben und bekannt haben, vergibt er sie und vergisst sie. Er kann sich nicht einmal mehr daran erinnern, auch wenn er es versucht.

Die Bibel sagt uns, dass es keine Verdammnis für die gibt, die in Christus Jesus sind. Das Alte ist vergangen und alle Dinge sind neu geworden (siehe Röm. 8, 1; 2. Kor. 5, 17).

Warum tust du dir also nicht den Gefallen und vergibst dir selbst, wie du anderen vergibst?

Vergib Gott

Ein anderer Bereich, in dem viele Menschen Probleme haben, ist ihre Unversöhnlichkeit Gott gegenüber.

Menschen, die dieses Gefühl noch nie hatten, verstehen es vielleicht nicht. Aber wer es kennt, weiß, was es bedeutet, Gott gegenüber Feindseligkeit zu empfinden. Man macht ihn dafür verantwortlich, dass er einem etwas Wichtiges im Leben vorenthalten hat. Die eigenen Pläne sind nicht wunschgemäß zustande gekommen. Man meint, Gott hätte die Umstände verändern können, wenn er es gewollt hätte. Weil er es nicht getan hat, macht man ihn für die Situation verantwortlich, in der man sich gerade befindet. Solche Menschen haben den Eindruck, Gott hätte sie enttäuscht und im Stich gelassen.

Vielleicht hast du so etwas auch schon einmal empfunden. Wenn ja, dann weißt du, dass es unmöglich ist, mit jemandem Gemeinschaft zu haben, auf den man sauer ist. In diesem Fall ist die einzige Lösung, Gott zu vergeben.

Das mag jetzt vielleicht seltsam klingen und natürlich braucht Gott keine Vergebung. Doch durch deine Wut auf den Herrn bist du gebunden. Wenn du ehrlich bist und ihm vergibst, wird die Gebundenheit gebrochen und die Gemeinschaft wiederhergestellt.

Oft denken wir, dass es für uns leichter wäre, bestimmte Dinge zu akzeptieren, wenn wir nur wüssten, warum sie vorgefallen sind. Wir denken, wir wären zufrieden, wenn wir nur wüssten, *warum* uns bestimmte Dinge zugestoßen sind. Doch der Herr sagte mir, dass wir deutlich unzufriedener wären, wenn wir es wüssten.

Ich glaube, dass Gott uns nur das sagt, was wir wirklich wissen müssen und auch verkraften können, was uns nicht verletzt, sondern tatsächlich hilft.

Oft fangen wir an, herumzugraben, weil wir etwas entdecken möchten, das Gott von uns fernhält, weil es besser für uns ist. Darum müssen wir lernen, Gott zu vertrauen und nicht zu versuchen, alles im Leben zu verstehen.

Früher oder später müssen wir an den Punkt gelangen, an dem wir aufhören, Bitterkeit, Groll oder Selbstmitleid zu empfinden. Es muss eine Zeit kommen, in der wir aufhören, in der Vergangenheit zu leben und „warum?" zu fragen. Stattdessen müssen wir lernen, Gott zu erlauben, unsere Narben in etwas Schönes zu verwandeln.

Du bindest und löst durch Vergebung

Wahrlich, ich sage euch: Wenn ihr etwas auf der Erde bindet, wird es im Himmel gebunden sein, und wenn ihr etwas auf der Erde löst, wird es im Himmel gelöst sein.

Matthäus 18, 18 (*Elberfelder*)

Wir haben nicht genug Predigten über Vergebung gehört. Wir müssen an den Punkt kommen, an dem wir schnell vergeben. Wenn wir mehr über dieses Thema hören, werden wir darin bestärkt, dies zu tun.

Es stimmt, dass wir als Gläubige die Autorität haben, zu binden und zu lösen. Wir kennen das aus Matthäus 18, 18. Wenn du allerdings das ganze 18. Kapitel des Matthäusevangeliums liest, wirst du feststellen, dass Jesus eigentlich von *Vergebung* spricht!

In Vers 21 fragt Petrus Jesus, wie oft er seinem Bruder, der gegen ihn sündigt, vergeben sollte. Als Antwort erzählt Jesus die Geschichte eines Dieners, dessen Herr ihm einen riesigen, unbezahlbaren Schuldenberg erlassen hatte. Dieser Mann ging darauf zu einem anderen Diener und verlangte die sofortige Erstattung einer geringen Summe und drohte, dass er mit seiner Familie in den Kerker geworfen würde, falls er nicht zahlen könne. Der böse Diener wurde daraufhin vor seinen Herrn gerufen und ins Gefängnis geworfen, weil er sich geweigert hatte, jemand anders zu vergeben, obwohl ihm vergeben worden war (siehe Verse 23–24).

Im letzen Vers sagt Jesus abschließend: „So wird auch mein himmlischer Vater mit jedem von euch verfahren, wenn ihr nicht freimütig eurem Bruder von Herzen vergebt" (Vers 35).

In den Versen 15 bis 17, kurz vor dem Vers über das Binden und Lösen, lehrt Jesus, dass wir persönlich zu unserem Bruder gehen und die Sache in Ordnung bringen müssen, wenn er gegen uns gesündigt hat. Wenn er nicht auf uns hört, sollen wir zwei weitere Personen hinzuziehen. Wenn er immer noch nicht hört, müssen wir das Problem vor die Gemeinde bringen. Wenn er dann immer noch nicht hört, sollen wir keine Gemeinschaft mehr mit ihm haben.

Ist dir klar, dass es bei all diesem Aufwand um deinen Bruder und nicht um dich geht?

Bei allem!

Ich glaube, es gibt einen Zeitpunkt, wenn wir die Beziehung zu einem anderen Menschen vielleicht abbrechen müssen, doch das sollte zu seinem Nutzen sein, nicht zu unserem. Es sollte ihm helfen, sich klar zu werden, wie falsch sein Benehmen war, sodass er hoffentlich Buße tut und wieder gottgefällig lebt. Oft tun Menschen, wenn sie ein Problem haben, nichts, bis sie sich durch etwas wie eine abgebrochene Beziehung dazu gezwungen sehen, die Situation richtig einzuschätzen und entsprechend zu handeln.

Vergebung und Wiederherstellung

Bedeutet Vergebung auch Wiederherstellung?

Viele Menschen haben die falsche Vorstellung, dass sie, wenn sie einem Menschen, der sie verletzt hat, vergeben, dieselbe

Verletzung neu durchleben müssten. Sie denken, Vergebung bedeute, mit der Person, die sie verletzt hat, wieder in Beziehung zu treten.

Doch das stimmt nicht, und diese falsche Annahme ist für viele Menschen, die vergeben wollen, zu einem Problem geworden.

Vergebung bedeutet nicht unbedingt Wiederherstellung. Wenn die Beziehung wiederhergestellt werden kann und es im Willen Gottes ist, dass sie wiederhergestellt wird, dann ist Wiederherstellung der beste Weg. Doch nicht immer kann eine zerbrochene Beziehung wiederhergestellt werden. Manchmal wäre es nicht einmal weise, besonders, wenn Missbrauch vorgekommen ist.

Reinigung der Wunde

Ich wurde in meiner Kindheit über längere Zeit von einem Menschen missbraucht. Schließlich hasste ich diesen Menschen. Viele Jahre später befreite Gott mich souverän von diesem Hass, weil ich den Hass an ihn übergeben und ihn gebeten hatte, mich davon zu befreien.

Obwohl ich diesem Menschen vergeben hatte und von meinem Hass befreit worden war, wollte ich mit ihm keinen Umgang pflegen.

Auch wenn wir die Entscheidung treffen, jemandem zu vergeben, kann es lange dauern, bis unsere Gefühle in diesem Bereich geheilt sind.

Gott hat mir offenbart, dass Vergebung dem Reinigen einer infizierten Wunde gleicht. Das Wort Gottes hilft uns, unseren Sinn zu erneuern, damit wir wissen, wie man eine emotionale Wunde angemessen versorgt. Wie tief die Narbe geht, hängt davon ab, wie die Wunde anfänglich behandelt wurde.

Wenn man sich von Anfang an richtig um eine Wunde kümmert, wird die verbleibende Narbe keine Probleme machen. Wenn man sich jedoch nicht darum kümmert und zulässt, dass die Entzündung sich ausbreitet, kann eine hässliche Narbe zurückbleiben, die auch später noch Probleme verursachen kann, obwohl die Wunde gereinigt und verbunden wurde.

Das gilt sowohl für unseren Körper als auch für unsere Seele. Die beste Methode ist unmittelbare und völlige Vergebung, doch vielen Menschen ist das in dem Augenblick, in dem sie verletzt werden, nicht klar. Wenn uns niemals göttliche Prinzipien und Richtlinien beigebracht wurden, reagieren wir menschlich, so wie ich, als ich missbraucht wurde. Ich kannte nur Hass auf den Menschen, der mich missbraucht hatte. Das hatte ein hartes Herz, Rebellion und viele andere Probleme zur Folge, die ich erst nach vielen Jahren überwand.

Es ist schwieriger, wiederhergestellt zu werden, wenn die Wunde tief ist und Narben hinterlassen hat. Doch Gott verspricht uns, Heilung und Wiederherstellung in unser Leben zu bringen. Aus eigener Erfahrung weiß ich, dass er tut, was er verspricht, wenn wir tun, was er uns befiehlt.

Wir können uns entscheiden, anderen zu vergeben, und uns weigern, negativ über sie zu sprechen, wie es das Wort Gottes lehrt. Wir können für sie beten und Gott bitten, sie zu segnen. Wir können sogar alles mögliche Gute für sie tun und ihnen mit Gnade und Barmherzigkeit begegnen und uns dennoch immer noch verwundet *fühlen*. Es braucht eine gewisse Zeit, bis unsere Gefühle mit unserem Entschluss in Einklang kommen.

Eine körperliche Wunde kann unter der Oberfläche immer noch schmerzen und empfindlich sein, selbst nachdem sie äußerlich verheilt zu sein scheint. So ist es auch mit einer emotionalen Wunde. Wir müssen also fähig werden, wahre Vergebung und Gefühle, die noch schmerzen und empfindlich sind, auseinander zu halten.

Vergebung und Gefühle

Ich glaube, die größte Verführung in Bezug auf Vergebung, mit der Satan die Gemeinde durchdrungen hat, ist die Vorstellung, dass jemand nicht wirklich vergeben hat, wenn sich seine *Gefühle* nicht dementsprechend verändert haben.

Viele Menschen glauben diesen Trugschluss. Sie entscheiden sich, jemandem zu vergeben, der ihnen Leid zugefügt hat, doch der Teufel überzeugt sie davon, doch noch nicht wirklich vergeben zu haben, weil sie immer noch dieselben negativen Gefühle für diesen Menschen empfinden.

Sie gehen wieder an den Anfangspunkt zurück und beten: „Oh Gott, was stimmt mit mir bloß nicht? Ich will vergeben, aber ich kann es einfach nicht! Hilf mir, Herr. Bitte hilf mir!"

In meinem Fall war es so, dass ich demjenigen, der mich missbraucht hatte, vergeben hatte und schließlich versuchte, mit ihm Gemeinschaft zu haben. Doch er machte mir klar, dass er seines Erachtens nichts Falsches getan hatte. Er ging sogar so weit, zu behaupten, dass ich an dem, was geschehen war, Schuld hatte. Letztendlich hatte ich keine andere Wahl, als das zu tun, was Jesus in Matthäus 18 lehrt, und die Gemeinschaft mit ihm abzubrechen, bis er Buße tat.

Es wäre nicht weise gewesen, zu versuchen, diese Beziehung wiederherzustellen, wenn er seinerseits nicht Buße tat. Bis jemand nicht Buße tut, tut er normalerweise immer wieder dasselbe. Ich wusste, dass ich mich selbst schützen musste und dass es nicht Gottes Wille war, die Tür für mehr Missbrauch zu öffnen.

An einem Punkt in meinem Leben sagte ich zu ihm: „Ich möchte, dass du weißt, dass es jetzt mit dem Missbrauch reicht. Du hast sehr lange Kontrolle über mich ausgeübt, aber das ist jetzt vorbei. Ich liebe dich, weil du jemand bist, für den Jesus gestorben ist, und ich bin bereit, unsere Beziehung fortzusetzen. Aber bis du deine Sünde mir gegenüber bekennst und Buße tust, werden wir keine normale Beziehung haben können."

Der Geist Gottes hatte mich geführt, ihn auf diese Art zu konfrontieren, und es war Teil meines eigenen Heilungsprozesses.

Ein Geist der Angst vor diesem Menschen hatte mich viele Jahre beherrscht und es war an der Zeit, diese Angst zu konfrontieren.

Bedeutet das, dass ich voller Bitterkeit, Wut und Unversöhnlichkeit war? Nein, es bedeutet lediglich, dass es mir möglich war, zwischen der Vergebung und meinen Gefühlen zu unterscheiden. Ich vergab ihm, weil ich Gott liebte und alles tun wollte, was er mir sagt. Doch bis meine Gefühle mit meinem Entschluss übereinstimmten, verging eine lange Zeit, weil die Wunde so tief war. Ich hatte meinen Teil getan. Ich hatte gemäß dem Wort Gottes reagiert und die Entscheidung getroffen, zu vergeben. Eine Wiederherstellung der Beziehung war noch nicht möglich, doch Vergebung war möglich.

Wenn wir tun, was wir können, wird Gott das tun, was wir nicht können. Ich konnte die Entscheidung treffen, zu vergeben. Ich konnte die Entscheidung treffen, Gott zu gehorchen, aber ich konnte meine Gefühle nicht verändern. Gott tat das für mich im Laufe der Zeit.

Heilung braucht Zeit!

Die Wunde können wir reinigen und desinfizieren. Wir können sie verbinden und uns um sie kümmern. Aber heilen können wir sie nicht. Jesus ist der Heiler.

Meine persönliche Geschichte fand ein gutes Ende: Gott wirkte zu einem späteren Zeitpunkt mächtig und brachte Heilung und Befreiung in diese Beziehung. Der Herr hatte hinter den Kulissen gewirkt und eines Tages sagte dieser Mensch, der mich missbraucht hatte, dass es ihm Leid tue, mich so verletzt zu haben. Er sagte, er hätte niemals vorgehabt, mich zu verletzen, und obwohl er gewusst hätte, dass das, was er getan hatte, falsch war, hätte er doch nicht richtig verstanden, wie sehr es mich verletzen würde.

Zu diesem Zeitpunkt hatte ich ihm bereits von Herzen vergeben. Da er seine Schuld zugab und die Bereitschaft zeigte, in Zukunft richtig zu handeln, wurde die Tür aufgetan, in dieser Beziehung Wiederherstellung zu erleben. Es ging langsam voran und war nicht immer angenehm, aber wenigstens kamen wir langsam voran.

Ich habe dieses Beispiel aus meinem eigenen Leben erzählt, um dir zu helfen, zu verstehen, dass es noch lange nicht bedeutet, keine verletzten Gefühle mehr zu haben, nur weil du vergeben hast. Es kann sogar noch lange schmerzen. Es ist jedoch wichtig, dem Feind nicht zu erlauben, dich davon zu überzeugen, du hättest deinen Teil nicht getan, nur weil du dich immer noch verletzt fühlst.

Entscheide dich, zu vergeben, bete für deine Feinde, segne sie und verfluche sie nicht. Sei gut zu Menschen, die dich missbraucht haben, weil du Böses mit Gutem überwindest (siehe Röm. 12, 21). Erwarte, dass Gott sich um deine Gefühle kümmert.

Mit Gottes Hilfe können wir lernen, unsere Gefühle in den Griff zu bekommen, auch wenn sie noch überempfindlich sind und schmerzen. Mit Hilfe der Kraft des Heiligen Geistes können wir lernen, die, die uns Schmerz zugefügt haben, nicht falsch zu behandeln. Wir können es vermeiden, uns anderen gegenüber negativ über sie zu äußern. Wir können für sie beten. Wir können auf Gottes Entschädigung warten und beobachten, wie sich seine Herrlichkeit in unserem Leben manifestiert, wenn wir uns entscheiden, die Dinge auf seine Art zu tun!

5

Stimmungsschwankungen

Das Auf und Ab unserer Gefühle ist eines der Hauptwerkzeuge, das Satan benutzt, um unsere Freude zu stehlen und uns als Zeugen Christi ineffektiv zu machen. Wir müssen lernen, ausgeglichene, unerschütterliche, ausdauernde, durchhaltefähige und entschlossene Christen zu werden.

Wie wir bereits zu Beginn dieses Buches festgestellt haben, wird keiner von uns seine Gefühle jemals völlig loswerden können. Aber Gott sei Dank können wir lernen, unsere Gefühle in den Griff zu bekommen. Wir können es lernen, unsere Gefühle zu kontrollieren statt uns von ihnen kontrollieren zu lassen.

Das Leben macht keinen Spaß, wenn es von Gefühlen kontrolliert wird, weil sich Gefühle täglich, stündlich, ja sogar von einem Moment zum nächsten verändern können. Man kann Gefühlen nicht vertrauen, nicht nur, weil sie sich so oft verändern, sondern auch, weil sie mitunter trügen.

Der Teufel liebt es, unsere Gefühle zu benutzen, um uns zu beeinflussen, weil er weiß, dass wir „seelische" Geschöpfe sind. Zu oft erlauben wir es uns, von unserer Seele – also von unserem Verstand, unserem Willen und unseren Gefühlen – geleitet zu werden statt vom Geist der Wahrheit.

Wir können den Feind nicht daran hindern, uns negative Gedanken in unseren Sinn zu geben, wir brauchen jedoch nicht bei diesen Gedanken zu verweilen. Weil wir einen Willen haben, können wir uns entscheiden, diese Gedanken abzulehnen. Wir können Satan auch nicht daran hindern, mit unseren Gefühlen zu spielen, doch wir können denselben Willen einsetzen und es ablehnen, unseren Gefühlen nachzugeben.

Als Nachfolger Christi müssen wir aus der Wahrheit und Weisheit leben und nicht aus unseren Gefühlen heraus.

Selbstgespräche

Um aus der Wahrheit und Weisheit zu leben, müssen wir manchmal Selbstgespräche führen.

Wenn seltsame Gefühle uns zu überwältigen drohen, müssen wir innehalten und unsere Gedanken und Gefühle in den Griff kriegen. Eine Möglichkeit, das zu tun, ist, laut oder leise mit uns selbst zu reden.

Ich tue das ständig.

Es gab eine Zeit zu der ich den negativen Gefühlen noch nicht widerstand. Das hatte zur Folge, dass mein Leben unausgeglichen und miserabel war.

Wenn jetzt Gefühle der Einsamkeit in mir aufzusteigen beginnen, um mich in Angst und Schrecken zu versetzen, dann halte ich inne und sage mir selbst: „Joyce Meyer, schüttle es ab! Du *fühlst* dich vielleicht einsam, aber du *bist nicht* einsam. Es gibt so viele Menschen, die Gott in dein Leben gestellt hat, um dich zu lieben und sich um dich zu kümmern, dass du gar nicht einsam sein kannst."

Auch wenn ich mich also gelegentlich einsam fühle, erlaube ich meinen Gefühlen nicht, mich zu kontrollieren und mir mein Leben zu verderben. Das ist ein Teil dessen, was man emotionale Reife nennt.

Emotionale Reife

Du kannst von einer Menschenmenge umgeben sein und das *Gefühl* haben, als reden alle über dich, aber das heißt nicht, dass sie es auch wirklich tun.

Vielleicht hast du das *Gefühl*, dass dich niemand versteht, aber das bedeutet nicht, dass es wirklich so ist.

Vielleicht hast du das *Gefühl*, missverstanden, nicht geschätzt oder gar schlecht behandelt zu werden, aber das bedeutet nicht, dass es wahr ist.

Satan will, dass wir auf unsere Gefühle hören, die sich verändern und unzuverlässig sind, statt auf die Stimme des Heiligen Geistes zu hören, der immer die Wahrheit spricht. Deswegen muss eines unserer Ziele die emotionale Reife sein. Für einen Christen besteht der erste Schritt zur emotionalen Reife darin, zu lernen, auf den Geist und nicht auf seine Seele zu hören.

Wenn wir reife, disziplinierte und geistgeführte Menschen sein wollen, müssen wir fest entschlossen sein, im Geist und nicht im Fleisch zu leben. Es erfordert eine beständige Willensentscheidung, die Dinge auf Gottes Art zu tun.

Wie ein Fels

*Denn sie alle tranken von demselben geistlichen (über-natürlich gegebenen) Trank. Denn sie tranken von dem geistlichen Felsen, der ihnen folgte [den Gott allein durch seine Kraft hervorgebracht hatte, ohne etwas Natürliches zu verwenden], und **der Fels war Christus**.*
1. Korinther 10, 4

Mein Mann war schon immer emotional ausgeglichen. Er erinnert mich wirklich an einen Felsen, wie Jesus unter anderem genannt wird.

Eine Möglichkeit, das Wesen Jesu zu beschreiben, besteht darin, seine emotionale Reife heranzuziehen. Teil dieser Reife sind Ausgeglichenheit und Unveränderbarkeit.

Der Verfasser des Hebräerbriefes sagt uns: „Jesus Christus (der Messias) ist [immer] derselbe; gestern, heute, [ja] für immer (in allen Zeitaltern)" (Hebr. 13, 8).

Glaubst du wirklich, dass Jesus sich von seinen Gefühlen hätte leisten lassen, wie wir es oft tun? Natürlich nicht. Wir wissen, dass er vom Geist geführt wurde, nicht von seinen Gefühlen. Und das, obwohl er all den Gefühlen ausgesetzt war, die wir auch erfahren.

In diesem Sinn war Dave Jesus schon immer ähnlicher als ich. Dave ist ausgeglichen und unveränderbar wie ein Fels. Es ist angenehm, mit solch einem Menschen zusammenzuleben, weil du immer weißt, was dich erwartet.

Ich muss ehrlicherweise zugeben, dass ich mich früher immer über Dave aufgeregt habe, weil er nie begeistert oder verärgert auf etwas reagierte. Es war einfach Teil seiner phlegmatischen Persönlichkeit, nicht sehr emotional zu reagieren. Ich machte das wett, indem ich ständig von einem Extrem ins andere fiel, hoch und runter, wie eine Achterbahn.

Rate mal, wann meine emotionale Achterbahnfahrt schließlich etwas ruhiger wurde? Als ich die feste Entscheidung traf, mit der Hilfe des Heiligen Geistes nicht mehr so zu sein.

Bis ich mich entschieden hatte, nicht mehr von meinen Gefühlen abhängig leben zu wollen, war ich von meinen Gefühlen gebunden. An einem Tag war ich gut drauf, lachte und fühlte mich gut. Am folgenden Tag war ich niedergeschlagen, weinte und war voller Selbstmitleid. Am nächsten Tag war ich dann wieder ein Weilchen gut drauf, nur um bald darauf wieder depressiv zu werden. Ich kam an den Punkt, an dem ich mich keiner Veränderung in meinem Leben stellen wollte, weil ich wusste, dass dadurch alle möglichen emotionalen Probleme zum Vorschein kommen würden, mit denen ich noch nicht umgehen konnte. Mir wurde klar, dass ich emotionale Reife und Ausgeglichenheit brauchte.

Dave war ein hervorragendes Beispiel dafür und wie ich ihn beobachtete, wollte ich zunehmend auch diese emotionale Reife und Ausgeglichenheit, die er an den Tag legte. Wir müssen alle ausgeglichen werden.

Zu oft machen wir Erfolg, Wohlergehen oder etwas anderes zu unserem Ziel, wenn unser primäres Ziel emotionale Reife sein sollte. Auch wenn wir diese Reife und Ausgeglichenheit nicht selbst erreichen können, hilft uns Gott doch dabei, wenn wir uns wirklich Veränderung wünschen.

Dein Gott ist stark

Der Herr, euer Gott, ist in eurer Mitte; er ist stark ...
Zephanja 3, 17 (*Hoffnung für alle*)

Im Alten Testament heftete sich Elisa dem Propheten Elia an die Fersen und wurde sein Nachfolger und Jünger, weil er stark im Herrn werden wollte wie sein Meister.

Wenn du ein emotionales Problem hast, musst du aufhören, dich mit Leuten zu umgeben, die noch schlechter dran sind als du. Stattdessen musst du mehr Zeit mit Menschen verbringen, die emotional und geistlich reifer sind als du.

Ich wusste, dass ich emotional möglicherweise nie so stark und ausgeglichen sein würde wie Dave, weil wir zwei ganz unterschiedliche Persönlichkeiten haben. Aber ich war entschlossen, den Punkt zu erreichen, nicht mehr von meinen Gefühlen kontrolliert und gequält zu werden.

Die Schrift sagt uns, dass der Herr, unser Gott, der in jedem von uns lebt, „stark" ist. Stark wozu? Unter anderem stark, uns beim Überwinden unserer Gefühlsschwankungen zu helfen sowie uns durch sein unveränderliches Wort und seinen Geist zu führen.

Dein Gott ist dazu in der Lage. Warum vertraust du ihm nicht, dieselbe emotionale Reife und Ausgeglichenheit in dir zu entwickeln, die das Leben seines Sohnes Jesus Christus, unserer Hoffnung der Herrlichkeit, charakterisierten?

Christus – die Hoffnung der Herrlichkeit

Ihnen wollte Gott zu erkennen geben, was der Reichtum der Herrlichkeit dieses Geheimnisses unter den Nationen sei, und das ist: Christus in euch, die Hoffnung der Herrlichkeit.

Kolosser 1, 27 (*Elberfelder*)

Für uns als Christen ist Jesus Christus die einzige Hoffnung der Herrlichkeit. Nur er kann uns mit dem versorgen, was wir brauchen, um ein freudiges und siegreiches Leben zu führen.

Wie wir bereits gesehen haben, wird Jesus der Fels genannt, weil er fest und beständig war – immer derselbe, er veränderte sich nie. Er wurde nicht von all den Dingen bewegt, die uns bewegen. Menschen versuchten einmal beispielsweise, ihn von einem Felsen zu stoßen, und er ging einfach durch ihre Mitte.

Wie konnte er so etwas tun? Er konnte es tun, weil er wusste, dass er in Gottes Hand war und dass ihm niemand etwas antun konnte, wenn es außerhalb des Willens und Zeitplanes Gottes war. Er ruhte in diesem Wissen, und das gab ihm einen unerschütterlichen Frieden und felsenfeste Sicherheit. In Markus 4 konnte er Ruhe in den Sturm hineinsprechen, weil er diesem Sturm niemals erlaubt hatte, in sein Inneres vorzudringen. Er blieb ruhig.

Das ist mehr oder weniger dieselbe Haltung und derselbe Blickwinkel, den ich bei meinem Mann Dave beobachtet habe. Wenn wir Geldprobleme hatten, begann ich, mir Sorgen zu machen, ich wusste nicht, was aus uns werden sollte. Aber Dave sagte einfach: „Joyce, wir zahlen unseren Zehnten und tun alles, was der Herr uns gesagt hat. Gott ist bisher immer unseren Nöten begegnet und er wird es diesmal wieder tun. Warum sollten wir uns also schlecht fühlen und versuchen, herauszufinden, was wir jetzt tun sollen? Wir wollen uns einfach entspannen und dem Herrn vertrauen, dass er sich um alles kümmern wird."

Wenn jemand schlecht über uns sprach, sich gegen uns wandte oder gar Streit mit uns anfangen wollte, wurde ich ganz nervös und regte mich auf. Doch Dave blieb völlig ruhig.

Ich sagte dann: „Dave, macht dich das alles nicht verrückt?"

„Nein", antwortete er darauf. „Wir haben kein Problem. Diese Leute haben ein Problem. Unsere Herzen sind vor Gott in Ordnung, warum sollten wir uns also aufregen?"

Die meisten entwickeln solche geistliche Reife und emotionale Ausgeglichenheit nicht automatisch. Wir müssen danach von ganzem Herzen verlangen. Wir müssen uns entscheiden, die Kosten in Kauf zu nehmen, egal wie hoch der Preis auch sein mag. Wir müssen einen Hunger danach entwickeln, wie den Hunger nach Gerechtigkeit, von dem Jesus in seiner Bergpredigt sprach (siehe Mt. 5, 6).

Wir müssen an den Punkt gelangen, an dem wir fest entschlossen sind, unser geistliches Erbe zu *genießen*.

Emotionale Beständigkeit als geistliches Erbe

In ihm wurden wir auch [Gottes] Erbe (sein Anteil) und erhielten eine Erbschaft, denn wir waren gemäß den Absichten dessen vorherbestimmt (im Vorhinein erwählt und berufen), der alles gemäß seinem Ratschluss und der Absicht seines Willens wirkt, damit wir, die wir zuerst auf Christus gehofft haben [die wir zuerst unser Vertrauen auf ihn setzten], zum Lob seiner Herrlichkeit lebten [wozu wir vorherbestimmt und berufen wurden].
Epheser 1, 11–12

Wir müssen an den Punkt kommen, an dem wir wissen, wer wir in Christus sind und was uns rechtmäßig gehört, weil wir unser Vertrauen auf ihn gesetzt haben.

Emotionale Stabilität ist Teil unseres geistlichen Erbes.

Unser Gefühlsleben muss nicht einer Achterbahn gleichen, auf der unsere Gefühle von einem Tag auf den anderen auf- und abfahren. Stattdessen können wir so leben, wie Christus lebte, mit einem Frieden und einer Sicherheit, die von da herrühren, das wir wissen, wer wir sind und wem wir gehören.

Doch bis wir die Entscheidung treffen, unser Erbe in Anspruch zu nehmen und in ihm zu leben, wird der Feind uns weiterhin all die Dinge rauben, die Jesus für uns mit seinem Tod erworben hat: seinen Frieden und seine Freude, die in uns siegen – sogar inmitten von Unruhe, Verwirrung und Angst, die uns von allen Seiten umgeben mögen.

In Johannes 16, 33 sagte Jesus: „In der Welt habt ihr Bedrängnis; aber seid guten Mutes, ich habe die Welt überwunden" (*Elberfelder*). Wir können nicht guten Mutes sein, wenn wir nicht zuerst ruhig geworden sind. Wir können das Leben genießen, auch wenn wir uns in widrigen Umständen befinden. Doch wir können keine Freude ohne Frieden haben.

Das Ziel emotionaler Ausgeglichenheit

Mein Sohn David und ich haben beide dieselbe stark cholerische Persönlichkeit. Daher gab es immer wieder Zeiten, in denen wir uns anschrien, bevor wir lernten, unsere Persönlichkeit dem Herrn unterzuordnen.

Bevor ich es lernte, auf den Heiligen Geist zu vertrauen, mir dabei zu helfen, meine Gefühlsausbrüche zu kontrollieren, litt ich ständig unter Verdammnisgefühlen. Doch als mir klar wurde, dass ich ganz einfach ein Mensch mit einer schwachen Natur war und dass ich ja gar keinen vollkommenen Retter nötig hätte, wenn ich selbst perfekt wäre, hörten die Schuldgefühle wegen meiner emotionalen Entgleisungen endlich auf.

Jesus kam, um das vollkommene Opfer für uns zu sein, weil wir als natürliche Menschen nicht die Fähigkeit haben, vollkommen zu sein. Wir müssen uns jedes Mal an diese Tatsache erinnern, wenn wir von Schuld- und Verdammnisgefühlen überwältigt zu werden drohen, weil wir versagt haben, unsere Gefühle unter Kontrolle zu halten.

Zahlreiche schmerzhafte Erfahrungen mit meinem Sohn lehrten mich, dass ein bisschen Demut eine viel größere Lektion erteilt als ein heftiger Kampf. David begann, sich zu verändern, als ich begann, mich zu verändern. Und ich begann, mich zu verändern, als mir schließlich klar geworden war, dass ich meinen Gefühlen nicht nachgeben muss, auch wenn ich sie habe.

Damit will ich nicht sagen, dass ich keine negativen Gefühle mehr habe. Ich habe mir jedoch zum Ziel gesetzt, meine Gefühle zu kontrollieren – und mich nicht von ihnen beherrschen zu lassen. Aber bis ich endlich soweit war, dass ich aufhören wollte, Gefühlen wie Zorn, Selbstmitleid und Depression nachzugeben, war mein Leben ein heilloses Durcheinander.

Ich musste mir selbst emotionale Stabilität zum Ziel setzen. Ich musste lernen, nicht danach zu streben, gefühllos zu werden, sondern vielmehr danach, ein ausgeglichenes Gefühlsleben zu entwickeln.

Ein gesundes Gleichgewicht

Seid ausgewogen (gemäßigt, nüchtern im Sinn), seid wachsam und immer vorsichtig, denn euer Feind, der Teufel, zieht umher wie ein brüllender [ausgehungerter] Löwe und sucht, wen er ergreifen und verschlingen kann. Widersteht ihm, seid fest im Glauben [verwurzelt, gegründet, stark, unbeweglich und entschlossen in euerer Haltung gegen seine Angriffe], da ihr wisst, dass dieselben Leiden euren Brüdern (dem ganzen Leib Christi) in der ganzen Welt bestimmt sind.

1. Petrus 5, 8–9

Ausgewogen zu sein, bedeutet, Selbstbeherrschung zu haben. Nüchtern zu denken, bedeutet, vernünftig zu denken.

So wird uns hier also gesagt, dass wir ausgeglichen und selbst-beherrscht, verwurzelt, gegründet, stark, unerschütterlich und entschlossen sein und vernünftig denken sollen.

Wie überwinden wir den Teufel also laut diesem Abschnitt und widerstehen seinen körperlichen und emotionalen Angriffen auf uns? Indem wir in Christus gegründet und verwurzelt sind. Satan greift uns vielleicht mit Gefühlen an, aber wir müssen uns unseren Gefühlen nicht unterordnen. Wir können uns standhaft gegen sie behaupten, selbst wenn sie gegen und sogar in uns wüten.

Beständigkeit und Furchtlosigkeit

*… und lasst euch nicht [einen Augenblick] von irgend-etwas, das von euren Gegnern und Widersachern kommt, verängstigen oder einschüchtern, denn das [**Beständigkeit** und **Furchtlosigkeit**] wird ihnen ein klares Zeichen (Beweis und Siegel) ihrer [ihnen bevor-stehenden] Zerstörung sein, euch aber [ein sicheres Zeichen und ein Beweis] eurer Befreiung und Errettung, die von Gott kommt.*

Philipper 1, 28

Beachte diese zwei Worte: *Beständigkeit* und *Furchtlosigkeit*. Sie beschreiben die unerschütterliche Gefühlslage, die wir ange-sichts der Angriffe unserer Gegner aufweisen sollen, seien die Angriffe körperlich oder geistlich.

Wenn sich Menschen oder Ereignisse gegen uns wenden, um uns zu zerstören, müssen wir fest stehen in dem Wissen, dass uns alles zum Besten dienen wird. Wir sollten uns nicht verändern, sondern beständig bleiben und zulassen, dass Gott die Verände-rung bewirkt – die Veränderung der Umstände.

Wenn Probleme auftauchen – und das wird immer wieder vorkommen –, sollten wir nicht davon ausgehen, dass der Herr sich ohne unsere Einladung einschaltet und sich für uns um alle unsere Probleme kümmert. Wir müssen beten und ihn bitten, unsere Umstände zu verändern. Dann müssen wir beständig und unveränderlich bleiben, was für den Feind ein Zeichen seines bevorstehenden Falls und seiner Zerstörung ist.

Weißt du, warum unsere Beständigkeit und Furchtlosigkeit für Satan ein Zeichen dafür sind, dass er versagen und verlieren wird? Weil er weiß, dass er einen Christen nur dann überwinden kann, wenn er ihn irreführen und einschüchtern kann. Wie sollte er jemanden bedrohen, der keine Angst vor ihm hat? Wie könnte er jemanden verführen, der seine Lügen erkennt und sich weigert, sie zu glauben? Was bringt es ihm schon, wenn er versucht, Angst, Zorn oder Depression in jemandem zu erwecken, der sich nicht von seinen Gefühlen beeinflussen lässt, sondern beschlossen hat, fest auf dem Wort Gottes zu stehen?

Wenn der Teufel sieht, dass seine Taktiken nicht aufgehen, wird ihm bewusst, dass er am Versagen ist und eine Niederlage erleiden wird.

Ein gutes Beispiel für diese furchtlose Beständigkeit angesichts Unheil verkündender Umstände finden wir in 2. Mose, als das Volk Israel am Ufer des Roten Meeres steht und sieht, wie die Armee des Pharaos ihnen hinterherjagt, um sie zu vernichten.

Mose sagte dem Volk: Fürchtet euch nicht, bleibt ruhig stehen (sicher, vertrauensvoll, unbesorgt) und seht die Errettung des Herrn, die er heute für euch bewirken wird. Denn die Ägypter, die ihr heute gesehen habt, werdet ihr nie wieder sehen. Der Herr wird für euch kämpfen und ihr sollt die Ruhe bewahren.
2. Mose 14, 13–14

Wenn wir einer solchen Situation gegenüberstehen, müssen wir das tun, was ihnen gesagt wurde: beständig bleiben, die Ruhe bewahren und Gott den Kampf überlassen.

Bewahre in der Not die Ruhe

*Gesegnet (zufrieden, glücklich, zu beneiden) ist der Mensch, den du züchtigst und unterweist, oh Herr, und den du aus deinem Gesetz lehrst, dem du die Kraft gibst, **in der Not die Ruhe zu bewahren**, bis die [unvermeidbare] Grube des Verderbens für den Bösen gegraben wird. Denn der Herr wird sein Volk nicht verstoßen oder verschmähen, noch wird er sein Erbe verlassen. Denn Recht wird zu dem [kompromisslos] Gerechten zurückkehren und all die, die von Herzen aufrichtig sind, werden ihm folgen.*

Psalm 94, 12–15

Was sagt uns der Herr hier in diesem Abschnitt? Er sagt, dass er einen Grund dafür hat, an uns zu handeln und uns zu züchtigen. Er tut es, damit wir in der Not bereit sind, die Ruhe zu bewahren.

Beachte, wie in den Versen 14 und 15 die Treue und Gerechtigkeit Gottes betont wird, die er uns, seinen Erben, seinen kompromisslosen Gerechten, gibt. Wir können sicher sein, dass wir von unseren Feinden nichts zu fürchten haben, wenn wir Gottes Wort und Willen gehorchen und vom Heiligen Geist geleitet werden, denn der Herr wird unsere Schlachten für uns kämpfen.

Wir müssen jedoch Hilfe in Anspruch nehmen wollen. Wie wir bereits gesehen haben, kann selbst Gott niemandem helfen, der sich nicht wirklich helfen lassen will. Wenn wir wirklich Hilfe erhalten wollen, dann müssen wir standhaft bleiben, während wir erwarten, dass er für uns wirkt.

Bleibe standhaft

Wer am verborgenen Ort des Allerhöchsten wohnt, wird beständig und fest im Schatten des Allmächtigen bleiben [dessen Macht kein Feind widerstehen kann].

Psalm 91, 1

Wenn wir spüren, dass unsere Gefühle in uns aufzustehen beginnen, dann müssen wir an den verborgenen Ort des Allmächtigen zurückkehren und zu ihm rufen: „Vater, hilf mir, dieser Gefühlswoge zu widerstehen, die mich zu überwältigen droht!"

Wenn wir das tun, hat der Herr uns versprochen, für uns einzutreten. Wir müssen lernen, unter seinem Schatten Zuflucht zu suchen, wo wir sicher und geborgen sind und wissen, dass keine Kraft im Himmel und auf der Erde ihm widerstehen kann.

Vermeide emotionale Höhen und Tiefen

In unseren Bemühungen, emotionale Reife zu entwickeln, müssen wir vorsichtig sein, nicht in Extreme zu verfallen, also sowohl Höhen als auch Tiefen vermeiden.

Die meisten von uns haben viel Lehre über emotionale Tiefen wie beispielsweise Entmutigung, Depression, Niedergeschlagenheit und Verzweiflung gehört. Aber der Herr hat mir offenbart, dass wir das andere Extrem ebenfalls vermeiden müssen, nämlich die emotionalen Höhen.

Gott zeigte mir, dass wir, wenn wir uns vielen extremen Höhen überlassen, genauso aus dem Gleichgewicht geraten, wie wenn wir uns extremen Tiefen überlassen. Um emotional ausgeglichen zu sein, müssen wir auf einer Geraden zwischen den beiden Extremen bleiben.

Es mag für manche Leute schwer sein, konstant emotional stabil zu sein, weil sie von Begeisterung abhängig sind. Aus irgendeinem Grund können sie sich nicht einfach beruhigen und normal leben wie jeder andere auch.

Solche Menschen brauchen ständig etwas Aufregendes. Sonst wird ihnen schnell langweilig und sie fangen an, nach etwas zu suchen, das sie wieder „auf Hochtouren bringt". Diese Suche nach Aufregung führt oft dazu, dass sie übermäßig emotional angeregt sind und nicht die stetige, tiefe innere Freude besitzen, die das Leben eines Christen ausmachen sollte.

Es ist nicht falsch, begeistert zu sein, aber es ist gefährlich, es zu übertreiben.

Freude, ein stilles Vergnügen

Ich habe euch das alles gesagt, auf dass meine Freude und mein Vergnügen in euch seien, sodass eure Freude vollständig werde, überfließe und ihr euch voll und ganz freuen könnt.

Johannes 15, 11

Manchmal meinen wir Christen, dass wir aufgedreht, feurig und übertrieben gut drauf sein müssen, um mit der Freude des Herrn erfüllt zu werden.

Jesus sagte uns, dass seine Freude in vollem Maß in uns sein solle. Das bedeutet jedoch nicht, dass wir uns vom Kronleuchter schwingen müssen.

Ich weiß, dass das Wort *Freude* von manchen Lehrern und Predigern als „ausgelassene Heiterkeit" definiert wird, und es gibt auch eine gewisse Grundlage für diese Definition. Doch laut *Strong's Exhaustive Concordance* bedeutet das griechische Wort *chara*, das in Johannes 15, 11 mit „Freude" übersetzt wird, „stilles Vergnügen".[1]

Mir gefällt diese Definition, weil ich in meiner Ehe sehen kann, wie das zum Ausdruck kommt. Über 30 Jahre beobachte ich, wie Dave, mein Mann, ein Leben in stillem Vergnügen führt, und es wurde mir zu einem großen Segen.

Dave vergleicht dieses stille Vergnügen mit einem Bächlein, das einfach ruhig und friedlich fließt und alles und jeden entlang seinem Lauf erfrischt.

Viele von uns sind wie ein Meer. Unsere Gefühle kommen und gehen wie Ebbe und Flut. Einmal drängen wir vorwärts und überfluten alles, was uns in den Weg kommt, und kurz danach hasten wir zurück und hinterlassen überall Schutt.

Nachdem ich jahrelang solch ein Ebbe-und-Flut-Leben geführt hatte, kam ich an den Punkt, an dem ich auch unbedingt dieses friedliche Dasein genießen wollte, das das Leben meines Mannes so deutlich kennzeichnete. Ich weiß, welchen Stress übertriebene Höhen und Tiefen verursachen können.

Ich will damit nicht sagen, dass es immer falsch ist, sich für etwas zu begeistern. Aber ich will damit sagen, dass wir darauf achten müssen, nicht völlig „aufgedreht" zu werden, denn Aufgedrehtheit führt unvermeidlich zu Enttäuschung und Desillusionierung.

Sei anpassungsfähig und flexibel

Freut euch mit denen, die sich freuen [teilt die Freude anderer], und weint mit denen, die weinen [nehmt Anteil an der Trauer anderer]. Lebt in Eintracht untereinander; seid nicht hochmütig (eingebildet, überheblich, arrogant), sondern passt euch bereitwillig [Menschen und Dingen] an und haltet euch an demütige Aufgaben. Überschätzt euch nicht und haltet euch nicht selbst für klug.

Römer 12, 15–16

Um emotional angemessen reagieren zu können, muss eine gewisse Ausgewogenheit erhalten bleiben.

Als Dave mich beispielsweise mit einer schönen 14-karätigen Golduhr überraschte, die ich mir sehr gewünscht hatte, war ich froh; das heißt, ich fühlte eine stille, innere Freude. Ich dankte Gott, dass ich einen Mann hatte, der mich genug liebte, um so etwas Nettes für mich zu tun. Ich dankte dem Herrn auch dafür, dass ich klug genug gewesen war, ihn wirken zu lassen und nicht meinen eigenen Plan verfolgt zu haben. Sonst hätte ich nämlich wieder eine Uhr gekauft, von der ich gemeint hätte, ich könne sie mir leisten, und es wäre eine billige Uhr gewesen, mit der ich nicht sehr lange glücklich gewesen wäre.

Obwohl ich mich freute, tat ich nicht, was ich noch vor zehn Jahren getan hätte. Ich rannte nicht ins Büro, um jedem zu zeigen, was ich an meinem Arm trug. Ja, ich riss mich so zusammen, dass ich tatsächlich nur meinen Kindern und engsten Freuden davon erzählte.

Wenn mich jemand darauf ansprach und sagte: „Oh, du hast eine neue Uhr", antwortete ich: „Ja, Dave hat sie mir gekauft. War das nicht lieb von ihm?" Manchmal berauben wir uns der Freude und des Segens, die zwischen uns und dem Herrn bestehen sollten, weil wir, wenn er etwas Besonderes für uns getan hat, überall begeistert herumrennen und vor den anderen mit dem angeben, was geschehen ist.

Aber das ist nicht das Ende der Geschichte. Am nächsten Morgen bemerkte ich, dass die Uhr nicht richtig ging.

Ich dachte: „Oh, Dave hat sie nicht richtig gestellt."

Ich zog das Knöpfchen heraus, um die Uhr zu stellen, doch das Knöpfchen wollte sich in meiner Hand nicht bewegen. Ich war nicht entmutigt, aber doch etwas enttäuscht.

Meine Tochter Sandy sagte zu mir: „Mama, du bist aber wirklich ruhig für jemanden, der gerade eine teure Uhr bekommen hat und jetzt bemerkt hat, dass sie nicht richtig funktioniert."

Weißt du, warum ich so reagieren konnte? Weil ich mir von Anfang an nicht erlaubt hatte, mich übermäßig über die Uhr zu freuen. Also war ich auch nicht übermäßig enttäuscht, als ich feststellte, dass sie nicht richtig ging. Wenn ich herumgelaufen wäre und sie jedem gezeigt und damit angegeben hätte, hätte ich sie zum Mittelpunkt meiner Freude gemacht. Dann wäre ich niedergeschlagen gewesen und meine Freude wäre verflogen, als ich bemerkte, dass sie nicht richtig funktionierte.

Wir müssen lernen, das Leben und die schönen Dinge, die uns begegnen, zu genießen, ohne überschwänglich zu reagieren.

Ich will dir noch ein weiteres Beispiel dafür geben:

Vor einiger Zeit kauften wir ein neues Haus. Ich lernte damals gerade, was ich dir jetzt bezüglich des stillen Vergnügens weitergebe. Man fragte mich: „Bist du über dein neues Haus begeistert?" Ich war nicht begeistert. Ich war still vergnügt, aber ich war nicht aufgedreht oder begeistert.

Mir war klar, dass dieses Haus ein Geschenk des Herrn war, und ich nahm es dankbar als solches an. Ich hatte Frieden darüber, aber das war alles.

Wir hatten 17 Jahre in unserem früheren Haus gewohnt, und daher war es an der Zeit für eine Veränderung. Das neue Haus stellte auch eine gute finanzielle Investition für uns dar. Aus diesen Gründen war ich still vergnügt, doch ich war nicht aufgedreht. Und ich trauerte auch nicht um unser Haus, das wir nach 17 Jahren schließlich verlassen hatten. Unsere Kinder waren dort Babys gewesen. Ich hatte meine erste Bibelstunde in diesem Haus gehalten – und es gab noch viele andere Erinnerungen. Aber ich war entschlossen, mich emotional nicht aufreiben zu lassen, als wir in unser neues Haus umzogen.

Ich hatte gelernt, mich an sich verändernde Umstände anzupassen und flexibel zu sein, ohne stark emotional zu reagieren.

Emotionale Langeweile

Wenn du emotionale Aufgedrehtheit aufgibst, kann es gut sein, dass du erst einmal *Langeweile* empfindest.

Nachdem der Herr mich aus dieser emotionalen Aufgedrehtheit herausgeholt hatte, musste ich mehrere Monate wirklich gegen den Gedanken ankämpfen: „Das ist langweilig."

Der Grund hierfür war, dass ich wie viele Christen von meinen Gefühlen abhängig geworden war.

Abhängig von unseren Gefühlen

Viele Jahre hatte ich Sorgen und Angst, hatte mir ständig den Kopf zerbrochen, war hinterhältig gewesen, hatte manipuliert und war ständig von dem Auf und Ab meiner Gefühle bestimmt. Als mein Denken schließlich von stillem Vergnügen erfüllt wurde, erlitt mein Fleisch ein Trauma.

Der Herr nutzte diese Erfahrung, um mir etwas Wichtiges beizubringen. Er zeigte mir, dass viele von uns emotional süchtig sind.

Bei mir waren es – wie bei vielen anderen auch – die Sorgen. Ich machte mir um so viele Dinge Sorgen. Und wenn es nichts gab, um das ich mir Sorgen machen konnte, machte ich mir Sorgen darum, keine Sorgen zu haben. Andere Menschen sind von ihren Schuldgefühlen so abhängig, dass sie Schuldgefühle bekommen, wenn sie keine Schuldgefühle haben!

Genauso ist es möglich, nach Aufregung süchtig zu werden. Wie ein Drogenabhängiger ständig nach dem nächsten Kick sucht, hält der Aufregungssüchtige ständig nach etwas Ausschau, das ihm den emotionalen Begeisterungskick gibt. Manche Menschen wissen einfach nicht, wie man normal lebt.

Andere wiederum sind so zwanghaft zielorientiert, dass sie immer nach einer neuen Herausforderung suchen. Sobald sie ein neues Ziel erreicht haben, sind sie wieder gelangweilt, bis sie ein weiteres Ziel finden, nach dem sie sich ausstrecken können.

Ein junger Mann mit diesem Zwang arbeitete für uns und teilte mir eines Tages mit: „Ich glaube, dass ich endlich beginne, etwas zu begreifen, was vorher kaum in meinen Kopf hineinging."

„Und was ist das?", fragte ich ihn.

„Ich glaube, dass ich endlich lerne, dass ein großer Teil des Lebens lediglich daraus besteht, aufzustehen, ins Bett zu gehen, wieder aufzustehen und wieder ins Bett zu gehen."

Wenn wir zielorientierten Menschen nur anfangen würden, diese Wahrheit zu lernen, würden wir uns und den Menschen in unserem Umfeld sehr viele Kopfschmerzen ersparen!

Vielleicht sind wir nicht zu einem großen, weltbewegenden Dienst berufen. Die Salbung Gottes wird für große Werke gegeben, sie steht uns aber auch zur Verfügung, um uns zu helfen, unseren Alltag übernatürlich zu genießen.

Als Christen sind wir dazu berufen, Gott zu lieben, mit ihm und unseren Mitmenschen Gemeinschaft zu haben und überall ein Segen zu sein. Wir sollen etwas Freude in das Leben anderer bringen und mit unserem Ehepartner harmonisch leben, die Kinder, die er uns gibt, erziehen und einfach „aufstehen und wieder ins Bett gehen" – und zwar freudig für ihn. Psalm 100, 2 sagt uns, dass wir dem Herrn mit Freuden dienen sollen!

Es wird Tage geben, an denen Gott Aufregendes in unser Leben bringt, aber wir sollten nicht unser Leben damit verbringen, nach diesen emotionalen Höhen Ausschau zu halten.

Manchmal sind meine Veranstaltungen wirklich aufregend, und ich freue mich dann auch darüber. Ich sage mir dann, dass der Herr wusste, dass ich diese Ermutigung brauchte, um weitergehen zu können.

Doch selbst dabei müssen wir vorsichtig sein, weil Aufregendes das Verlangen nach noch mehr Aufregendem weckt. Wenn wir nicht aufpassen, werden wir schließlich das Aufregende suchen und nicht den Willen Gottes. So kann es sein, dass wir nach einem Gottesdienst zu dem Schluss kommen, dass etwas falsch gelaufen sei, weil er uns nicht begeisterte. Manchmal verlasse ich eine Veranstaltung und bin zutiefst zufrieden, jedoch nicht begeistert.

Wir müssen lernen, uns von unseren äußeren Umständen nicht so sehr beeinflussen zu lassen.

Nicht jede Versammlung ist herrlich und begeisternd. Neue Häuser gibt es in einem Leben ein- oder zweimal. Es kommt selten vor, dass uns jemand mit einer goldenen Armbanduhr überrascht. Viele Tage ziehen ins Land, ohne dass emotionale Fanfaren geblasen werden. Denke daran, dass wir mit dem Heiligen Geist dazu gesalbt sind, ein ganz normales Alltagsleben zu führen.

Das Problem beginnt dann, wenn nichts Besonderes läuft und wir selbst anfangen, Dinge ins Laufen zu bringen. Wir brauchen etwas Abwechslung in unserem Alltag. Aber wir müssen auch lernen, vom Geist Gottes geführt zu werden und nicht von unserer eigenen Abhängigkeit von unseren Gefühlen.

Nicht jeder Tag ist ein Urlaubstag. Nicht jedes Mahl ist ein Festmahl. Nicht jedes Ereignis ist außergewöhnlich. Die meiste Zeit unseres Lebens verläuft gleichmäßig und normal.

Wir sollten lernen, unsere Gefühle in den Griff zu bekommen und Stimmungsschwankungen zu vermeiden, die uns davon abhalten, das stille Vergnügen zu genießen, das Gott für uns hat.

6

Verstehe und überwinde Depression

Es gibt in unserem Leben viele Momente, in denen es uns gut oder schlecht geht. In diesem Kapitel möchte ich dir zeigen, dass Satan uns herunterzieht und Jesus uns erhebt.

In der Grube

Ich wartete geduldig und voller Erwartung auf den Herrn; er neigte sein Ohr und hörte mein Schreien. Er zog mich heraus aus einer schrecklichen Grube [eine Grube voller Aufruhr und Verderben], aus dem sumpfigen Schlamm (Schaum und Schleim) und stellte meine Füße auf den Fels; er befestigte meine Schritte und festigte meinen Weg.

Psalm 40, 1–2

Wenn die Bibel von „der Grube" spricht wie in diesem Abschnitt der Psalmen, denke ich immer an die Tiefen der Depression.

Wie wir später feststellen werden, sprach David öfters davon, dass er sich so fühlte, als würde er in eine Grube sinken, und zum Herrn rief, dass er ihn errette und seine Füße auf festen, sicheren Boden stelle.

Wie David will niemand in der Grube der Depression sein. Es ist ein schrecklicher Ort. Ich kann mir keinen schlimmeren Ort vorstellen. Neben der Depression selbst sind da auch die schrecklichen Gedanken, die Satan uns einflüstert, während wir so schrecklich niedergeschlagen sind.

Wenn wir in tiefe Depression verfallen, fühlen wir uns sowieso schon sehr schlecht. Und dann kommt auch noch der Teufel vorbei, um unser Elend zu verschlimmern, indem er uns an all die schlimmen Dinge erinnert, die wir gefühlt, gesagt oder getan haben. Sein Ziel ist es, uns in solche Hoffnungslosigkeit und in solches Elend zu versetzen, dass wir uns nie wieder erheben, ihm keine Probleme bereiten und den Ruf Gottes für unser Leben nicht erfüllen.

Wir müssen lernen, dem Abstieg in die Grube der Depression zu widerstehen, wo wir dem Peiniger unserer Seele ausgeliefert sind, der es darauf angelegt hat, uns und unser Zeugnis für Christus völlig zu zerstören.

Ebenes Land

Befreie mich Herr von meinen Feinden, ich fliehe zu dir, um mich zu bergen. Lehre mich, deinen Willen zu tun, denn du bist mein Gott; lass deinen guten Geist mich in ein ebenes Land *leiten und in das Land der Rechtschaffenheit.*

Psalm 143, 9–10

Wie wir im letzten Kapitel gesehen haben, müssen wir extreme Höhen vermeiden, um extremen Tiefen vorbeugen zu können. Wir müssen lernen, ausgeglichen zu werden. Wenn wir emotional zu hoch geraten, werden wir unweigerlich wieder herunterkommen. Dabei machen wir oft nicht Halt, wenn wir den normalen Gefühlszustand erreicht haben, den David „ein ebenes Land" nannte, sondern stürzen in die Tiefen der Depression hinab.

Ich bin davon überzeugt, dass David in Psalm 143 nicht über ein ebenes Land, sondern über ausgeglichene Gefühle sprach.

Eine Frau, die mit manisch-depressiven Menschen arbeitet, erzählte mir einmal, dass die Pfleger im Umgang mit Menschen, die unter dieser Form der Depression leiden, nicht nur darauf achten müssen, dass sie nicht in tiefe Depressionen hinabsinken, sondern auch verhindern müssen, dass sie emotionale Höhenflüge machen, denn das eine führt zum anderen. Ihr Ziel ist es, ihre Patienten so gut wie möglich auf einem ausgeglichenen emotionalen Niveau zu halten.

Wie wir bereits gesehen haben, müssen wir als Christen so gut wie möglich ausgeglichen bleiben. Wir müssen darauf achten, dass wir nicht so gefühlsabhängig werden, dass wir ständig auf emotionalen Höhenflügen sein müssen, weil wir sonst riskieren, in die Tiefen der Depression abzurutschen. Statt dieser emotionalen Achterbahnfahrt, die von einem Extrem ins nächste führt, sollten wir in der Freude des Herrn leben, die wir bereits als stilles Vergnügen definiert haben.

Dinge, die uns herunterziehen

Was bist du so aufgelöst, meine Seele, und was stöhnst du in mir? Harre auf Gott, denn ich werde ihn noch preisen, das Heil meines Angesichts und meinen Gott.
Psalm 43, 5 (*Elberfelder*)

Das Wort „aufgelöst" kann laut Anmerkung der *Elberfelder Bibel* auch mit „gebeugt" übersetzt werden.

Auch wenn das Wort „Depression" in der Bibel nicht vorkommt, gibt es viele gefühlsbezogene Themen, die angesprochen werden, zum Beispiel: Verzweiflung, Entmutigung, Enttäuschung, Zerstörung, Schuld, Krankheit, Not und Spaltung. Das sind nur einige der Dinge, die Satan uns in den Weg legt, um uns depressiv zu machen.

Alle diese Wörter könnte man als „Vorboten der Depression" bezeichnen. Da wir alle vor ihnen auf der Hut sein müssen, habe ich mich mit jedem Einzelnen von ihnen befasst, um mehr über sie und ihre Auswirkungen auf uns als Christen zu lernen.

Verzweiflung

Wir sind von jeder Seite bedrängt (eingeengt) [beküm-mert und bedrückt auf jede Weise], doch nicht ein-gepfercht oder zerquetscht; wir geraten in Verlegenheit und sind wegen der Ungewissheit durcheinander, unfähig, einen Ausweg zu finden, und werden doch nicht zur Verzweiflung getrieben.

2. Korinther 4, 8

Was ist Verzweiflung? Laut Wörterbuch heißt „verzweifeln": „die Hoffnung aufgeben, verlieren, große Angst haben (dass etwas geschehen oder nicht geschehen wird) und ratlos sein". Das Substantiv bedeutet: „Angst und Hoffnungslosigkeit".[1] Ich definiere „Verzweiflung" als den Zustand, in dem man nicht weiß, wie man handeln soll oder überhaupt keinen Ausweg sieht.

Wir alle wissen, wie frustrierend es ist, zu merken, dass wir etwas bezüglich unserer Umstände unternehmen müssen, aber nicht wissen, was wir tun sollen. Egal, in welche Richtung wir schauen, es scheint keinen Ausweg zu geben.

Für uns Christen gibt es aus jeder Situation einen Ausweg. Denn Jesus hat uns gesagt: „Ich bin der Weg ..." (Joh. 14, 6).

Es tröstet mich ungemein, wenn ich daran denke, dass der Herr versprochen hat, mich niemals zu verlassen, auch wenn es manchmal Zeiten gibt, in denen ich wie der Apostel Paulus von allen Seiten bedrängt werde und durcheinander bin, weil es keinen Ausweg aus meinen Umständen zu geben scheint (vgl. Hebr. 13, 5). Wenn ich also am Ende einer Sackgasse angelangt bin, bin ich nicht verzweifelt. Denn ich weiß, dass Gott mir den Weg, den ich gehen muss, zeigen und mich in den Sieg führen wird.

Enttäuschung, Entmutigung, Zerstörung

☞ ☜

Pläne scheitern, wo keine Besprechung ist; wo aber viele Ratgeber sind, kommt etwas zustande.

Sprüche 15, 22 (*Elberfelder*)

Ja, er gibt das Land in eure Gewalt! Erobert es, und nehmt es in Besitz! Denn so hat es euch der Herr, der Gott eurer Vorfahren, befohlen. Habt keine Angst! Lasst euch nicht entmutigen!

5. Mose 1, 21 (*Hoffnung für alle*)

Lobe den Herrn, meine Seele … der dein Leben vom Verderben *erlöst, der dich krönet mit Gnade und Barmherzigkeit.*

Psalm 103, 1 und 4 (*Luther*)

Wir alle sind enttäuscht, wenn unsere Pläne scheitern oder wenn sich eine Hoffnung nicht erfüllt, wenn wir Ziele nicht erreichen.

Wenn die Dinge nicht so laufen, wie wir es gerne hätten, sind wir enttäuscht. Wir sind von allem Möglichen enttäuscht, von einem Picknick, das ins Wasser fällt, bis hin zur Krankeit oder dem Tod eines geliebten Menschen. Wir sind enttäuscht, wenn die neue Uhr, die uns jemand geschenkt hat, nicht richtig geht, oder wenn das Kind, von dem wir so sehr hofften, es würde etwas aus ihm werden, keinerlei Anstalten in diese Richtung macht.

Wenn solche Dinge geschehen, fühlen wir uns über einen gewissen Zeitraum im Stich gelassen, und das kann zu Depressionen führen, wenn wir nicht richtig damit umgehen.

Wir müssen uns dann entscheiden, uns anzupassen und flexibel zu sein, die Angelegenheit anders anzugehen und trotz unserer Gefühle weiter voranzugehen. Das sind die Zeiten, in denen wir uns daran erinnern müssen, dass der Stärkere in uns lebt, sodass wir, egal was uns passieren mag und uns frustriert oder wie lange es dauert, bis wir unsere Träume und Ziele umsetzen, nicht aufgeben werden, nur weil unsere Gefühle nicht mitspielen.

Das ist der Zeitpunkt, an dem wir uns daran erinnern müssen, was Gott mir einmal in genau so einem Moment sagte: „Wenn du enttäuscht worden bist, kannst du immer die Entscheidung treffen, wieder neue Hoffnung zu gewinnen."

Enttäuschung führt oft zu Entmutigung, die uns noch mehr herunterzieht. Wir haben alle das deprimierende Gefühl erlebt, das sich ausbreitet, wenn wir unser Bestes zu geben versucht haben und es geschieht entweder nichts oder alles stürzt zusammen.

Wie enttäuschend und entmutigend es doch ist, dabei zuzusehen, wie die Dinge, die wir lieben, sinnlos von anderen zerstört werden; oder – noch schlimmer – wegen unserer eigenen Nachlässigkeit oder Fehler. Egal, wie es geschieht und wer dafür verantwortlich ist, es ist schwierig, weiterzumachen, wenn alles, auf das wir uns verlassen hatten, auseinander bricht. Das ist der Zeitpunkt, wenn diejenigen unter uns, die die schöpferische Kraft des Heiligen Geistes in sich tragen, eine neue Vision, eine neue Richtung und ein neues Ziel erhalten können, was uns dabei hilft, Enttäuschung, Entmutigung und Zerstörung zu überwinden.

Schulden

… bezahle deine Schulden!

2. Könige 4, 7 (Elberfelder)

Wie wir bereits festgestellt haben, lehrt uns die Bibel, dass wir niemandem etwas schulden sollen, außer ihn zu lieben. Hier in diesem Vers sehen wir, dass wir unsere Schulden zahlen sollen. Wenn wir zulassen, dass uns unsere Schulden überwältigen, kann das zu Entmutigung und sogar zu Depressionen führen.

Ist dir schon einmal aufgefallen, dass uns normalerweise unkontrollierte Gefühle in Schulden stürzen? Wir versuchen, über unseren Verhältnissen zu leben, weil wir etwas haben wollen, das uns gefällt, das unser Image aufpoliert oder andere beeindruckt, und so verschulden wir uns.

Als Dave und ich frisch verheiratet waren, verschuldeten wir uns. Wir überzogen unsere Kreditkartenkonten, um Dinge für uns und unsere Kinder zu kaufen. Dann zahlten wir monatlich nur den Mindestbetrag der Gesamtsumme und die Zinsen waren so hoch, dass wir scheinbar nie Fortschritte beim Abzahlen unserer Schulden machten. Wir gerieten sogar immer tiefer in Schulden.

Was war die Ursache dafür? Unsere Gefühle und ein Mangel an Weisheit.

Wenn wir es jemals zu irgendetwas im Reich Gottes bringen wollen, müssen wir lernen, von Weisheit und nicht von unseren fleischlichen Wünschen geleitet zu leben, die unseren menschlichen Gefühlen entspringen (siehe Spr. 3, 13).

Die Bibel lehrt uns, dass Jesus uns zur Weisheit wurde und dass der Heilige Geist die Weisheit in uns ist (siehe 1. Kor. 1, 30; Eph. 1, 17). Wenn wir auf das Reden des Heiligen Geistes in unserem Herzen achten, werden wir nicht in Schwierigkeiten geraten. Aber wenn wir nach dem Diktat unseres Fleisches leben, laufen wir der Zerstörung schnurstracks in die Arme.

Weisheit trifft heute eine Entscheidung, mit der sie morgen auch noch gut leben kann. Gefühle tun, was sich heute gut anfühlt, ohne auch nur an morgen zu denken. Wenn der nächste Tag kommt, genießt der Weise ihn in Sicherheit und Frieden, doch der Törichte erlebt Entmutigung und Depression. Warum? Weil sich der Weise auf morgen vorbereitet hat und nun die Frucht seiner Arbeit genießen kann, während der Törichte das Vergnügen an erste Stelle gesetzt hat und jetzt für gestern bezahlen muss.

Es ist viel besser, jetzt zu arbeiten und später zu spielen, als jetzt zu spielen und sich später Sorgen zu machen.

Es ist sehr entmutigend, täglich zum Briefkasten zu gehen und nichts als lauter Rechnungen vorzufinden. Durch den Druck der ausweglosen Situation führt dann diese Entmutigung schließlich in die Depression. Wenn wir uns finanziell mit Dingen belasten, die wir uns nicht leisten können, geben wir schon heute den Wohlstand von morgen aus. Und wenn morgen kommt, bleiben uns nur Schulden.

Wie viele Menschen leiden wohl in diesem Moment wegen überwältigender Schulden unter Depressionen?

Um ein diszipliniertes Leben führen zu können, das notwendig ist, um in unserem Leben gute Früchte zu tragen, müssen wir dazu bereit sein, heute zu investieren, um morgen zu ernten.

Wenn wir aus der Entmutigung und Depression herauskommen möchten, die von Schulden herrühren, müssen wir aus den Schulden herauskommen, indem wir so diszipliniert werden, dass wir nicht an die Opfer von heute, sondern vielmehr an die Belohnung von morgen denken.

Krankheit, Not und Spaltung

Wegen der großen Kraft [meiner Krankheit] ist mein Gewand verunstaltet und entstellt; sie umwickelt mich wie der Kragen meines Mantels.

Hiob 30, 18

In meiner Not [als es schien, als sei ich von allen Seiten umzingelt] rief ich zum Herrn und schrie zu meinem Gott; er hörte meine Stimme aus seinem Tempel (himmlischen Wohnort) und mein Schreien kam vor ihn, ihm [direkt] zu Ohren.

Psalm 18, 6

*Aber ich ermahne euch und bitte euch inständig,
Brüder, im Namen unseres Herrn Jesus Christus, dass
ihr alle in Harmonie und voller Übereinstimmung seid
bezüglich dessen, was ihr redet, und dass keine Meinungsverschiedenheiten, Uneinigkeiten oder Spaltungen
unter euch seien, sondern dass ihr in demselben
Sinn und derselben Meinung und demselben Urteil
vollkommen eins seid.*

1. Korinther 1, 10

Das Wort „Krankheit" bedeutet unter anderem „Unbehagen".
Unbehagen ist in gewisser Hinsicht eine Form des Todes. Wenn
sich jemand beständig schlecht fühlt, kann ihn das leicht in
Depressionen hineinziehen. Darum sagen wir, dass Krankheit
uns herunterzieht.

In Not zu sein, bedeutet, sich eingeschränkt zu fühlen oder große
Angst, großes Leid zu erleben. Auch das zieht uns emotional
herunter und kann zu einer Depression werden, wenn man
damit nicht unverzüglich angemessen umgeht.

Wie wir in 1. Korinther 1, 10 sehen, bezieht sich Spaltung auf
Meinungsverschiedenheiten, Unstimmigkeiten, Disharmonie,
Streit und Zwistigkeiten. Viele Menschen, mich eingeschlossen,
zieht Spaltung auch herunter.

Ich hasse Disharmonie und Meinungsverschiedenheiten. Aus-
einandersetzungen und Streitigkeiten sind mir ein Gräuel. Ich
kann Unstimmigkeiten und Spaltungen nicht ertragen.

Früher war ich eine Kämpferin und ständig dabei, Unruhe zu
stiften. Jetzt liebe ich Frieden, Harmonie und Ruhe. Nichts zieht
mich innerlich mehr herunter als Spaltungen – entweder in mir
selbst oder unter den Menschen, die ich am meisten liebe,
beispielsweise meinen Familienmitgliedern. Ich glaube, dass
Gott in Bezug auf seine Familie genauso fühlt.

Spaltung, wie alle anderen Dinge, die uns herunterziehen,
resultiert daraus, dass wir unseren Gefühlen statt unserem Geist

folgen, wie wir in Jakobus 4, 1 lesen: „Was führt zu Streit (zu Uneinigkeit, zur Fehde) unter euch, und wie entstehen Konflikte (Streitereien und Kämpfe) zwischen euch? Kommen sie nicht aus euren fleischlichen Gelüsten, die in den Gliedern eures Körpers kämpfen?"

Das Endergebnis all der Dinge, die uns herunterziehen, ist dasselbe: unbeständige Gefühle, die früher oder später zu Elend und Zerstörung führen.

Dinge, die uns erheben

*Herr! Wie zahlreich sind meine Bedränger! Viele erheben sich gegen mich; viele sagen von mir: Es gibt keine Rettung für ihn ... Du aber, Herr, bist ein Schild um mich her, meine Ehre, und **der mein Haupt emporhebt**.*

Psalm 3, 2–3 (*Elberfelder*)

In unserem Leben gibt es Dinge, die uns herunterziehen, und Dinge, die uns erheben. In diesem Abschnitt sagt der Psalmist, dass er trotz seiner schwierigen Situation nicht verzweifelt oder deprimiert ist, weil er sein Vertrauen auf den Herrn gesetzt hat, der sein Haupt erhebt.

In Hebräer 12, 12 werden wir angewiesen: „Darum richtet auf die erschlafften Hände ..." (*Elberfelder*). In 1. Timotheus 2, 8 schreibt der Apostel Paulus: „Ich wünsche daher, dass die Männer an jedem Ort beten, ohne Zorn, Zwistigkeit, Groll oder Zweifel [in ihren Gedanken], dass sie heilige Hände erheben."

Wenn wir deprimiert sind, beginnt alles um uns herum, auseinander zu fallen und seine Kraft zu verlieren. Wir fangen an, unseren Kopf, unser Herz und unsere Hände hängen zu lassen. Sogar unseren Blick und unsere Stimme senken wir.

Diese niedergedrückte Haltung kann uns sogar noch mehr deprimieren. Wenn wir uns in diesem niedergedrückten Zustand

befinden, sagt der Herr zu uns, was er zu Abraham sagte: „…
Erheb doch deine Augen, und schaue von dem Ort, wo du bist,
nach Norden und nach Süden, nach Osten und nach Westen!"
(1. Mo. 13, 14; *Elberfelder*).

Unsere Augen und unser Herz sind niedergeschlagen, weil wir
auf das Problem statt auf den Herrn sehen.

In 1. Mose 13 lesen wir, dass sich die Hirten Abrahams und die
seines Neffen Lot stritten, weil es nicht ausreichend Weideland
für beide Herden gab. Also schlug Abraham Lot vor, in eine
Richtung zu gehen und er würde in die andere Richtung gehen.
Er gab Lot die Wahl, in welche Richtung er gehen wolle. Sein
Neffe suchte sich das beste Land aus. Abraham, seinen Dienern
und Herden blieb das schlechtere Stück Land. In diesem
Moment sagte der Herr ihm, er solle seine Augen erheben und
sich in alle Richtungen umsehen, denn er würde ihm alles Land
zum Erbe geben, so weit sein Auge reiche, und er versprach ihm,
ihn zu segnen und ihm überfließendes Wachstum zu schenken.

Das ist eine gute Lektion, von der wir auch heute noch etwas
lernen können. Wenn uns Menschen enttäuschen, möchte der
Herr, dass wir uns entscheiden, unser Haupt und unsere Augen
zu erheben und uns umzusehen und ihm zu vertrauen, uns in
eine noch bessere Situation zu führen, eine Situation, die er für
uns bereithält, statt entmutigt oder deprimiert zu werden. Die
Versuchung, zu sagen: „Ach, was bringt's schon?" ist groß, und
einfach aufzugeben, statt in eine neue Richtung vorwärts zu
gehen, wie Abraham es tat.

Der Herr ermahnt uns ständig, unsere Augen, unser Haupt und
unser Herz zu erheben und eine Inventur des Segens, den wir
genießen, zu machen, und nicht eine unserer Probleme. Er will,
dass wir auf ihn blicken statt auf all das Böse, das Satan uns
bringen will, weil es Gottes Plan ist, uns Segen und Wachstum
im Überfluss zu schenken.

Egal, wie dein Leben sich bis heute entwickelt hat, es gibt für dich nur zwei Möglichkeiten: aufzugeben oder weiterzumachen. Wenn du dich entscheidest, weiterzumachen, hast du wieder nur zwei Entscheidungsmöglichkeiten: entweder du verbringst dein Leben ständig in Depression und Leid, oder voller Hoffnung und Freude.

Wenn du dich dafür entscheidest, voller Hoffnung und Freude zu leben, bedeutet das allerdings nicht, dass du nie wieder Enttäuschungen oder entmutigende Situationen erleben wirst. Es bedeutet, dass du dich entschieden hast, dich von diesen Situationen nicht herunterziehen zu lassen. Stattdessen erhebst du deine Augen, deine Hände, deinen Kopf und dein Herz und siehst nicht auf deine Probleme, sondern auf den Herrn, der dir verheißen hat, dich in den Sieg und in den Überfluss zu führen.

Satan will dich herunterziehen, Gott will dich emporheben. Für was entscheidest du dich? Für das, was dich erhebt, oder für das, was dich herunterzieht?

Der Heilige Geist hebt uns empor

Und ich werde den Vater bitten und er wird euch einen anderen Tröster (Ratgeber, Helfer, Fürbitter, Anwalt, Kraftgeber und Beistand) geben, dass er immer bei euch bleibe.

Johannes 14, 16

Wusstest du, dass es der Dienst des Heiligen Geistes ist, uns zu erheben?

Als Jesus in den Himmel aufstieg, sagte er zu seinen Jüngern: „Ich werde den Vater bitten, dass er den Heiligen Geist auf euch sende und er euer Tröster werde."

Das griechische Wort, das hier mit „Tröster" übersetzt wurde, lautet *parakletos*. Dieses Wort steht für „den zur Unterstützung Herbeigerufenen, den als Beistand Zugezogenen"[3]. Anders ausgedrückt ist der Tröster jemand, der kommt und sich neben uns stellt, um uns zu ermutigen, zu erbauen und zu ermahnen.

Alles, was der Heilige Geist tut, bewirkt, dass wir erhoben werden und in diesem Zustand verharren.

Jeder von uns muss täglich Enttäuschungen und entmutigenden Menschen und Situationen ins Gesicht sehen und mit ihnen umgehen. Der Heilige Geist wurde uns gegeben, um uns zu helfen, gerade das zu tun. Er ist unser ständiger „Muntermacher", der uns davor schützt, niedergeschlagen zu werden.

Drängst du vorwärts oder bist du niedergeschlagen?

Brüder, ich schätze mich selbst [noch] nicht so ein, als hätte ich es ergriffen und es mir zu Eigen gemacht. Aber eines tue ich [das ist mein einziger Wunsch]: Ich vergesse, was hinten ist, und strecke mich aus nach dem, was vorne ist. Ich strebe nach dem Ziel …

Philipper 3, 13–14

Wie bereits erwähnt, erscheint das Wort „Depression" (oder „depressiv") nicht in der Bibel. Daher schlug ich das Wort im Wörterbuch nach. Ich fand heraus, dass es für Niederge-schlagenheit, Traurigkeit und Hoffnungslosigkeit steht.[4]

Wenn Satan uns angreift und uns deprimieren will, versucht er, uns traurig zu machen, uns herunterzuziehen, um die Kraft, mit der wir für Gott aktiv sind, zu verringern. Er versucht, uns daran zu hindern, vorwärts zu gehen.

Satan möchte Depressionen dazu nutzen, unsere Kraftversorgung zu unterbrechen, uns zurückzutreiben, während Gott uns stärken und vorwärts bringen möchte.

Es stellt sich also die Frage: Drängen wir vorwärts oder lassen wir uns niederschlagen?

Die Auswirkungen der Depression

Eine der Definitionen für das Wort „Depression" ist: „Einsenkung bis unter Meereshöhe."[5]

Satan möchte uns herunterziehen, sodass wir uns tiefer befinden als alle anderen und innerlich ausgehöhlt sind.

Die psychologische Definition einer Depression ist „ein Gefühl der Niedergeschlagenheit bzw. ein Symptomkomplex, dessen Erscheinungsbild sich auf [...] kognitiver [Ebene] (Denkhemmung [...]) [...] manifestieren kann."[6]

Jemand, der unter starken Depressionen leidet, kann unfähig werden, sich zu konzentrieren, und von Satan gefangen genommen werden.

Ich war selbst schon in solch einem Zustand, dass ich denselben Satz in einem Buch immer wieder las, ohne überhaupt zu verstehen, was dort geschrieben stand. Warum? Weil mein Verstand nicht richtig funktionierte.

Stumpfsinn, die Unfähigkeit, sich zu konzentrieren, Schlaflosigkeit, Niedergeschlagenheit und Schuldgefühle, sogar völliger oder teilweiser Rückzug aus der Gesellschaft können Symptome einer starken Depression sein.

Ich war manchmal so niedergeschlagen, dass ich niemanden mehr sehen wollte. Ich wollte mich nicht einmal mehr anziehen. Ich wollte einfach nur allein in einem dunkeln Raum sitzen und mich bemitleiden. Ich verbrachte meine Zeit dann damit, einen zu Tränen rührenden Film im Fernsehen anzuschauen, der mich die ganze Nacht durchweinen ließ.

Zu Beginn meiner Ehe mit Dave litt ich unter solchen Depressionen, dass ich darüber nachdachte, Selbstmord zu begehen. Ich hatte dann ein Gespräch mit meinem Pastor.

Für dieses Treffen hatte ich mich bestens zurechtgemacht, wie ich es immer tue, wenn ich das Haus verlasse. Kaum war ich in seinem Büro, sagte ich zu ihm: „Ich glaube, ich bringe mich um."

„Nein, das tust du nicht", sagte er.

„Doch, das tue ich sehr wohl", entgegnete ich.

„Nein, das tust du nicht", wiederholte er. „Menschen, die Selbstmord begehen, machen sich nicht zuvor die Mühe, ihre Haare zu kämmen, sich zu schminken und sich hübsch anzuziehen."

Ich merkte, dass ich nicht unter einer Depression mit Suizidgefährdung litt, sondern unter einer leichten Depression, die dadurch entstanden war, dass ich ständig auf den Feind und nicht auf den Herrn gehört hatte.

Ursachen für Depressionen

Wodurch entstehen Depressionen? Es gibt viele Ursachen. Eine davon sind Schuldgefühle.

Viele Menschen leiden unter solchen Depressionen, die von Schuldgefühlen ausgelöst werden, dass sie in die Psychiatrie eingeliefert werden müssen. Im Laufe meines Dienstes habe ich Menschen kennen gelernt, die katatonische[7] Symptome aufweisen, weil sie sich für etwas – oder sogar alles –, das in ihrem Leben vorgefallen ist, die Schuld geben.

Das ist ein Grund, weshalb wir den Versuchen Satans, uns in Depression und Verzweiflung hinunterzuziehen, widerstehen müssen; wir wollen es verhindern, in die Psychatrie eingeliefert zu werden oder katatonische[7] Symptome an den Tag zu legen. Das Wort Gottes verspricht uns nicht, dass wir nie von Enttäuschung, Entmutigung oder anderen negativen Gefühlen angegriffen werden. Aber es versichert uns, dass wir uns erfolgreich gegen sie wehren können, weil wir den Geist der Wahrheit in uns haben, der uns dabei hilft. Wie wir zuvor in Psalm 34, 20 gelesen haben: „Der [beständig] Gerechte wird mit viel Übel konfrontiert, doch der Herr rettet ihn aus allem."

Gehe niemals davon aus, dass du von den Attacken des Feindes ausgenommen bist oder dich außerhalb seiner Reichweite befindest, nur weil du ein Christ bist. Mache dir einfach bewusst, dass du die Kraft Gottes in dir hast, wenn ein Angriff kommt, und du allem, was dir in den Weg gestellt wird, um dich zu zerstören, widerstehen und alles überwinden kannst.

Der Sieg kommt, wenn wir erkennen, dass wir angegriffen werden, und auch wissen, was wir tun müssen, um den Feind zu besiegen.

Die Welt ist vielleicht passiv, wir müssen aktiv sein. Die Welt handelt im Fleisch, wir müssen im Geist handeln, der in uns lebt, uns stärkt, führt und befähigt, das Richtige zu tun.

Ein weiterer Grund für Passivität sind *Minderwertigkeitskomplexe*.

Jeder von uns hat Stärken und Schwächen. Wir müssen der Wahrheit über uns selbst ins Gesicht sehen und dürfen uns nicht wegen unserer menschlichen Schwächen fertig machen. Wir müssen lernen, uns nicht ständig auf uns zu konzentrieren. Stattdessen müssen wir dem Heiligen Geist erlauben, unsere Aufmerksamkeit auf jeweils die Wahrheit zu lenken, mit der wir uns auseinander setzen sollen.

Eine weitere Ursache für Depression ist *Veränderung*.

Häufig haben wir Probleme mit unseren Gefühlen, weil in unserem Körper ein chemisches Ungleichgewicht besteht. Das soll nun nicht heißen, dass wir jede Depression auf eine physische oder chemische Veränderung schieben können, sondern dass das eine mögliche Ursache für Depression ist, die in Erwägung gezogen werden sollte.

Ich hatte mit Menschen zu tun, die kurz davor waren, ihrem Leben ein Ende zu setzen, bis schließlich entdeckt wurde, dass mit ihnen weder mental noch emotional etwas nicht in Ordnung war, sondern dass es sich lediglich um ein physisches Problem handelte. Sobald das physische Problem beseitigt worden war, konnten diese Menschen wieder ein normales Leben führen.

Ich hatte drei größere Operationen in meinem Leben. Jedes Mal wurde ich vom Krankenhauspersonal gewarnt, dass ich nach meiner Entlassung wahrscheinlich eine Zeit erleben würde, in der ich mich niedergeschlagen fühle. Mir wurde gesagt, dies sei normal.

Obwohl ich dachte, es würde mir nicht so ergehen, und wenn doch, würde ich es einfach im Namen Jesu binden, stellte sich die Niedergeschlagenheit nach meiner ersten Operation doch ein. Und es stellte sich als ein viel größeres Problem heraus, als ich es erwartet hatte. Bei der nächsten Operation war ich deutlich besser darauf vorbereitet, mit diesem Phänomen umzugehen.

Andere medizinisch bedingte Veränderungen sind beispielsweise die Wechseljahre im Leben einer Frau oder die Midlife-Crisis der Männer. Wenn sich jemand in jungen Jahren nicht gut um seinen Körper gekümmert hat, treten in den mittleren Lebensjahren meist verschiedene Probleme auf.

Wenn bei Frauen die Konzentration des weiblichen Hormons Östrogen abnimmt, kann es passieren, dass dies Veränderungen im Körper der Frau herbeiführt, die sich stark auf ihr Denken und ihre Gefühle auswirken.

Ähnlich geht es Männern in einem bestimmten Alter. Sie hatten bisher immer die Kontrolle über ihr Leben und haben vielleicht plötzlich das Gefühl, das Leben gehe an ihnen vorbei. Sie verhalten sich dann seltsam, was lediglich eine andere Form der Depression darstellt.

Veränderungen in unserem Alltagsleben, wie zum Beispiel der Wechsel des Arbeitsplatzes, ein Umzug, der Beginn einer neuen beruflichen Laufbahn und sogar der Beginn eines Ehe- oder Familienlebens, kann emotionalen Stress herbeiführen, den wir angehen müssen.

Alle größeren Veränderungen, selbst gute Veränderungen, wie die Geburt eines Kindes oder der Beginn des Ruhestandes, können Depressionen mit sich bringen. Oft ist uns nicht einmal bewusst, was die Depression hervorruft.

Ein weiterer Auslöser für Depression ist *Angst.*

Wenn wir uns vor etwas fürchten, öffnen wir Satan die Tür, um das zu verstärken, wovor wir uns fürchten. Angst an sich ist eine Reaktion auf Veränderung, auf das Unbekannte. Wir müssen uns darüber klar werden, dass Angst, auch wenn sie eine normale Reaktion auf die verschiedenartigen Veränderungen in unserem Leben darstellt, uns dennoch nicht zerstören muss. Mit der Hilfe des Heiligen Geistes in uns können wir lernen, der Angst ins Auge zu sehen und sie wie jedes andere Gefühl auch in den Griff zu bekommen.

Wie wir bereits gesehen haben, gehören zu den vielen weiteren Gründen für Depressionen Gründe *geistlichen Ursprungs,* wie Unversöhnlichkeit, Selbstmitleid und die Züchtigung des Herrn. Wir haben ebenso gesehen, dass ein immenser Schuldenberg, den wir uns angehäuft haben, weil wir unseren Gefühlen statt Gottes Weisheit gefolgt sind, Depressionen hervorruft.

Manche Menschen leiden unter Depressionen, weil sie dem Ruf Gottes auf ihrem Leben ausweichen oder widerstehen. Statt so vorwärts zu gehen, wie Gott es ihnen gesagt hat, sind sie ungehorsam und versuchen, ihre eigenen Pläne und Wünsche auszuleben. Das Ergebnis drückt sich oft körperlich, emotional oder mental in Form einer Krankheit oder Depression aus.

Was auch immer der Grund für Depressionen sein mag, ob sie körperlich, mental, emotional, geistlich oder gar von all diesen Faktoren begründet sein mögen, es gibt eine Lösung. Wir finden sie in Gottes Wort. Lass uns David als Beispiel anschauen, um zu sehen, wie er, ein Mann nach dem Herzen Gottes, mit dem Thema Depression umging.

Davids Umgang mit Depression

Warum bist du so niedergeschlagen, oh mein Innerstes? Und warum solltest du in mir stöhnen und beunruhigt sein? Hoffe auf Gott und warte voller Erwartung auf ihn, denn ich werde ihn noch preisen, meine Hilfe und meinen Gott.

Psalm 42, 6

In diesem Vers macht David deutlich, dass er ein Problem mit Depression hatte. Wir wollen uns ansehen, wie er damit umging, denn wir werden sehen, dass es ein Heilmittel für Depressionen gibt.

Wir teilen diesen Vers in drei Teile ein gemäß den drei unterschiedlichen Dingen, die David als Reaktion auf seine Depression unternahm.

Er beginnt damit, die eine Seite zu betrachten: seine Seele ist deprimiert. Zuerst stellt er seiner Seele eine Frage: „Warum bist du so niedergeschlagen?" Und dann gibt er seiner Seele eine Anweisung: „Hoffe auf Gott." Schließlich erklärt er, was er tun wird: „Ich werde den Herrn preisen." Man könnte sagen, David führt hier ein Selbstgespräch.

Wir müssen uns nach diesem Grundmuster ausrichten, wenn wir unsere Depression angehen wollen.

Jeder von uns hat einen freien Willen. Wir dürfen Satan nicht erlauben, die Kontrolle über diesen freien Willen zu übernehmen, auch wenn er genau das versuchen wird.

Gott versucht niemals, unseren freien Willen zu beschneiden. Die Bibel lehrt uns, dass uns der Heilige Geist führt, leitet und Wegweisung gibt. Aber sie sagt nicht, dass er versucht, uns zu drängen, uns unter Druck zu setzen oder uns dazu zu bringen, etwas zu tun, das wir nicht tun wollen.

Satan versucht ständig, uns zu zwingen und unter Druck zu setzen, Dinge zu tun, die wir *nicht* tun wollen.

In unserem Kampf gegen Depression und alle anderen negativen Gefühle gibt es etwas, das auf unserer Seite steht: unser freier Wille.

Lass uns nun ansehen, wie Davids Plan zur Überwindung der Depression aussah.

Preise Gott

Immer wieder werden wir gelehrt, dass eines der Heilmittel für Depression ist, Gott zu preisen. Wenn wir niedergeschlagen sind, ist es Zeit, uns anzuziehen und zu einer Lobpreisveranstaltung zu gehen, damit wir den Herrn loben und preisen können. Wir müssen uns immer wieder Lobpreismusik und Lehre zu diesem Thema anhören, dem Herrn singen und in unseren Herzen fröhlich sein – ganz egal, wie wir uns fühlen mögen.

Das ist mehr oder weniger das, was David hier seiner Seele, seinen Gefühlen sagt. Er sagt, dass er seine Stimme erheben und Gott preisen und ihm danken und seine Hoffnung auf den Herrn setzen wird, ganz gleich, wie er sich fühlt. Wenn wir so handeln, wie eben beschrieben, und singen, uns unter die Leute mischen und Ermutigendes hören, ziehen wir das in Jesaja 61, 3 beschriebene „Lobpreisgewand" an, das wir statt eines „verzagten Geistes" erhalten haben.

Gott versorgt uns mit allem, was wir brauchen, um im Sieg zu wandeln, aber wir müssen es „anziehen", wir müssen es benutzen. Wenn wir uns deprimiert „fühlen", dann „fühlen" wir uns gar nicht nach Singen. Aber wenn wir es im Gehorsam gegenüber

Gottes Wort tun, werden wir feststellen, dass das, was Gott uns anbietet, tatsächlich alles überwindet, was Satan uns in den Weg wirft. Anders ausgedrückt: Satan versucht uns durch bedrückende Gefühle – sprich durch eine Depression – herunterzuziehen, doch Gott erhebt uns durch Singen, Worte voller Hoffnung und inspirierende Musik über die Depression.

Denke an den Herrn

Oh mein Gott, mein Leben drückt mich nieder [und ich empfinde die Last als mehr, als ich ertragen kann]; darum will ich [ernsthaft] an dich denken im Land des Jordans und des [der Gipfel des Berges] Hermon, vom kleinen Berg Misar.

Psalm 42, 7

Was möchte der Teufel uns denn in Erinnerung rufen, wenn wir bedrückt sind? Jede faule, verrottete, stinkende Sache, die uns bis jetzt zugestoßen ist, und alles Peinliche, Widerliche, Verächtliche, das wir getan haben. Er möchte, dass wir herumsitzen, den Boden anstarren und Inventur unserer üblen Lage machen.

Der Herr möchte, dass wir unsere Augen und Hände, unseren Kopf und unser Herz erheben und ihn inmitten unserer schwierigen Situation preisen.

Kannst du dich daran erinnern, was König Saul tat, als er von einem bösen Geist überfallen wurde? Er rief nach David, damit dieser auf seiner Harfe spiele und seiner gequälten Seele Erleichterung verschaffe (siehe 1. Sam. 16, 14–23).

Wenn du spürst, dass etwas *anfängt,* deinen Geist herunterzuziehen, musst du sofort etwas unternehmen. Warte damit nicht, bis du schon tagelang im Loch gesessen bist, sondern tue gleich etwas, um deinen Geist wieder zu erheben.

Als David spürte, wie er innerlich absank, erinnerte er sich an den Herrn und die guten Dinge, die er für ihn in der Vergangenheit getan hatte. Warum machte er das? Weil es ihm half. Es holte ihn aus der sumpfigen Grube, in die er hineingerutscht war.

Singe, bete, hoffe, warte und preise

☙ ☙

Urflut ruft der Urflut zu beim Brausen deiner Wassergüsse; alle deine Wogen und deine Wellen sind über mich hingegangen. Des Tages wird der Herr seine Gnade aufbieten, und des Nachts wird sein Lied bei mir sein, ein Gebet zu dem Gott meines Lebens. ... Was bist du so aufgelöst, meine Seele, und was stöhnst du in mir? Harre auf Gott! – denn ich werde ihn noch preisen, das Heil meines Angesichts und meinen Gott.

Psalm 42, 8–9 und 12 (*Elberfelder*)

In seiner Niedergeschlagenheit sagte David, dass das Lied des Herrn bei ihm sei, ein Gebet zum Gott seines Lebens.

In Vers 12 sagt er dann, dass er seine Hoffnung auf Gott setzt und hoffnungsvoll auf ihn wartet, während sein Innerstes, seine Seele, in ihm stöhnt (wie unsere Seele das auch manchmal voller Selbstmitleid tut). Und er lobte Gott, denn er war es, der sein Angesicht erhob.

Als David von seinen eigenen Männern für die Entführung ihrer Familien verantwortlich gemacht wurde, lesen wir in 1. Samuel 30, 6: „... David war in großer Bedrängnis, denn das Volk sprach davon, ihn zu steinigen. Denn die Seele des ganzen Volkes war erbittert, jeder war erbittert wegen seiner Söhne und wegen seiner Töchter. Aber David stärkte sich in dem Herrn, seinem Gott" (*Elberfelder*).

Um unsere Depression zu überwinden, wenn unsere Seele zutiefst betrübt und niedergeschlagen ist, müssen wir dasselbe tun, was David tat, um seine schlimme Depression zu überwinden.

Überwinde und stehe auf!

… der Feind ist meiner Seele nachgejagt und hat sie verfolgt, er hat mein Leben auf den Boden niederge-schlagen; er lässt mich an dunklen Orten leben wie die, die schon lange tot sind. Deshalb ist mein Geist überwältigt worden und ermattet in mir [umgeben von Düsterkeit], mein Herz in meinem Innersten erstarrt zunehmend.

Psalm 143, 3–4

Was der Feind David angetan hatte, möchte er auch uns antun. Er versucht ständig, unserer Seele nachzustellen und sie zu verfolgen, unser Leben am Boden zu zerstören. Er versucht, uns dazu zu bringen, an finsteren Orten zu wohnen. Er versucht, unseren Geist zu überwältigen, indem er uns im Innern er-matten lässt, und er versucht, uns in eine düstere Atmosphäre einzuhüllen, damit unser Herz erstarrt.

Satan möchte unsere Seele, unseren Verstand und unsere Gefüh-le benutzen, um an unseren Geist und unser Herz zu gelangen. Er möchte uns den Lebensgeist rauben, indem er uns förmlich zerschmettert, sodass wir erstarren und unfähig werden, etwas gegen das Reich der Finsternis zu unternehmen.

Auch wenn wir Christen denselben Gefühlen wie jeder andere ausgesetzt sind und unter Müdigkeit und Stress leiden, so sollte doch zwischen uns und den Menschen in der Welt ein Unter-schied bestehen. Wenn die Menschen in der Welt überwältigt sind und aufgeben, sollten wir überwinden und aufstehen!

Wie tun wir das? Indem wir das tun, was David in seiner Be-drängnis getan hat.

Erinnere dich, meditiere, sinne nach, strecke dich aus und erhebe dich

Ich gedenke der Tage der Vorzeit, überlege all dein Tun. Ich sinne nach über das Werk deiner Hände. Zu dir breite ich meine Hände aus. Gleich einem lechzenden Land schmachtet meine Seele nach dir! Schnell, erhöre mich, Herr! Es verschmachtet mein Geist. Verbirg dein Angesicht nicht vor mir! Sonst bin ich denen gleich, die zur Grube hinabfahren. Lass mich am Morgen hören deine Gnade, denn ich vertraue auf dich! Tu mir kund den Weg, den ich gehen soll, denn zu dir erhebe ich meine Seele!

Psalm 143, 5–8 (*Elberfelder*)

Was tut David in diesem Abschnitt? Er ruft den Herrn um Hilfe an.

Wenn wir empfinden, dass wir in die Grube der Depression hinabsinken, können wir tun, was David hier getan hat. Wir können uns an frühere Tage erinnern. Wir können überlegen, was der Herr bereits für uns getan hat. Wir können über die mächtigen Werke seiner Hand nachsinnen. Wir können unsere Hände in Gebet und Fürbitte vor ihm ausbreiten. Wir können ihn anrufen, dass er uns schnell erhöre, weil wir auf ihn vertrauen und uns auf ihn verlassen. Wir können unsere Seele und unser innerstes Wesen zu ihm erheben.

All das sind Glaubenshandlungen und der Herr hat uns versprochen, immer auf Glauben zu reagieren. Wenn wir einem kleineren Angriff ausgesetzt sind, dann mag dieser vielleicht nur ein paar Stunden oder Tage anhalten. Doch wenn es ein heftiger Angriff ist, kann es auch länger dauern. Egal, wie lange es dauern mag, wir müssen standhaft sein und fortwährend zu Gott um Hilfe flehen, bis er uns erhört und unseren Hilferuf beantwortet.

Früher oder später wird der Herr uns befreien, so wie er David von all seinem Elend befreit hat.

Suche ebenes Land

Errette mich, Herr, von meinen Feinden! Zu dir nehme ich meine Zuflucht. Lehre mich tun nach deinem Wohlgefallen, denn du bist mein Gott! Dein guter Geist leite mich in ebenes Land! *Um deines Namens willen, Herr, belebe mich! In deiner Gerechtigkeit führe meine Seele aus der Not! In deiner Gnade vertilge meine Feinde, und alle Bedränger meiner Seele lass umkommen, denn ich bin dein Knecht!*

Psalm 143, 9–12 (*Elberfelder*)

In den letzten Versen des Psalms ruft David den Herrn an, dass er ihn von seinen Feinden befreien möge, weil er zu ihm gelaufen ist, um Hilfe und Schutz zu bekommen. Er bittet den Herrn, ihn seinen Willen zu lehren und ihn durch seinen Geist in ebenes Land zu führen.

Wir haben ja bereits gesehen, dass David, wenn er über ebenes Land spricht, ausgeglichene Gefühle meint.

Weil David sicher war, weil er wusste, wer er war und wem er gehörte, konnte er sich in die Hände des Herrn begeben und ihm erlauben, ihn aus seinen Schwierigkeiten herauszuholen, ihn von seiner Not zu befreien und ihm den Sieg zu schenken über alle, die seiner Seele zusetzten, denn er gehörte dem Herrn.

Wir müssen uns in Gottes Hand legen und ihm erlauben, für uns zu wirken, sodass wir den Sieg über den Teufel erringen und seinen Versuchen widerstehen, uns in die Tiefen der Verzweiflung und Depression zu ziehen.

Kämpfe!

⤳ ⤳

*Gelobet sei der Herr, mein Fels und meine große und unerschütterliche Kraft, der meine Hände im **Krieg** unterweist und meine Finger im **Kampf** – Meine unerschütterliche Liebe und meine Festung, mein hoher Turm und mein Erretter, mein Schild und der, dem ich vertraue, bei dem ich Zuflucht suche, der mir mein Volk unterwirft.*

Psalm 144, 1–2

In den ersten Versen dieses Psalms setzt David das Lob Gottes fort. Des Gottes, der sein Fels, seine Stärke, seine Liebe und sein Schild war; der Eine, bei dem er Zuflucht fand und der seine Feinde unterwarf.

David musste allerdings seinen Teil zu seiner Befreiung beitragen.

In Vers 1 sagt er, dass der Herr seine Hände im Krieg und seine Finger im Kampf unterweise.

Das ist der Schlüssel zur Befreiung von Depressionen. Wir müssen tun, was David getan hat. Wir müssen sie erkennen, dem Herrn übergeben, ihn um Hilfe anrufen und dann die Depression in der Kraft und Vollmacht des Heiligen Geistes bekämpfen.

Wie bekämpfen wir sie? Indem wir Zeit mit Gott verbringen. Indem wir sein Wort aussprechen. Indem wir unsere Augen, unser Haupt, unsere Hände und unser Herz zu ihm erheben und ein Opfer des Lobes und Dankes dem Herrn bringen. Er ist unser Fels und unsere Kraft. Er ist unsere Liebe und unsere Festung, unser hoher Turm und unser Befreier. Er ist es, auf den wir vertrauen und bei dem wir Zuflucht suchen. Er ist es, der uns unsere Feinde unterwirft.

7

Wiederherstellung
der Seele

⤳ ⤲

Bisher ging es in diesem Buch um folgende Themen: Wie wir nicht von unseren Gefühlen geleitet werden; wie wir Heilung für unsere verletzten Gefühle finden und Unversöhnlichkeit überwinden, die unsere Seele beeinflusst; wie wir Stimmungsschwankungen vermeiden, die große emotionale Probleme hervorrufen können; und wie wir die Depression besiegen, die unser gesamtes Gefühlssystem zu zerstören droht.

In diesem Kapitel geht es um die Wiederherstellung unserer gesamten Seele – unseres Denkens, unseres Willens und insbesondere unserer Gefühle –, wie es David in Psalm 23 beschreibt.

Erquickung und Wiederherstellung
der Seele

⤳ ⤲

Der Herr ist mein Hirte [der mich ernährt, führt und schützt], es wird mir nichts mangeln. Er lässt mich mich auf [frischen, weichen] grünen Weiden niederlegen; er führt mich an stille und friedliche Wasser. Er erfrischt mich und stellt mein Leben (mich selbst) wieder her; er leitet mich auf Pfaden der Gerechtigkeit [der Rechtschaffenheit und der richtigen Beziehung mit ihm – nicht aufgrund meines Verdienstes, sondern] um seines Namens willen.

Psalm 23, 1–3

Der Psalm 23 spendet viel Trost. Der Psalmist David erzählt uns hier, dass der Herr uns leitet, uns ernährt, uns führt und uns wie ein Schild umgibt. Er sorgt dafür, dass wir uns hinlegen und ausruhen können; er erfrischt unser Leben – oder wie es die *King-James*-Übersetzung ausdrückt: Er stellt unsere Seele wieder her.

Durch unsere Seele stellt unser Körper die Verbindung zur Welt her. Durch unseren Geist stehen wir in Verbindung mit Gott. Unsere Seele hat viel mit unserer Persönlichkeit zu tun, wie wir bereits in einem früheren Kapitel angesprochen haben.

Wenn David sagt, dass Gott ihn auf dem Pfad der Gerechtigkeit, Rechtschaffenheit und der richtigen Beziehung mit ihm führt, so sagt er damit, dass Gott jeden auf dem Pfad führt, der für ihn persönlich der richtige ist.

Gott hat einen Weg, der für uns vorbereitet ist. Wenn wir es ihm erlauben, wird er uns durch seinen Heiligen Geist auf diesem einzigartigen Weg führen, der uns in das Schicksal führt, das er für uns vorbereitet hat.

In der *King-James*-Übersetzung wird der Vers 3 mit den Worten übersetzt: „Er stellt meine Seele wieder her." Die *Amplified Bible* gibt diesen Vers folgendermaßen wieder: „Er erfrischt mich und stellt mein Leben (mich selbst) wieder her …" Das Wort „wiederherstellen" bedeutet: „in den alten Zustand bringen; gesund machen."[2]

Wenn David sagt, dass Gott unsere Seele wiederherstellt, meint er, glaube ich, Folgendes: Gott wird uns in den Zustand zurückversetzen, in dem wir uns befanden, bevor wir uns aus dem guten Plan Gottes herausbewegten, den er bereits vor unserer Geburt für uns vorherbestimmt hatte, oder in den Zustand, in dem wir uns befanden, bevor Satan uns angriff, um uns aus dem Plan Gottes herauszureißen.

Gottes vorherbestimmter Plan

*Denn wir sind Gottes Werk (seine Qualitätsarbeit), in
Christus Jesus wieder erschaffen [aufs Neue geboren]
für die guten Werke, für die Gott uns vorherbestimmt
hat (die er vorab geplant hat) [auf dass wir auf den
Wegen gehen, die er für uns vorbereitet hat] [das wir
das gute Leben führen, das er schon im Voraus geplant
und für uns vorbereitet hat].*

Epheser 2, 10

Gott hat, bereits lange bevor wir auf diesem Planeten erschienen sind, einen guten Plan für uns und unser Leben vorbereitet. Der Teufel kommt, um diesen Plan zu durchkreuzen und das Gute zu zerstören, das Gott für uns geplant hat.

Schon bevor wir geboren waren, hatte Gott einen einzigartigen Plan für uns. Es ist kein Plan voller Versagen, Elend, Armut oder Krankheit. Gottes Plan ist ein guter Plan, ein Plan voller Leben und Gesundheit, voller Glück und Erfüllung.

In Jeremia 29, 11 lesen wir: „Denn ich kenne die Gedanken und Pläne, die ich für euch habe, spricht der Herr. Gedanken und Pläne des Wohlergehens und des Friedens und nicht des Bösen, dass ich euch Hoffnung gebe für das Endergebnis eures Lebens."

In Johannes 10, 10 sagt Jesus: „Der Dieb kommt nur, um zu stehlen und zu töten und zu zerstören. Ich komme, dass sie Leben haben, und zwar im Überfluss (in seiner Fülle, bis es überfließt), und es genießen können."

Es würde uns allen gut tun, wenn wir uns täglich mehrmals sagen würden: „Gott hat einen guten Plan für mein Leben." Warum sollten wir das tun? Weil wir fest von dieser Wahrheit überzeugt sein müssen, damit wir nicht von den sich verändernden Umständen und Gefühlen beeinflusst werden.

Vielleicht fragst du dich: „Wenn Gott solch einen wunderbaren Plan für mein Leben hat, warum lebe ich dann nicht darin?"

Ich verstehe, dass du diese Frage stellst. Wenn Gott uns so sehr liebt und er so gute Pläne für uns hat, scheint es seltsam, dass wir solches Elend erleiden müssen. Wir müssen daran denken, dass wir einen Feind haben, der es darauf abgesehen hat, Gottes wunderbaren Plan zu zerstören.

Obwohl Gott einen guten Plan für mein Leben hatte, befand ich mich in einer Umgebung, in der ich missbraucht wurde, weil der Teufel gekommen war und diesen guten Plan durchkreuzt hatte.

Aber es gibt etwas Herrliches an Gott, und das müssen wir verstehen: Gott gefällt es nicht, wenn uns jemand verletzt und den guten Plan, den er für uns hat, vereitelt. Während er uns auf grüne Auen führt, um unsere Seele wiederherzustellen, kümmert er sich selbst um unsere Umstände.

Es sollte uns ein großer Trost sein, zu wissen, dass der Herr für uns tun wird, was wir selbst nicht zustande bringen, wenn wir uns ihm anvertrauen. Er allein hat die Kraft, das wiederherzustellen, was uns verloren gegangen ist, unabhängig davon, ob wir es durch eigenes Versagen oder das Wirken des Feindes verloren haben.

Kehre zum Ausgangspunkt zurück

Die Grundbedeutung des Wortes „wiederherstellen" in diesem Zusammenhang, wie es in der Konkordanz von James Strong definiert wird, lautet: „umkehren (sich abwenden) … wörtlich oder im übertragenen Sinn (nicht zwingend mit der Absicht, zum Ausgangspunkt *zurückzukehren*)."[3]

Gott will uns zum Ausgangspunkt zurückbringen, dorthin, wo wir von seinem Plan für uns abgewichen sind. Von diesem Ort führt er uns dann weiter, sodass die Dinge wieder so verlaufen, wie er es von Anfang an geplant hatte. Er führt uns nicht unbedingt physisch an den Ausgangspunkt zurück. Ich glaube, er will nicht einmal, dass wir versuchen, in unserer Erinnerung an diesen Ort zurückzukehren und diese Erfahrung erneut zu durchleben, obwohl manche Menschen das vielleicht tun müssen.

Es mag vorkommen, dass sich jemand an etwas Schlimmes, das ihm in der Vergangenheit zugestoßen ist, etwas, mit dem er weder mental noch emotional umgehen konnte, nicht erinnern kann. In diesem Fall mag es nötig sein, zurückzugehen, um sich aus dieser Situation herauszulösen, damit man in seinem Leben vorwärts gehen kann. Aber wie ich bereits früher gewarnt habe, ist es keine gute Idee, eine Ausgrabungsexpedition in die Vergangenheit zu unternehmen.

An manche Dinge aus meiner Kindheit kann ich mich nicht mehr erinnern, und das stört mich auch überhaupt nicht. Manchmal ist es sogar besser für uns, wenn wir uns an bestimmte Dinge nicht erinnern können, und so kann die gottgegebene Fähigkeit, zu vergessen, oftmals ein echter Segen sein.

Ein Teilbereich des Dienstes des Heiligen Geistes besteht darin, uns Erinnerungen wieder ins Gedächtnis zu rufen (siehe Joh. 14, 26). Wenn es in unserer Vergangenheit etwas gibt, dem wir uns stellen müssen, um ein Problem zu lösen, müssen wir Gott vertrauen, uns darauf aufmerksam zu machen, damit wir nicht selbst zu graben und zu suchen beginnen.

Es gibt Menschen, die auf ihrer jahrelangen Suche nach emotionaler Heilung in ihr Unterbewusstsein eindringen und alle möglichen schmerzhaften und verletzenden Erinnerungen hervorholen. Das ist eine gefährliche Angelegenheit. Es ist viel weiser, dem Heiligen Geist zu vertrauen, die Dinge hervorzubringen, die wir in Ordnung bringen müssen, damit sie ein für alle Mal erledigt sind.

Aus Schlechtem wird Gutes

Ihr zwar, ihr hattet Böses gegen mich beabsichtigt; Gott aber hatte beabsichtigt, es zum Guten zu wenden, damit

*er tue, wie es an diesem Tag ist, ein großes Volk am
Leben zu erhalten.*

1. Mose 50, 20 (*Elberfelder*)

Gott möchte deine Seele wiederherstellen. Er möchte dorthin
zurückgehen, wo dein Leben entgleist ist, und von dort an alles
wieder in die richtigen Bahnen lenken.

Obwohl auch der Herr nicht mehr ändern kann, was dir zugestoßen ist, kann er doch die Konsequenzen, die daraus entstanden sind, verändern. Das hat er auch bei mir getan.

Ich würde lügen, wenn ich behaupten würde, dass ich froh bin,
missbraucht worden zu sein. Doch weil ich mich entschied,
diesen Missbrauch an Gott abzugeben, um geheilt zu werden,
machte er mich zu einem besseren, stärkeren, geistlich kraft-
volleren und sensibleren Menschen.

Das ist nur ein weiteres Beispiel dafür, wie Gott das nimmt, was
zum Bösen gegen uns bestimmt war, und es zu unserem Besten
wendet.

In 1. Mose 50, 20 spricht Joseph zu seinen Brüdern darüber. Er
sagt ihnen, dass Gott das Böse, das sie ihm zufügen wollten, als
sie ihn in die Sklaverei nach Ägypten verkauften, zum Guten
gewendet hatte, um sie und ihre Familien von der Hungersnot
zu erretten.

Die Asche wird geöffnet

*Der Geist Gottes, des Herrn, ist auf mir, denn der Herr
hat mich gesalbt und befähigt, das Evangelium der
guten Botschaft den Sanftmütigen, Armen und Elenden
zu predigen. Er hat mich gesandt, zu verbinden und
zu heilen, die gebrochenen Herzens sind; Freiheit auszurufen den [körperlich und geistig] Gefangenen und
Öffnung des Gefängnisses und der Augen den Ge-
bundenen. Das Gnadenjahr des Herrn [das Jahr seiner
Gunst] auszurufen und den Tag der Rache unseres*

Gottes; zu trösten alle Trauernden; den Trauernden in Zion [Trost und Freude] zu gewähren, ihnen einen Schmuck (einen Kranz oder ein Stirnband) der Schönheit statt Asche zu geben; das Freudenöl statt Trauer, ein [ausdrucksstarkes] Lobpreisgewand statt eines niedergedrückten, belasteten und verzagten Geistes ...

Jesaja 61, 1–3

Hier in Jesaja 61, 3 wird uns gesagt, dass ein Teil unserer Wiederherstellung darin besteht, dass der Herr uns Schönheit statt Asche gibt. Wenn das geschehen soll, müssen wir bereit sein, Gott die Asche zu geben.

Ich habe einmal einen Film gesehen, in dem der Vater einer jungen Frau starb. Sie liebte ihn so sehr, dass sie seinen Körper verbrennen ließ und die Asche in einer kleinen Schachtel unter ihrem Mantel ständig bei sich trug. Sie hatte eigentlich nicht vor, die Asche immer bei sich zu behalten, sondern wartete auf den richtigen Augenblick, um sich in angemessener Weise endgültig von ihr zu trennen.

Schließlich war der passende Tag gekommen. Der Wind blies stark und sie ging zum Stall und sattelte sein Lieblingspferd. Es war das Pferd, das er immer ausgewählt hatte, wenn sie gemeinsam ausritten. Sie lenkte das Pferd auf die Kuppe eines Hügels und öffnete dort die kleine Schachtel. Dann warf sie die Asche ihres Vaters in den Wind, der sie forttrug. Das war ihre persönliche Art, ihn loszulassen – für immer.

Ich erinnerte mich wieder an diese Szene, als ich darüber nachdachte, dass wir dem Herrn unsere Asche geben müssen.

Vielleicht bist du in der Vergangenheit verletzt worden und du hast die Asche dieser Verletzung irgendwo nahe bei dir gehalten. Vielleicht hast du sie immer wieder hervorgeholt und erneut über sie getrauert. Ich kann das verstehen, denn ich habe es ebenso gemacht.

Aber du musst das tun, was ich auch getan habe, nämlich diese Asche loslassen und zulassen, dass der Wind des Heiligen Geistes sie wegweht, sodass sie nicht mehr gefunden werden kann. Es ist ein neuer Tag. Du hast keine Zeit mehr, über die Asche der Vergangenheit zu trauern. Du hast in deiner Vergangenheit keine Zukunft.

Gott hat denselben guten Plan für dich, den er in dem Moment hatte, als du auf diesem Planeten ankamst. Er hat seine Meinung nie geändert. Von dem Augenblick an, als dein Feind dich verletzte, lag Gott bereits deine Wiederherstellung am Herzen.

Als der Herr Adam und Eva in den Garten Eden setzte, wollte er nicht, dass sie in Sünde fallen und dadurch seinen perfekten Plan für ihr Leben durchkreuzen. Aber sie fielen in Sünde und wurden Satans Sklaven.

Wie reagierte Gott darauf?

Sofort arbeitete er einen Plan zu ihrer Wiederherstellung aus. Er wusste, dass er seinen Sohn Jesus senden musste, um sie wieder zu erlösen. Das war der Grund für das Kommen Jesu auf diese Erde, wie wir es in 1. Johannes 3, 8 sehen: „Hierzu ist der Sohn Gottes geoffenbart worden, damit er die Werke des Teufels vernichte" (*Elberfelder*). Die *Amplified Bible* drückt das so aus: „Der Grund, weshalb der Sohn Gottes offenbar (sichtbar) wurde, war, um die Werke des Teufels [was dieser getan hat] rückgängig zu machen (zu zerstören und aufzulösen)."

Mein Becher fließt über!

Ja, wenn ich auch durch das [tiefe, dunkle] Tal des Todesschattens gehe, fürchte ich kein Unheil, habe keine Angst, denn du bist bei mir, dein Stecken [dein Schutz] und dein Stab [deine Führung], sie trösten mich. Du bereitest vor mir einen Tisch in der Gegenwart meiner Feinde. Du salbst mein Haupt mit Öl; mein [randvoller]

Becher fließt über. Zweifellos werden mir [nur] Güte, Gnade und unerschöpfliche Liebe alle Tage meines Lebens folgen, und während meiner ganzen Tage wird das Haus des Herrn [und seine Gegenwart] meine Wohnstätte sein.

Psalm 23, 4–6

Dieser letzte Teil der Lieblingslobpreishymne Davids an Gott beschreibt den Zustand, den der Herr uns beständig wünscht. Er will, dass wir beschützt, geführt und getröstet werden. Er will einen Tisch voller Segnungen vor uns aufstellen im Angesicht unserer Feinde. Er möchte uns unsere Trauer wegnehmen und uns mit Freudenöl salben. Er will, dass unser Becher voller Segnungen beständig mit Danksagung und Lobpreis für seine Güte, Gnade und unfehlbare Liebe zu uns überfließt. Er möchte, dass wir ewig leben, jeden Augenblick in seiner heiligen Gegenwart.

All diese Dinge sind Teil seines guten Planes für jeden von uns. Wie tief wir auch gefallen sein mögen, er möchte uns wieder aufheben und den richtigen und vollkommenen Plan für unser Leben wiederherstellen.

Der Kopf und die Ferse werden zermalmt

Und Gott, der Herr, sprach zur Frau: Was hast du da getan! Und die Frau sagte: Die Schlange hat mich getäuscht, da aß ich. Und Gott, der Herr, sprach zur Schlange: Weil du das getan hast, sollst du verflucht sein unter allem Vieh und unter allen Tieren des Feldes! Auf deinem Bauch sollst du kriechen, und Staub sollst du fressen alle Tage deines Lebens! Und ich werde Feindschaft setzen zwischen dir und der Frau, zwischen deinem Samen und ihrem Samen; er wird dir den Kopf zermalmen, und du, du wirst ihm die Ferse zermalmen.

1. Mose 3, 13–15 (*Elberfelder*)

Nachdem Adam und Eva in Sünde gefallen waren und vor Gott standen, um sich wegen ihres Ungehorsams ihm gegenüber zu verantworten, legte der Herr einen Fluch auf die Schlange, die sie verführt und dadurch Gottes Plan durchkreuzt hatte. Unter anderem sagte er zur Schlange, dass sie die Ferse des Nachkommens der Frau zermalmen werde, aber dass dieser Nachkomme der Schlange den Kopf zermalmen werde.

Wenn du verletzt oder missbraucht oder wenn du ganz einfach von Satan zu irgendeiner Form der Sünde oder des Versagens verführt wurdest, dann waren das Zeiten, in denen der Teufel deine Ferse zermalmt hat. Die Verheißung zeigt, dass du ihm den Kopf zertreten kannst, wenn er dir die Ferse zermalmt.

Allerdings wirst du den Kopf Satans nicht dadurch zermalmen, dass du herumhockst und die Asche deiner Vergangenheit beweinst. Der einzige Weg, den Kopf des Teufels zu zermalmen, besteht darin, die Werke Gottes zu wirken – trotz allem, was der Feind dir bei seinem Versuch, dich aufzuhalten, entgegenschleudert.

Ich glaube, dass ich jeden Tag meines Lebens Satan den Kopf zermalme.

Willst du auch immer Satans Kopf zermalmen, wie ich es in meinem Leben und Dienst tue? Du tust es, indem du jemand anderem hilfst. Beginne, für andere ein Segen zu sein, und du wirst damit beginnen, Satan den Kopf zu zermalmen.

Verkrieche dich nicht einfach in irgendeine Ecke, um deine eigenen Wunden zu lecken. Sitze nicht einfach da, kratze an deinem Wundschorf herum und blute dein ganzes Leben lang. Fange an, den Kopf dessen zu zermalmen, der dir die Ferse zermalmt hat, indem du anderen zum Segen wirst.

Die Bibel lehrt uns, dass das Böse mit Gutem überwunden wird (siehe Röm. 12, 21). Aber dazu muss man Einsatz zeigen und entschlossen sein. Es passiert nicht automatisch. Wir müssen uns dafür entscheiden.

Jahrelang habe ich etwas gemacht, und ich bitte dich dringend, es nicht auch zu machen. Ich wälzte mich in der Asche meiner Vergangenheit. Als ich meine Asche schließlich dem Herrn gab, mir eingestand, dass mein Leben ein völliges Durcheinander war, und ihn darum bat, es wieder in Ordnung zu bringen, berief er mich dazu, in seinem Reich zu arbeiten.

Du musst nicht dieselbe Berufung haben wie ich, um ein Segen zu sein. Fange einfach damit an, täglich jedem Menschen, mit dem du in Kontakt kommst, ein Segen zu sein. Beginne genau dort, wo du jetzt gerade bist, und Gott wird dich dahin bringen, wo du sein sollst.

Vielleicht hat Satan deine Ferse zermalmt, aber wenn du es wirklich möchtest und dazu entschlossen bist, dann kannst du seinen Kopf zermalmen.

Verschiedene Arten des Missbrauchs

Unsere Seele, unser Inneres setzt sich, wie gesagt, aus unserem Denken, unserem Willen und unseren Gefühlen zusammen. Oft wird unsere Seele missbraucht, wie unser Körper und unser Geist.

Etwas zu missbrauchen bedeutet, etwas falsch zu gebrauchen, etwas unangemessen zu benutzen. Anders ausgedrückt: Etwas für einen Zweck zu verwenden, für den es nicht bestimmt war.

Es gibt verschiedene Arten des Missbrauchs, wie emotionalen, verbalen, körperlichen und sexuellen Missbrauch. Wir werden jede dieser Arten des Missbrauchs individuell betrachten, obwohl sie häufig in Verbindung miteinander auftreten.

Emotionaler Missbrauch

Emotionaler Missbrauch geschieht, wenn jemand, der von Gott für Liebe und Annahme geschaffen wurde, abgelehnt wird und jemand ihm das Gefühl gibt, ungeliebt, nicht geschätzt oder unwürdig zu sein. Diese Behandlung wird oft eine Auswirkung auf das Selbstbild und das Selbstwertgefühl des Misshandelten haben.

Menschen, die beständig unter emotionalem Missbrauch leiden, verändern schnell ihr Selbstbild und ihre Sicht anderer. Normalerweise wird ihre Fähigkeit, mit anderen anhaltende und gesunde Beziehungen zu entwickeln, eingeschränkt. Weil sie nicht riskieren wollen, noch mehr emotionale Verletzungen und Schmerzen zu erleiden, beginnen sie oft, ihr Verhalten anderen anzupassen.

Verbaler Missbrauch

Als Zweites möchte ich den verbalen Missbrauch nennen.

Menschen gedeihen und wachsen durch Erbauung, Ermahnung und Ermutigung. Segnende Worte können Menschen dazu motivieren, genau das zu werden, wozu Gott sie berufen hat.

Als wir in diese Welt hineingeboren wurden, hatte Gott bereits einen genau auf uns zugeschnittenen Plan vorbereitet. Er wollte uns liebevolle, uns umsorgende Eltern geben, die uns erziehen, uns sein Wort lehren und uns alles geben, was wir brauchen, um in Frieden, Freude und Sicherheit zu leben. Er wollte, dass wir in einem Zuhause aufwachsen, in dem die Familienmitglieder die richtigen Dinge über und zu uns sprechen und uns sagen, dass wir all das werden können, was der Herr für uns vorgesehen hat.

Unser himmlischer Vater hatte niemals vor, dass wir von Menschen erzogen werden, die zu uns sagen: „Du wirst es nie schaffen!" oder „Warum kannst du nicht so sein wie dein Bruder?" oder „Warum schreibst du nicht so gute Noten wie deine Schwester?" oder „Was ist eigentlich los mit dir? Mit dir stimmt doch etwas nicht."

Solche Aussagen verletzen die Seele des Menschen, weil sie verändern, wie er über sich und andere denkt!

Wenn dir deine Eltern oder Lehrer oder andere Autoritätspersonen in deinem Leben während der besonders prägenden Zeit deiner Kindheit beständig solche negativen Dinge gesagt haben, dann wächst du höchstwahrscheinlich mit der Frage auf: „Was stimmt mit mir eigentlich nicht? Warum *kann* ich nicht wie mein Bruder sein? Warum bekomme ich *nicht* so gute Noten wie meine Schwester? Was ist denn bloß mein Problem?"

Ich wurde in meinen frühen Jahren verbal so missbraucht, dass ich mich in meinen 30ern und 40ern immer noch fragte: „Was stimmt mit mir eigentlich nicht?" Das ging so lange, bis der Herr mir diese Frage beantwortete und sagte: „Nichts stimmt mit dir nicht. Mit dir stimmt sogar eine ganze Menge."

Er sagte mir weiter, dass das, was mit mir stimmte, nicht darauf basierte, dass ich mich perfekt verhielt. Ich lernte, dass Gott mich annimmt – nicht etwa, weil ich so gut bin, sondern weil *er* so gut ist. Meine Beziehung zu ihm ist in Ordnung, weil er sich *entschieden* hat, mich in seinen Augen gerecht zu machen.

Der Teufel will nicht, dass wir diese Wahrheit hören. Er hat uns Religion angeboten, also das Befolgen von Regeln und Anweisungen, damit wir unentwegt versuchen, gut genug zu werden, um Gottes Segen zu verdienen. Das Problem dabei ist, dass wir alle Regeln und Gesetze befolgen können und dennoch weder Freude noch Sieg in unserem Leben erfahren.

Ich bin keine Religionslehrerin, ich bin eine Lehrerin des Wortes Gottes. Einer der Gründe, weshalb ich eine so starke Betonung auf die Bibel lege, liegt darin, dass wir in ihr Gottes guten Plan für unser Leben finden.

Die Bibel lehrt uns nichts über Religion, sie lehrt uns über unsere persönliche Beziehung zum Herrn Jesus Christus. Wenn er kommt, um in uns zu leben, empfangen wir seine Natur in unserem Geist (vgl. 1. Jo. 3, 9). Wir erhalten die Gelegenheit für einen Neuanfang! „Daher, wenn jemand in Christus ist, so ist er eine neue Schöpfung; das Alte ist vergangen, siehe, Neues ist geworden" (2. Kor. 5, 17; *Elberfelder*). Wir haben neues Leben empfangen – wir fangen wortwörtlich neu zu leben an.

Wenn das geschieht, werden wir in unserem Alltag bevollmächtigt, so zu leben, wie es in Philipper 2, 12 geschrieben steht: „… erwirkt (entwickelt, führt bis zum Ziel aus und vollendet) eure eigene Erlösung mit Achtung und Ehrfurcht und Zittern (Misstrauen euch selbst gegenüber, mit ernsthafter Vorsicht, einem empfindlichen Gewissen, seid der Versuchung gegenüber wachsam, weicht ängstlich zurück vor allem, was Gott verärgern und den Namen Christi in Missgunst bringen könnte)."

Wenn wir Gottes Wort lesen und darüber nachsinnen, beginnen wir damit, unseren Sinn zu erneuern, so wie es uns in Römer 12, 2 gesagt wird: „Seid nicht gleichförmig dieser Welt (diesem Zeitalter), [ihren äußerlichen, oberflächlichen Gewohnheiten gleich und an sie angepasst], sondern werdet umgewandelt (verändert) durch die [vollständige] Erneuerung eures Sinnes [durch seine neuen Ideale und seine neue Einstellung], damit ihr [selbst] prüfen könnt, was der gute und passende und vollkommene Wille Gottes ist, was [aus seiner Sicht für euch] gut, passend und vollkommen ist."

Wenn unser Verstand erst einmal durch das Wort Gottes erneuert worden ist, kommt unser Wille wieder in Übereinstimmung mit Gottes Willen und seinem Ziel für unser Leben. Wenn das geschieht, fangen wir an, unsere Gefühle in den Griff zu bekommen. Unsere Seele wird geheilt, sodass wir Gerechtigkeit, Frieden und Freude genießen können, die uns rechtmäßig im Heiligen Geist zustehen (siehe Röm. 14, 17).

Körperlicher Missbrauch

Körperlicher Missbrauch bedeutet nicht nur, dass jemand geschlagen und misshandelt wird. Dazu gehören auch traumatische

Erfahrungen wie allein gelassen, in eine dunkle Kammer geschlossen zu werden oder auch der Entzug von äußerlichen Zeichen der Zuneigung und Annahme.

Es wurde nachgewiesen, dass neugeborene Babys, die keine Berührung bekommen und nicht gehalten werden, körperlich schwach werden, an Blutarmut leiden und sogar erkranken. Wird ihnen über längere Zeit körperliche Zuwendung entzogen, kann das sogar zum Tod führen.

Ich habe einmal gelesen, dass die Frau in der Ehe täglich zwölf bedeutungs- und liebevolle Berührungen ihres Mannes braucht, um aus der Fülle leben zu können und gesund zu sein. Als ich das einmal in einem Eheseminar lehrte, drehte sich eine Frau in der ersten Reihe zu ihrem Mann und sagte: „Du bringst mich um!"

Wir benötigen alle, egal wie alt wir sind, Schutz vor körperlichem Missbrauch. Es ist auch sehr wichtig, dass wir körperlich und emotional geliebt und umsorgt werden.

Sexueller Missbrauch

Schließlich gibt es noch den sexuellen Missbrauch. Man sagt, dies sei die schlimmste Form des Missbrauchs, die beleidigendste, die, die am meisten Schaden anrichtet.

Laut Gottes Plan sollte Sex der größte Ausdruck der Liebe und Hingabe eines Paares in der Ehe sein.

Wenn jemand gegen seinen Willen zu sexuellen Handlungen gezwungen wird, wird diesem Menschen etwas genommen, das er nicht geben wollte. Wenn er pervers missbraucht wird, kann er sowohl in der Seele als auch am Körper anhaltenden Schaden davontragen.

Wenn jemand, insbesondere Kinder, sexuell missbraucht wird, hat das enorme Auswirkungen auf sein Denken, seinen Willen und seine Gefühle. Er wird negativ, misstrauisch, kritisch, richtend, voller Sorgen und unruhig. Oder er wird, was ich einen „tiefsinnigen Denker" nenne: Er will immer über alles nachdenken, er versucht, alles herauszubekommen, und fragt sich ständig: „Wie kann ich mich um mich selbst kümmern? Wie kann ich das Leben so unter Kontrolle bekommen, dass ich nicht mehr verletzt werde?"

Tiefsinniges Denken

Ich war auch so eine „tiefsinnige Denkerin". Das Problem dabei ist, dass man nie dazu kommt, sein Leben zu genießen.

Es gibt viele Dinge in diesem Leben, die wir niemals herausfinden werden, egal, wie lange und wie sehr wir es versuchen. Wir müssen uns von der „Selbst-Fürsorge" abwenden und Gott mit dem Leben, das er uns gegeben hat, das tun lassen, was er für uns und mit uns tun möchte.

Wer wie ich auf die eine oder andere Weise missbraucht wurde, verbringt viel Zeit damit, zu versuchen, dafür zu sorgen, dass man nicht wieder verletzt wird. Dabei vernachlässigt man allerdings andere wichtige Dinge, wie zum Beispiel gesunde, starke Beziehungen zu pflegen. Es ist wirklich so, dass wir niemals eine gute Beziehung mit irgendjemandem haben werden, ohne es zu riskieren, dabei verletzt zu werden.

Ich liebe meinen Mann. Meines Erachtens ist er der beste Mann der Welt. Aber es geschieht trotzdem immer wieder, dass er meine Gefühle verletzt – wie ich auch seine verletze. Manchmal ist er nicht so sensibel, wie ich das gerne hätte, aber ich bin auch nicht so geduldig und verständnisvoll, wie ich es gerne wäre.

Wir können uns in unserem Leben nicht mit Schutzwällen umgeben, die uns vor Verletzungen durch andere Menschen schützen. Wenn wir das tun, sagen wir eigentlich: „Ich lasse dich nicht in mein Leben hinein. Ich schließe dich einfach aus." Wir müssen dabei auch bedenken: Wenn wir andere ausschließen, dann schließen wir uns selbst ein. Wir landen innerlich in einem Gefängnis, das wir uns selbst geschaffen haben. Wir sind dann zwar vom Schmerz geschützt (meinen wir), sind dann aber auch davor „geschützt", Leben und Liebe so zu genießen, wie wir es sollten.

Wenn wir uns vom Rest der Welt abtrennen, um uns davor zu schützen, verletzt zu werden, leiden wir unter dem Schmerz der Einsamkeit und der Isolation ebenso wie unter dem Schmerz der Angst.

Die Schutzmauern unseres Lebens müssen genauso fallen wie die Mauern um Jericho. Nur so konnte das Volk Israel hineinziehen und sein Erbe genießen.

Zum Einreißen dieser Mauern gehört auch, dass wir endlich aufhören, in unserem Leben und dem der anderen nach Perfektion zu streben. Wir müssen aufhören, uns selbst oder andere so darzustellen, als wären wir beziehungsweise sie perfekt.

Wer verletzt wurde, sucht immer nach dem perfekten Partner, dem perfekten Kind, dem perfekten Haus, der perfekten Nachbarschaft, der perfekten Gemeinde, dem perfekten Pastor und so weiter.

Solange wir in diesem Körper wohnen, werden wir die Vollkommenheit, die wir im Leben suchen, nicht finden. All das gehört zu der emotionalen Asche, an der wir uns noch festhalten. Wir müssen sie aufgeben, um das Leben in der Fülle, dem Überfluss und der Freiheit zu leben, die Gott von Anbeginn der Zeiten für uns vorbereitet hat.

Rebellion

… Rebellion ist wie die Sünde der Hexerei und Widerspenstigkeit ist wie Götzendienst …

1. Samuel 15, 23

Wir haben gesehen, wie Missbrauch unser Denken beeinträchtigt, aber wie sieht es mit unserem Willen aus?

Ich glaube, dass ein Großteil der Rebellion durch Missbrauch entsteht. Wenn jemand immer wieder von anderen Menschen verletzt wird, sagt er sich normalerweise irgendwann: „Niemand wird mich jemals wieder herumschubsen. Solange ich lebe, wird mir niemand sagen, was ich zu tun habe. Warum sollte ich mich jemandem unterordnen, wenn ich nicht weiß, ob er das Beste für mich will? Von jetzt an werde ich mich um mich selbst kümmern und meine eigenen Entscheidungen treffen."

Das Endresultat des Missbrauchs sind oft ein starker Eigenwille, Widerspenstigkeit und Rebellion.

Ich weiß aus meiner Erfahrung, dass beständiger Missbrauch auf jemanden mit einem starken Willen Auswirkungen hat, die lange anhalten. Für jemanden mit meiner Persönlichkeitsstruktur ist es die Hölle, jahrelang manipuliert und beherrscht zu werden. In meinem Fall nutzte der Herr diese Erfahrung, um mich für den Dienst zu stärken, damit ich anderen helfen kann, die in derselben Situation gefangen sind.

Das Traurige daran ist, dass die Auswirkungen des Missbrauchs nicht plötzlich enden, wenn man es schafft, der Umgebung, in der der Missbrauch geschieht, zu entfliehen. Oft fühlen sich verletzte, verwundete Menschen zu anderen verletzten, verwundeten Menschen hingezogen. Opfer von lang anhaltendem Missbrauch heiraten oft andere Opfer. Das Ergebnis ist, dass sie sich schließlich gegenseitig verletzen und verwunden. Ihre Kinder übernehmen möglicherweise die Neigung zum Missbrauch, wodurch er von einer Generation zur nächsten weitergegeben wird. Dieser Hang zum Missbrauch wird so lange weitergehen, bis jemand die Blutlinie Jesu zieht und mutig erklärt: „Jetzt reicht es! Dieser Fluch wird nicht weitergehen! Er hört jetzt auf!"

Wenn eine solche Entscheidung getroffen wird, wird der Wille so genutzt, wie Gott es geplant hat – man entscheidet sich, ihm nachzufolgen, auf seinen Wegen zu gehen, und nicht, sinnlos den Gefühlen zu folgen.

Der Mund als Ausdruck der Seele

Wenn jemand meint, er sei Gott wohlgefällig (und befolgt fromm die äußerlichen Gebote seines Glaubens) und hält seine Zunge nicht im Zaum, sondern betrügt sein eigenes Herz, dann ist sein Gottesdienst wertlos (umsonst, fruchtlos).

Jakobus 1, 26

Für diejenigen unter uns, die von neuem geboren sind, hat der Herr Jesus Christus etwas Wunderbares getan. Er hat sich selbst hingegeben, um unsere Seele wie auch unseren Körper und unseren Geist zu erlösen.

Wie wir bereits festgestellt haben, setzt sich unsere Seele aus unserem Denken, unserem Willen und unseren Gefühlen zusammen. Wenn wir uns also den vollen Segen aneignen wollen, den Jesus für uns erkauft hat, müssen wir jede dieser drei wichtigen Bereiche unseres Lebens verstehen.

Als Hilfe auf diesem Gebiet gibt es von mir eine vierteilige Kassettenserie („Die Seele" aus der Serie *Geist, Seele, Körper*) über die Seele und ihre drei Komponenten – plus den Mund, der die verbale Ausdrucksform unserer Seele ist.

Solange der Mund nicht unter Kontrolle gebracht und dem Herrn untergeordnet wird, kann man nicht sagen, dass die Seele – das Denken, der Wille und die Gefühle – völlig erlöst und wiederhergestellt ist.

Unterordnung ist Kraft im Griff

Seid einander untertan aus Achtung vor Christus (dem Messias, dem Gesalbten).

Epheser 5, 21

Als ich begann, das Wort Gottes zu studieren, fing der Herr an, sich bei mir mit meiner eigenwilligen und dickköpfigen Haltung zu befassen, besonders wenn es darum ging, sich der Autorität anderer unterzuordnen.

Nach einer gewissen Zeit wurde er sehr ernst. Wenn du genauso dickköpfig bist, wie ich es war, dann weißt du, dass er manchmal sehr ernsthaft mit uns reden muss – und das tat er dann schließlich auch.

Eines Morgens saß ich in meinem Schlafanzug da und betete dafür, dass mein Dienst wachsen würde. Da sprach der Herr zu mir: „Joyce, ich kann wirklich nichts mehr für deinen Dienst tun, bis du nicht das tust, was ich dir bezüglich deines Mannes gesagt habe. Du zollst ihm nicht den angemessenen Respekt. Du streitest mit ihm über triviale Dinge, Sachen, die du einfach loslassen und vergessen solltest. Du hast eine eigenwillige, widerspenstige und rebellische Haltung. Ich habe mich diesbezüglich immer wieder mit dir befasst, aber du hörst einfach nicht."

Viele von uns haben dieses Problem. Wir meinen, dass wir dem Wort Gottes gehorchen, und wundern uns, warum wir nicht im Segen des Bundes leben, der uns verheißen ist. Wie wir bereits gesehen haben, reicht es nicht aus, das Wort Gottes nur zu lesen oder es zu lernen und zu bekennen. Wir müssen Täter des Wortes sein. Im Tun des Wortes wird der Segen freigesetzt.

Ich hatte Probleme damit, mich unterzuordnen, weil ich solch einen starken Willen besaß, da ich als Kind missbraucht worden war.

Ich will dir ein Beispiel geben.

Eines Morgens stand ich auf und duschte mich in dem neuen Badezimmer, das Dave gerade neben unserem großen Schlafzimmer eingebaut hatte. Da er noch keinen Handtuchhalter angebracht hatte, legte ich mein Handtuch auf den Toilettendeckel und wollte in die Duschkabine steigen.

Dave sah, was ich machte, und fragte mich: „Warum hast du das Handtuch da hingelegt?"

Sofort konnte ich spüren, wie meine Gefühle in Wallung gerieten.

„Was ist denn bitte das Problem?", fragte ich mit einem sarkastischen Unterton.

Dave, der Ingenieur ist, antwortete mit seiner typisch mathematischen Logik: „Nun, da wir noch keinen Duschvorleger haben, wäre es gut, wenn du das Handtuch vor die Duschtüre legst, damit kein Wasser auf den Teppich tropft."

„Und was macht es aus, wenn ein bisschen Wasser auf den Teppich kommt?", fragte ich genervt.

Da Dave spürte, in welcher Verfassung ich mich befand, gab er einfach auf, zuckte mit den Schultern und ging weg.

Ich tat anschließend, was Dave zu mir gesagt hatte, aber ich war wütend und warf das Handtuch auf den Boden. Ich tat das Richtige, aber ich tat es mit der falschen Einstellung.

Gott möchte uns dahin bringen, dass wir das Richtige mit der richtigen Einstellung tun.

Als ich dann, nachdem ich das Handtuch auf den Boden geworfen hatte, in die Dusche trat, kochte ich vor Wut.

„Das kann doch einfach nicht wahr sein", regte ich mich auf. „Ich kann mich nicht einmal in Frieden duschen! Warum kann ich denn nichts tun, ohne dass mir jemand sagt, was ich tun soll?"

Ich war genervt und das ging so weiter.

Obwohl ich Christ war und sogar schon geraume Zeit im geistlichen Dienst tätig war und zu anderen predigte, fehlte es mir an Selbstbeherrschung, um mein Denken, meinen Willen und meine Gefühle in den Griff zu bekommen. Ich brauchte drei volle Tage, bis sich meine Seele beruhigt hatte und ich endlich den Sieg über dieses Handtuch bekam!

Damals fehlte mir auch etwas, woran es dem gesamten Leib Christi mangelt: emotionale Ausgeglichenheit und Stabilität.

Emotionale Ausgeglichenheit und Stabilität

Ausgeglichenheit und Stabilität zu entwickeln, gehört zur Wiederherstellung der Gefühle.

Wenn jemand, der missbraucht wurde, Gefühle des Verlustes, der Unzulänglichkeit, der Schuld oder des Versagens hat, ist nicht nur sein Denken und sein Wille angegriffen, sondern auch seine Gefühle. Aber Dank sei Gott, Jesus kam, um unsere Gefühle zu heilen.

Ich war früher emotional sehr labil. An einem Morgen wachte ich auf und war übermäßig begeistert, weil an diesem Tag etwas Besonders geschehen würde. Am nächsten Tag wachte ich auf und war zutiefst deprimiert, weil ich nichts hatte, worauf ich mich hätte freuen können. Tag für Tag gingen meine Gefühle rauf und runter, stündlich oder von Minute zu Minute, je nachdem, wie sich gerade meine Laune veränderte.

Wenn mein Mann nach Hause kam, rannte ich an einem Tag zu ihm, warf meine Arme um ihn, küsste und drückte ihn. Doch am nächsten Tag konnte es sein, dass ich bereit stand, ihm etwas an den Kopf zu werfen. Meistens hatte meine Reaktion überhaupt nichts damit zu tun, ob er etwas getan oder nicht getan hatte. Alles hing von meinem emotionalen Zustand ab.

Auch wenn du nie missbraucht wurdest oder mental und emotional nie so labil warst wie ich, wir alle müssen kontinuierlich wiederhergestellt werden, damit wir in unserem Leben ausgewogen und stabil sein können.

Was auch immer deine Erfahrungen oder Umstände sein mögen, unterstelle dein Denken, deinen Willen und deine Emotionen dem Herrn und erlaube ihm, sie gesund zu machen, damit du den guten Plan, den er schon vor deiner Geburt für dich hatte, erfüllen kannst.

8

In Scham verwurzelt

Wenn du ein bisschen Ahnung von der Gartenarbeit hast, dann weißt du, dass eine bittere Wurzel immer bittere Frucht hervorbringt.

Wenn du mit deiner Einstellung Probleme hast, mit deinem Benehmen, mit deinen Beziehungen zu anderen, dann kann es gut sein, dass dein Problem tiefer sitzt.

Als ich 18 Jahre alt war, verließ ich mein Umfeld, das von Missbrauch geprägt war. Da ich die Ursache meines Elends geografisch gesehen hinter mir gelassen hatte, war ich der Meinung, dass es auf mich keine Auswirkungen mehr haben würde. Jedoch wurde mir schon bald klar, dass es mich doch noch gefangen hielt, obwohl die Ursache in gewissem Sinne aus meinem Leben entfernt worden war.

Obwohl sich meine äußeren Umstände verändert hatten, hatte ich mich innerlich nicht verändert. Obwohl ich von neuem geboren worden und zu einer neuen Schöpfung in Christus geworden war, war meine Seele immer noch in der Scham verwurzelt.

Eine neue Schöpfung mit alten Wurzeln

Daher, wenn jemand in Christus (den Messias) [eingepfropft] ist, ist er eine neue Schöpfung (ein ganz neues Geschöpf); das Alte [der alte moralische und geistliche Zustand] ist vergangen. Siehe, das Frische und Neue ist gekommen!

2. Korinther 5, 17

Manche Menschen sagen: „Seit ich von neuem geboren bin, bin ich eine neue Schöpfung in Christus. Nerve mich nicht mit Dingen aus der Vergangenheit, ich will es nicht hören. Ich bin all dem gestorben. Es hat keinen Einfluss mehr auf mich."

Auch ich bin von neuem geboren und eine neue Schöpfung in Christus geworden. Auch ich glaube, was der Apostel Paulus uns hier in diesem Vers sagt. Aber ich glaube auch, dass wir nicht nur wissen müssen, was da *steht*, sondern auch, was es *bedeutet*.

Um völlig verstehen zu können, was Paulus in diesem Vers sagt, studierte ich ihn für diese Ausarbeitung genauer. Als ich das griechische Wort, das hier mit „neu" übersetzt wird, nachschlug, fand ich heraus, dass es sich auf etwas beziehen kann, das einem neuen oder anderen Zweck geweiht wird.[1]

Wenn wir von neuem geboren werden, widmet Gott uns einem neuen, anderen Zweck, und zwar dem, den er ursprünglich für uns vorgesehen hat. Man könnte auch sagen, dass wir eine völlig neue Gelegenheit zum Dienst erhalten.

Wenn Christus kommt, um in uns zu leben, wird ein unvergänglicher Same in uns gepflanzt. Alles, was wir benötigen, um völlig gesund, ganz wiederhergestellt zu werden, ist in ihm. Und wenn es in ihm ist, dann ist es auch in uns. Aber es kommt in der Form eines Samens. Und Samen müssen bewässert und ernährt werden, damit sie wachsen und Frucht bringen.

Zwei Menschen können zur selben Zeit von neuem geboren werden. Der eine bringt große Frucht hervor, der andere überhaupt keine. Der Grund dafür ist, dass der eine den Samen, der in ihn gepflanzt wurde, bewässert und ernährt hat, während der andere dies nicht getan hat.

Wie kann es sein, dass von zwei Menschen, die vor zehn Jahren demselben Umfeld voller Missbrauch entflohen sind, der eine im Sieg lebt, während der andere gar keine Fortschritte macht?

Der Grund dafür ist, dass der eine das getan hat, was er tun sollte, und der andere nicht.

Wir können von neuem geboren sein, aber wenn wir Gottes Wort nicht lesen und danach handeln, werden wir nie all das genießen, das Gott für uns hat. Nur wenn wir Gottes Wort gehorchen, wird es bleibende Auswirkungen auf uns haben.

Ich war von neuem geboren. Ich war eine neue Schöpfung in Christus. Mir war die völlig neue Gelegenheit gegeben worden, für den Herrn zu leben und viel gute Frucht zu bringen. Doch ich brachte verdorbene Frucht. Warum? Weil trotz des guten Samens meine Wurzeln schlecht waren.

Ich kontrollierte und manipulierte. Meine Gefühle waren unkontrolliert. Ich war niedergeschlagen, war Gefühlsschwankungen unterworfen, hatte eine falsche innere Einstellung, ein schreckliches Selbstbild und starke Minderwertigkeitskomplexe. Ich konnte weder mich noch jemand anders leiden.

Doch dies alles rührte nicht daher, dass ich nicht von neuem geboren war oder noch nicht die Gelegenheit erhalten hatte, Gottes guten Plan für mein Leben zu erfüllen. Der Grund war, dass meine Seele noch nicht verändert war, obwohl ich geistlich eine neue Schöpfung geworden war.

Das Traurige daran ist, dass ich wusste, wie ich war. Ich wusste nur nicht, *warum* ich so war. Ich liebte Gott und wollte ihm nicht missfallen. Ich liebte meinen Ehemann und wollte nicht gemein, verletzend oder respektlos sein. Ich wäre so gerne eine liebevolle, freundliche, nette, sanfte und liebende Ehefrau gewesen.

Gequält von der Last meiner Probleme fragte ich Gott: „Herr, was ist mit mir nicht in Ordnung?" Doch ganz gleich wie sehr ich versuchte, mich äußerlich zu verändern, um ein süßer Wohlgeruch für den Herrn zu werden, war ich innerlich voll verdorbener Frucht, deren Gestank jeder, der mit mir in Kontakt kam, riechen konnte. Obwohl ich ein Baum sein wollte, der gute Frucht bringt, konnte ich es nicht, weil ich in mir eine Wurzel der Bitterkeit hatte. Und eine bittere Wurzel bringt immer bittere Früchte hervor.

Der schlechte Baum

Denn jeden Baum erkennt man an seinen Früchten, anhand dieser kann er identifiziert werden; denn Feigen sammelt man nicht von Dornbüschen, auch pflückt man von einem Dornenzweig keine Traubenrebe. Der aufrichtige (ehrenhafte, an sich gute) Mensch bringt aus dem guten Schatz in seinem Herzen das Aufrichtige (Ehrenhafte, an sich Gute) hervor; der böse Mensch bringt aus dem bösen Aufbewahrungsort das hervor, was verdorben (böse) ist, denn aus der Fülle (dem Überfluss) des Herzens redet sein Mund.

Lukas 6, 44–45

Stell dir einen Baum mit seinen Wurzeln, seinem Stamm und seinen Zweigen vor. Stell dir vor, es ist ein Obstbaum, der seine Frucht hervorbringt.

Jesus sagt, dass jeder Baum an seiner Frucht erkannt wird. Stell dir vor, du schaust dir einen Obstbaum an, der alle üblen Dinge darstellt, die im Leben eines Menschen, der Probleme mit seinen Gefühlen hat, produziert wurden. Wenn du dir die Wurzeln dieses Baumes ansiehst, wirst du Ablehnung, Missbrauch, Schuld, Pessimismus und Scham finden.

Wenn du mit irgendeinem dieser Dinge in deinem Leben Probleme hast, liegt das daran, dass etwas in deinen Gedanken Wurzeln geschlagen hat, das jetzt bittere Frucht bringt. Das kann daran liegen, dass deine Eltern oder andere Menschen Bilder vermittelt haben, die falsch sind. Vielleicht leidest du unter den schlechten Vorbildern, denen du früher ausgesetzt warst.

Wenn dir in deiner Kindheit oder Jugend von deinen Eltern, Lehrern oder anderen Autoritätspersonen immer wieder gesagt wurde, du seist schlecht und für nichts zu gebrauchen, mit dir würde etwas nicht stimmen, du könntest gar nichts richtig machen und du würdest es nie zu etwas bringen, dann hast du vielleicht begonnen, das zu glauben. Wahrscheinlich hat Satan diese Aussagen verstärkt, indem er sie dir immer wieder ins Gedächtnis gerufen hat, bis sie Teil deines Selbstbildes wurden, sodass du schließlich äußerlich so geworden bist, wie du dich innerlich selbst gesehen hast.

Es wurde nachgewiesen, dass Menschen, die etwas, das sie betrifft, fest genug glauben, tatsächlich beginnen, sich entsprechend zu verhalten. Die Wurzeln des schlechten Baumes, den man sich vorstellt, bringen die schlechte Frucht hervor, die zu ihm gehört.

Eine der schlechten Früchte des schlechten Baumes ist Scham.

Normale Scham und verwurzelte Scham

Den ganzen Tag ist meine Schande vor mir, und Scham hat mir mein Gesicht bedeckt.

Psalm 44, 16 (*Elberfelder*)

Wenn Scham in dir verwurzelt ist, dann musst du dir darüber im Klaren sein, dass Scham neben der Schuld eine weitere schlechte Wurzel des vorhin erwähnten Baumes ist. Es gibt einen Unterschied zwischen normaler Scham und verwurzelter Scham.

Wenn ich beispielsweise in einem vornehmen Restaurant ein Glas Wasser umstoße, schäme ich mich, es ist mir peinlich, weil ich vor allen Leuten etwas vermasselt habe, und das ist ganz normal. Doch ich kümmere mich um die Situation und mache ganz normal weiter. Dieser Vorfall wird mein Leben nicht beeinflussen.

Im Garten Eden schämten Adam und Eva sich, weil sie entdeckten, dass sie nackt waren. Also machten sie sich Schürzen aus Feigenblättern, um sich zu bedecken. Auch das war eine normale Reaktion.

Wenn wir Fehler machen oder sündigen, fühlen wir uns eine Zeit lang schlecht, bis wir Buße tun und uns vergeben wurde. Dann sind wir fähig, den Vorfall hinter uns zu lassen und weiterzugehen, ohne bleibenden Schaden zu erleiden.

Ist aber jemand in Scham verwurzelt, so beeinflusst das sein ganzes Leben. Er schämt sich nicht nur für das, was er getan hat, sondern auch für das, was er ist.

Wenn beispielsweise ein Kind vom Vater sexuell missbraucht worden ist, kann es sein, dass es sich zunächst für das, was ihm zugestoßen ist, schämt. Doch wenn dieser Missbrauch über einen längeren Zeitraum anhält, wird eine Veränderung eintreten. Das Mädchen wird diese traumatische Situation verinnerlichen und sich nicht mehr nur für das schämen, was ihm zustößt, sondern es wird sich auch seiner selbst schämen.

Es mag sich dann fragen: „Was stimmt mit mir nicht, dass mein Vater mir das antut? Was ist mein Fehler, der ihn dazu bringt, mich so zu behandeln?"

Ein Kind hat nicht die Kapazität eines Erwachsenen, den Vorgang zu betrachten und demjenigen die Schuld zu geben, den sie trifft. Ein junges Mädchen kann vielleicht nicht zwischen dem unterscheiden, was ihm zustößt und wer es selbst ist. Es mag sogar denken, dass es sein eigener Fehler ist und es selbst die Ursache ist, dass sein Vater es missbraucht. Wenn es so denkt, dann wird sein Selbstbild dadurch stark beeinflusst.

So war ich auch einmal. Ich war so lange abgelehnt und missbraucht worden, dass ich dachte, mit mir sei etwas nicht in Ordnung.

Dank sei Gott, dass er mich aus all dem befreit hat. Wenn ich jetzt einen Fehler mache, zermartere ich mir vielleicht eine Zeit lang den Kopf, wie wir es alle tun, doch dann trage ich diese Angelegenheit nicht länger mit mir herum und überlege nicht, was mit mir nicht stimmt. Mir wird klar, dass ich einen Fehler gemacht habe, aber ich schäme mich nicht für mich, weil ich nicht perfekt bin.

Wenn mir andere Menschen etwas antun, gehe ich nicht automatisch davon aus, dass es mein Fehler ist, dass ich so unwürdig bin. Ich schäme mich dann nicht, denke nicht, dass ich nicht gut bin oder dass ich es verdiene, falsch behandelt zu werden.

Der Stamm

Wenn jemand in Scham verwurzelt ist, wird er früher oder später am Stamm hochschauen und, vielleicht unbewusst, denken: „Mein wahres Ich ist nicht annehmbar, weil ich so viele Fehler habe, deshalb setze ich besser eine Fassade auf."

Wie viele von uns gehen durchs Leben und versuchen mit aller Gewalt, etwas zu sein, das wir in Wirklichkeit gar nicht sind, versuchen alle zu beeindrucken, und werden dabei so verwirrt, dass wir nicht mehr wissen, wer wir eigentlich wirklich sind.

Aus Angst davor, jemand könnte unser wahres Ich entdecken, versuchen wir oft, einem Menschen, einer Menschengruppe gegenüber etwas Bestimmtes darzustellen und anderen gegenüber etwas völlig anderes. Wegen unserer Angst vor Ablehnung oder Spott verbringen wir unser ganzes Leben in dem Versuch, so zu sein, wie wir denken, dass uns alle anderen gerne hätten. Wir wissen dann gar nicht mehr, wer wir wirklich sind, und fühlen uns am Ende ganz elend.

Wenn wir den Eindruck haben, dass unser wahres Ich nicht angenommen wird, kann es sein, dass wir anfangen, unsere wahren Gefühle zu verstecken. Manche Menschen werden so geschickt darin, ihre wahren Gefühle zu verbergen, dass sie emotional einfrieren und unfähig werden, irgendwelche Gefühle zu zeigen, weil es für sie zu schmerzhaft wäre.

Viele Männer wollen ihre Verwundbarkeit, Sanftheit und Feinfühligkeit nicht zeigen, weil sie befürchten, dass sie dadurch schwach oder feige erscheinen könnten. Statt also ihre wahren Gefühle zu zeigen, setzen sie eine Machofassade auf, die das Problem nur verdeckt und ihnen und anderen Schmerz zufügt – besonders der eigenen Frau.

Meines Erachtens ist es jetzt an der Zeit, dass wir unsere Masken fallen lassen und sind, wer wir sind. Es ist an der Zeit, mit diesen Rollenspielen aufzuhören. Wir müssen dem Heiligen Geist erlauben, uns zu zeigen, wer wir wirklich sind. Dann müssen wir uns selbst und anderen gegenüber ehrlich und offen sein, statt immer Angst davor zu haben, was die Menschen über uns denken werden, wenn wir unser wahres Wesen und unseren wahren Charakter offenbaren.

Unser „Liebestank"

[Ich bete,] dass der Christus durch den Glauben in euren Herzen wohne und ihr in Liebe gewurzelt und gegründet seid.

Epheser 3, 17 (*Elberfelder*)

Jeder von uns wurde mit einem „Liebestank"[2] geboren. Wenn unser Tank leer ist, sind wir in Schwierigkeiten.

Bereits von dem Moment unserer Geburt an müssen wir Liebe empfangen. Und dann müssen wir sie weiterempfangen – und weitergeben – bis zu dem Tag, an dem wir sterben.

Manchmal gelingt es Satan, die Dinge so zu arrangieren, dass wir statt Liebe Missbrauch erfahren. Wenn dieser Missbrauch anhält, verhungern wir vor lauter Liebesmangel und werden emotional verstümmelt. Dadurch werden wir unfähig, gesunde

Beziehungen aufrechtzuerhalten. Viele Menschen entwickeln Verhaltensmuster der Abhängigkeit. Wenn sie aus sich selbst keine guten Gefühle bekommen können, suchen sie woanders danach.

Wir müssen verstehen, dass Menschen ein gewisses Maß an guten Gefühlen brauchen. Wir sind dazu geschaffen worden, gute Gefühle zu haben, wenn es um uns selbst geht. Wir können nicht konstant voller Schmerzen, verwundet und mit schlechten Gefühlen leben. Wir sind einfach nicht für so ein Leben geschaffen und ausgerüstet worden. Um diese guten Gefühle zu finden, wenden sich viele Menschen Sex, Drogen, Alkohol, Zigaretten, Essen, Geld, Macht, Glücksspielen, Arbeit, Fernsehen, Sport und vielen anderen Dingen zu, nach denen man süchtig werden kann. Sie versuchen, die guten Gefühle zu bekommen, die ihnen in ihrem Inneren und ihren Beziehungen fehlen.

Sogar viele Christen empfangen keine guten Gefühle aus ihren Beziehungen. Sie leben mechanisch, genießen ihr Leben aber wegen dem, was ihnen zugestoßen ist, nicht wirklich, sie sind dessen beraubt worden, was sie wirklich brauchen: Liebe.

Die gute Nachricht ist, dass wir ungeachtet dessen, was uns in der Vergangenheit zugestoßen sein mag, das, was uns geraubt wurde, vom Herrn bekommen können. Er ist unser Hirte, also wird es uns an nichts mangeln (siehe Ps. 23, 1). Er hat uns versprochen, uns nichts Gutes vorzuenthalten (siehe Ps. 84, 12).

Wenn wir in unserer Kindheit nicht ausreichend Liebe empfangen haben und wenn wir auch jetzt nicht genügend Liebe bekommen, müssen wir dennoch nicht für den Rest unseres Lebens mit einem leeren Liebestank durchs Leben gehen. Auch wenn es keinen Menschen auf dieser Erde gibt, der uns liebt, so werden wir doch von Gott geliebt. Wir können in seiner Liebe verwurzelt und gegründet werden und müssen nicht in den gleichen Dingen verwurzelt sein wie der schlechte Baum.

Schlechte Frucht

Wir haben gesehen, dass eine bittere Wurzel bittere Früchte hervorbringt und dass einige der Früchte am schlechten Baum Ablehnung, Missbrauch, Schuld, Pessimismus und Scham sind. Depression, Minderwertigkeitskomplexe, ein Mangel an Selbstbewusstsein, Wut, Hass, Selbstmitleid und Feindseligkeit sind weitere schlechte Früchte dieses schlechten Baumes.

Wir haben einige dieser schlechten Früchte wie zum Beispiel Missbrauch, Scham, Selbstmitleid und Depression näher betrachtet. Nun wollen wir unseren Blick auf das lenken, was die Bibel über schlechte Früchte wie Zorn und Feindseligkeit zu sagen hat, und darauf, wie sie gemeinsam in der Scham verwurzelt sind.

Sorge dich nicht!

Entrüste dich nicht über die Übeltäter, beneide auch nicht die, welche Ungerechtigkeit (das, was vor Gott nicht aufrichtig und wahrhaftig ist) vollbringen. Denn wie Gras werden sie verdorren und wie das grüne Kraut schnell verwelken. Vertraue auf den Herrn (stütze dich auf ihn, verlass dich auf ihn und sei zuversichtlich) und tue Gutes; dann wirst du im Land wohnen und dich an Gottes Treue nähren, und wahrlich, du wirst genährt werden. Erfreue dich auch am Herrn, und er wird dir die Wünsche und geheimen Anliegen deines Herzens erfüllen. Befiehl dem Herrn deinen Weg [wälze und lege jede Sorge deiner Last auf ihn]; vertraue auf (stütze dich auf, verlass dich auf) ihn, und er wird es zustande bringen. Er wird deine Gerechtigkeit aufgehen lassen wie das Licht und dein Recht wie die [die Sonne zur] Mittagszeit.

Psalm 37, 1–6

Als mein Mann und ich vor mehr als 30 Jahren heirateten, schrieb meine Schwiegermutter den fünften Vers dieses Psalms vorne in die Bibel, die sie mir schenkte – obwohl sie damals gar nichts über mich wusste.

Es war genau die Schriftstelle, die ich zum Leben brauchte, weil ich in der Vergangenheit so viel erlitten hatte. Wegen dem, was mir angetan worden war, und der Folgen daraus für mein Leben, sorgte ich mich sehr viel, man hätte mich geradezu „Schwester Sorge" nennen können. Ich musste dringend aufhören, mich zu sorgen, und anfangen, loszulassen. Ich musste meine Wege dem Herrn anbefehlen und ihm erlauben, die vollständige Heilung und Wiederherstellung herbeizuführen.

Wenn du verletzt und verwundet bist, wenn du deine Gefühle nicht mehr im Griff hast, wenn du die schlechte Frucht der schlechten Wurzeln deiner Vergangenheit erntest, dann tue das, was ich getan habe: Höre auf, dich zu sorgen, und fange an, loszulassen.

Lies täglich diese Verse und denke über sie nach. Lass sie deiner geplagten Seele mit Gottes Gnade, Liebe und Erbarmen dienen. Befiehl dem Herrn deine Wege an. Wälze deine Sorgen und Ängste auf ihn. Setze deinen Glauben auf und deine Zuversicht in ihn. Vertraue ihm und verlasse dich darauf, dass er deine Verletzungen und Schmerzen wegnehmen und dich emotional völlig wiederherstellen wird.

Reg dich nicht mehr auf

Sei still und ruhe im Herrn; harre auf ihn und stütze dich geduldig auf ihn; ärgere dich nicht wegen dem, der auf seinem Weg erfolgreich ist, dem Mann, der böse Pläne umsetzt. Lass ab vom Ärger und entsage dem Zorn; entrüste dich nicht; es führt nur zum Bösestun.
Psalm 37, 7–8

Manchmal fällt es uns schwer, uns nicht aufzuregen, besonders wenn es so scheint, als gehe es dem Menschen, der uns verletzt oder missbraucht hat, später besser als uns.

Ich denke beispielsweise an Frauen, deren Männer sie wegen einer anderen Frau verlassen haben. Es mag so aussehen, als hätten sie nun ein glückliches Leben und Erfolg trotz all der Dinge, die sie getan haben und trotz all der Schmerzen, die sie verursacht haben.

Doch dieser Psalm zeigt uns, dass das nicht das Ende ist.

Im achten Vers fährt der Psalmist damit fort, uns zum dritten Mal zu ermahnen, dass wir uns nicht aufregen sollen. Da dies so häufig wiederholt wird, muss es sich um einen wichtigen Punkt handeln, den wir beachten und lernen müssen.

Warum wird uns befohlen, von unserem Zorn abzulassen? Weil er nur zu Bösem führt.

Statt unseren geplagten Gefühlen nachzugeben und Rachepläne gegen die zu schmieden, die uns falsch behandelt oder verletzt haben, sollten wir still sein, im Herrn ruhen und geduldig darauf warten, dass er handelt. Wenn Rache erforderlich ist, wird er sich darum kümmern. Wir müssen uns nicht selbst an unseren Feinden rächen, weil Gott dies für uns tun wird.

Wir sollen uns nicht aufregen oder gar versuchen, jemandem etwas heimzuzahlen. Stattdessen sollen wir in dem Wissen, dass wir am Ende gewinnen werden, sanftmütig bleiben.

Die Sanftmütigen werden das Land erben

Denn die Übeltäter werden ausgerottet; aber die auf den Herrn harren und hoffen und schauen, werden [letztendlich] die Erde erben. Denn nur noch eine kurze Zeit und der Übeltäter wird nicht mehr sein; auch wenn du dich dort, wo er gewesen ist, genau umsiehst,

*wirst du ihn nicht finden. Aber **die Sanftmütigen wer-**
den [letztendlich] **die Erde erben** und sich erfreuen an
der Fülle des Friedens.*

Psalm 37, 9–11

Vers 9 sagt uns nicht nur, dass die Übeltäter ausgerottet werden, sondern dass die, die auf den Herrn warten und hoffen, das Land erben werden. Vers 10 wiederholt die Aussage, dass die Übeltäter die Konsequenzen ihrer Taten ernten werden. In Vers 11 sehen wir wieder, dass die Sanftmütigen das Land erben werden.

Jesus bezieht sich in der Bergpredigt auf diese Passage des Alten Testaments: „Gesegnet (glücklich, fröhlich, freudig, geistlich wohlhabend – voller Lebensfreude und zufrieden wegen der Gunst und Errettung Gottes, unabhängig von ihren äußeren Umständen) sind die Sanftmütigen (die Sanften, Geduldigen, Langmütigen), denn *sie werden die Erde erben!*" (Mt. 5, 5).

Sind wir Arbeiter oder Erben? Versuchen wir, selbst alle Dinge in Ordnung zu bringen, oder harren wir auf den Herrn und lassen ihn alles zum Besten wirken?

Regen wir uns auf oder sind wir sanftmütig?

Sanftmut als gesunder Mittelweg

Das griechische Wort *praus*, das in Matthäus 5, 5 mit „Sanftmut" übersetzt wird, bedeutet „mild" oder „demütig".[3] Die substantivische Form dieses griechischen Wortes lautet *prautes* und bedeutet „Milde, Demut oder Sanftmut"[4].

W. E. Vine sagt in seinem Wörterbuch des Alten und Neuen Testaments: „… Sanftmut ist das Gegenteil von selbstbestimmten Durchsetzungsvermögen und Eigeninteresse; sie bezeichnet eine Ausgeglichenheit, man ist weder in Hochstimmung noch niedergeschlagen, denn man beschäftigt sich überhaupt nicht mit sich selbst."[5]

Ich hörte einmal, dass Aristoteles *prautes* (also Sanftmut) als den Bereich zwischen emotionalen Extremen bezeichnete. In diesem Fall beschreibt dieses Wort die Ausgewogenheit, die wir im Zorn beibehalten sollen.

Wie wir bereits gesehen haben, sind einige Menschen in Bitterkeit verwurzelt wegen der Dinge, die ihnen in der Vergangenheit zugestoßen sind. Sie lassen zu, dass sich Bitterkeit, Zorn und Feindseligkeit abnormal äußern.

Ich war auch so. In mir hatten sich alle möglichen Gefühle aufgestaut und ich wusste nicht, wie ich sie richtig herauslassen sollte. Ich wusste nicht, wie ich sie dem Herrn übergeben sollte.

Ich wusste noch nicht einmal, über wen ich mich aufregen sollte. Alles, was ich wusste, war, dass ich zornig und verletzt war. Ich hatte die Nase voll davon, von anderen herumgestoßen und falsch behandelt zu werden. Und ich war entschlossen, mir von niemandem mehr etwas gefallen zu lassen.

Ich war zornig, doch nicht auf den Richtigen. Ich war sauer auf Menschen, sogar auf mich selbst, statt auf die wahre Quelle meines Problems zornig zu sein, nämlich auf den Teufel und seine Dämonen (siehe Eph. 6, 12).

Weil ich so mit unterdrücktem Zorn und Feindseligkeit angefüllt war, stand ich immer kurz vor dem „Explodieren". Es musste mir nur jemand komisch kommen, man musste mich nur reizen, es reichte, dass etwas nicht richtig lief, und schon war ich im Begriff, „hochzugehen".

Das ist eine extreme Form des Zorns; eine andere ist es, sich niemals über jemanden oder etwas zu ärgern, egal was geschieht.

Manche Menschen sind so schüchtern und eingeschüchtert, dass sie generell davon ausgehen, dass sie selbst schuld sind, ganz gleich, was ihnen zustößt oder wie schlecht man sie auch behandelt. Sie leisten also keinerlei Widerstand.

Wegen ihrer starken Minderwertigkeitskomplexe und mangelnder Selbstachtung denken sie sogar, dass sie es *verdient hätten*, missbraucht und ausgenutzt zu werden. Sie entschuldigen sich also ständig, sogar dann, wenn sie gesund und ausgewogen wütend sein sollten. Sie sind für jeden der Fußabtreter – und Schwämme für alles, was der Teufel und seine Dämonen über sie ausschütten.

Das ist jedoch *nicht*, was die Bibel mit Sanftmut meint.

Wahre Sanftmut

Mose aber war sanftmütiger [sanfter, freundlicher und demütiger] als alle anderen Menschen auf der Erde.
4. Mose 12, 3

Ich glaube, wahre Sanftmut äußert sich darin, zur richtigen Zeit und im richtigen Maß aus dem richtigen Grund zornig zu sein.

Die Bibel sagt, dass Mose der sanftmütigste Mensch der Erde war, als Gott ihn dazu berief, das Volk Israel aus der Gefangenschaft in Ägypten zu führen. Anders ausgedrückt war er fähig, emotional ausgewogen zu sein und nicht in Extreme zu verfallen.

So hatte Mose beispielsweise viel Geduld mit dem Volk Israel. Oft trat er in Fürbitte für sie ein und wandte den Zorn Gottes, den sie wegen ihrer Sünden und ihrer Rebellion auf sich gezogen hatten, von ihnen ab.

Als der von Gott eingesetzte Leiter musste sich Mose jahrzehntelang mit den Nörgeleien, Klagen und dem arroganten Verhalten des Volkes herumschlagen. Ein Volk, dem niemals die Energie auszugehen schien, Moses Geduld und Ausdauer bis aufs Äußerste zu fordern.

Doch als er nach seiner Begegnung mit dem Herrn vom Berg herabstieg und sah, dass sich die Israeliten vor dem goldenen Kalb niedergebeugt und es angebetet hatten, wurde er so zornig, dass er die Gesetzestafeln mit den zehn Geboten auf den Boden warf!

Es gibt Zeiten, in denen Zorn zurückgehalten werden muss, und es gibt Zeiten, in denen Zorn zum Ausdruck gebracht werden muss. Wer weise ist, kennt den Unterschied. Mose handelte in dieser Weisheit und wir sollten es ebenso tun.

Ein sanftmütiger Mensch ist nicht etwa jemand, der niemals zornig ist. Es ist jemand, der nicht zulässt, dass der Zorn, die Wut außer Kontrolle gerät.

Sanftmut bedeutet nicht, gefühllos zu sein. Sie bedeutet, unsere Gefühle im Griff zu haben und sie zum richtigen Zweck in die richtige Richtung zu lenken.

Von Gott adoptiert

Segen (Preis, Ruhm und Lobrede) sei dem Gott und Vater unseres Herrn Jesus Christus (dem Messias), der uns in Christus mit jeder geistlichen (durch den Heiligen Geist gegebenen) Segnung in der Himmelswelt gesegnet hat! Dass er uns [in seiner Liebe] in Christus erwählte [ja, uns für sich selbst als sein Eigentum heraussuchte] noch vor Grundlegung der Welt; dass wir vor ihm heilig (ihm geweiht und für ihn ausgesondert) und tadellos, über jeden Vorwurf erhaben, in Liebe stehen. Denn er hat für uns vorherbestimmt (uns berufen, in Liebe für uns geplant), dass wir durch Jesus Christus adoptiert (offenbart) werden würden als seine eigenen Kinder, wie es seinem Willen entsprach [weil es ihm gefiel und es seine gute Absicht war].

Epheser 1, 3–5

Manche Menschen haben emotionale Probleme, weil sie adoptiert wurden. Da sich ihre biologischen Eltern aus irgendeinem Grund entschieden haben, sie aufzugeben, fühlen sie sich nicht geliebt und angenommen.

Statt sich selbst durch diese Brille zu betrachten, sollten sie darüber nachdenken, dass ihre Adoptiveltern sie wollten und sie liebten, denn sie wählten sie bewusst, um Teil ihrer Familie zu werden.

Laut dieses Abschnittes tat Gott genau das für dich und mich. Er erwählte uns, er suchte uns aus, damit wir zu seinen eigenen, geliebten Kindern würden. Nicht nur das, er tat das sogar schon vor Grundlegung der Welt. Bereits bevor wir überhaupt existierten, hatte er uns erwählt und wir waren ihm geweiht worden. Er tat das, indem er uns absonderte, damit wir in seinen Augen tadellos seien und vor ihm in seiner Liebe ohne jeglichen Vorwurf leben könnten.

Gott berief uns, er plante in seiner Liebe für uns, dass wir als seine eigenen Kinder durch seinen Sohn Jesus Christus adoptiert und offenbart werden würden! Angesichts dieser Erkenntnis sollte unser „Liebestank" überfließen!

Das Problem, das viele Menschen haben, ist, dass sie vor lauter Liebesmangel ausgehungert sind. Statt ihren Wert und ihre Wertschätzung in Gott, ihrem liebenden himmlischen Vater, zu finden, versuchen sie, die Liebe, nach der sie sich so sehr sehnen, aus Quellen zu holen, die dieses Bedürfnis niemals stillen können.

In Psalm 27, 10 schrieb David: „Obwohl mich mein Vater und meine Mutter verlassen haben, nimmt mich der Herr dennoch auf [er adoptiert mich als sein Kind]."

Ist das nicht eine wunderbare Nachricht? Es ist so tröstlich zu wissen, dass, selbst wenn wir aus irgendeinem Grund von unseren irdischen Eltern verlassen wurden, Gott uns doch als seine Kinder auserwählt und adoptiert hat – nicht wegen unserer großen Liebe zu ihm, sondern wegen seiner großen Liebe für uns.

Jetzt, da wir zu ihm gehören, hat er uns versprochen, uns niemals zu versäumen noch zu verlassen, wie das andere vielleicht getan haben. Er wird uns immer lieben, für uns sorgen und sich um uns als seine eigenen, geliebten Kinder kümmern.

Der gute Baum

≈ ≈

*Entweder macht den Baum gut (gesund und einwand-
frei) und seine Frucht gut (gesund und einwandfrei),
oder macht den Baum faul (krank und schlecht),
dann ist seine Frucht faul (krank und schlecht); denn
anhand der Frucht wird der Baum erkannt und bekannt und beurteilt.*

Matthäus 12, 33

Wie wir uns den schlechten Baum und einige seiner Früchte
angesehen haben, werden wir uns jetzt den guten Baum und
einige seiner Früchte ansehen.

Wir finden die Liste dieser Früchte in Galater 5, 22–23:

*Aber die Frucht des (Heiligen) Geistes [was durch seine
Gegenwart in uns geschieht] ist Liebe, Freude (Fröh-
lichkeit), Friede, Geduld (Ausgeglichenheit, Nachsicht),
Freundlichkeit, Güte (Gutmütigkeit), Treue, Sanftheit
(Sanftmut, Demut), Selbstbeherrschung (Zurückhal-
tung, Enthaltsamkeit). Gegen solche Dinge gibt es kein
Gesetz [gegen das verstoßen würde].*

Alle diese guten Früchte entstehen im Leben derjenigen, die
nicht in Scham, sondern in der Liebe Christi verwurzelt und
gegründet sind.

Auch wenn du in Scham verwurzelt bist und all die Früchte
eines schlechten Baumes trägst, so kannst du doch die Blutlinie
Jesu Christi durch alles ziehen und in seiner Liebe verwurzelt
und gegründet werden. Ab diesem Zeitpunkt kannst du wachsen,
normal, heil, gesund und ausgeglichen werden und alle guten
Früchte in deinem Leben hervorbringen.

Liebe dich selbst

≈ ≈

… und du sollst deinen Nächsten lieben wie dich selbst.
Matthäus 19, 19

Meines Erachtens ist heutzutage eines der größten Probleme der Menschen, was sie gegenüber sich selbst empfinden. Viele Menschen in unserer Gesellschaft schätzen sich selbst sehr negativ ein.

Dank meiner Erfahrungen, aus den Seminaren und Veranstaltungen, die ich landauf, landab und im Ausland abgehalten habe, wurde mir klar, dass viele Menschen sehr schlechte Einstellungen und ein negatives Selbstbild haben. Manche sind sich dessen gar nicht mehr bewusst, so lange ist das schon so.

Wir müssen immer wieder eine Bestandsaufnahme bei uns machen.

Hast du das in letzter Zeit mal wieder gemacht? Was denkst du eigentlich über dich selbst? Welche Beziehung hast du zu dir selbst?

Egal, wohin du gehst oder was du in diesem Leben tust, du wirst immer mit dir selbst zu tun haben. Vor dir selbst kannst du nicht fliehen.

Wenn der Herr uns befohlen hat, unseren Nächsten so zu lieben wie uns selbst, dann muss er damit gemeint haben, dass es genauso wichtig ist, uns selbst zu lieben, wie andere zu lieben. Doch es reicht nicht aus, dass wir uns selbst lieben, wir müssen uns auch *mögen*.

Mag dich selbst

Du bist ein Mensch, von dem du dich nie trennen kannst. Wenn du dich selbst nicht magst, hast du ein ernsthaftes Problem.

Ich lernte diese Wahrheit vor einigen Jahren, als ich es fürchterlich schwer hatte, mit anderen Menschen zurechtzukommen. Ich entdeckte, dass der Grund für meine vielen Probleme im Umgang mit anderen darin lag, dass ich mit mir selbst nicht zurechtkam.

209

Wenn du dich selbst nicht magst, dann wird es dir schwer fallen, jemand anders zu mögen. Vielleicht täuschst du es vor, aber dies ändert nichts an der Tatsache. Früher oder später wird die Wahrheit ans Tageslicht kommen.

Jeder sollte ein Kraftwerk Gottes sein und innerlich sowie äußerlich ein ausgeglichenes und harmonisches Leben führen. Damit wir das tun können, müssen wir nicht nur die richtige Einstellung anderen gegenüber, sondern auch uns selbst gegenüber haben. Wir müssen mit unserer Vergangenheit im Reinen, mit unserer Gegenwart zufrieden und uns unserer Zukunft gewiss sein, wohlwissend, dass Gott alles in seiner Hand hält. Wir müssen in der Liebe Gottes, wie sie in seinem Sohn Jesus Christus zum Ausdruck kam, fest, verwurzelt und gegründet sein.

Weil wir in Liebe verwurzelt und gegründet sind, können wir entspannt und erleichtert sein, weil wir wissen, dass unsere Anerkennung nicht von unserer Leistung oder unserem perfekten Verhalten abhängig ist. Wir können sicher sein in dem Wissen, dass unser Wert nicht davon abhängt, was wir denken, sagen oder tun. Er gründet sich darauf, wer wir in Jesus Christus sind.

Weil wir sicher wissen, wer wir in ihm sind, können wir unsere Masken fallen lassen. Wir müssen niemandem mehr etwas vormachen und brauchen nicht mehr den Schein zu wahren. Stattdessen können wir einfach frei, einfach wir selbst sein – sein, so wie wir sind.

Es ist so schön und sehr erleichternd, zu wissen, dass wir nicht durchs Leben gehen und dabei versuchen müssen, andere mit unserer Intelligenz und Vollkommenheit zu beeindrucken. Wenn wir Fehler machen – und das werden wir –, können wir einfach die nötigen Veränderungen vornehmen, ohne uns über uns selbst total aufzuregen. Wir können uns im Herrn entspannen und sicher sein: Er wird dafür sorgen, dass sich trotz unserer Fehler, Schwächen und unseres Versagens alles zum Besten wendet.

Das Schlüsselwort hier lautet: *Entspanne dich!* Lass los und lass Gott tun, was nötig ist, um seinen guten und vollkommenen Plan für dich zu entfalten.

Du musst nicht tagein, tagaus mit einem nagenden Gefühl leben. Lass deine in Scham begründete Vergangenheit hinter dir und lerne, in der Freude und in dem Frieden Gottes zu leben, die er schon vor Grundlegung der Welt für dich vorgesehen hat.

Scham – was ist das?

Fürchte dich nicht, denn du wirst nicht zuschanden werden; sei auch nicht verwirrt und deprimiert, denn du wirst nicht beschämt werden. Denn du wirst die Schande deiner Jugend vergessen und du wirst dich nicht mehr [ernsthaft] an die Schmach deiner Witwenschaft erinnern.

Jesaja 54, 4

In diesem Kapitel haben wir viele verschiedene Facetten der Scham und der Probleme, die sie verursacht, betrachtet. Aber was genau ist Scham im biblischen Sinn?

Ein Wort, das im Alten Testament in diesem Zusammenhang gebraucht wird, lässt den Schluss zu, dass zur Scham Verwirrung, Verlust, Versagen und auch Verdammnis gehören können.

Kein Wunder, dass der Teufel so viele Menschen alles und jeden verdammen lässt.

Es läuft darauf hinaus, dass jemand, der in Scham gegründet ist, sich seiner selbst schämt, sich selbst nicht mag. Das bedeutet nicht nur, dass er nicht mag, was er tut, es bedeutet auch, dass er nicht mag, wer er ist.

Lerne, dich selbst zu mögen

Wir müssen lernen, unser *Tun* von unserem *Sein* zu trennen.

Ich mache nicht immer alles richtig, aber das bedeutet nicht, dass ich kein Kind Gottes bin oder dass er mich nicht liebt. Ich habe in meinem Leben Fehler begangen, und das geschieht weiterhin. Trotzdem mag ich mich selbst.

Wenn du dich selbst magst, auch wenn das sonst niemand tut, dann wirst du es schaffen. Und wenn du beginnst, dich selbst zu mögen, werden andere Menschen beginnen, dich auch zu mögen.

Schau dich jeden Morgen im Spiegel an und sage dir selbst: „Ich mag dich. Du bist ein Kind Gottes. Du bist voll des Heiligen Geistes. Du bist fähig. Du hast Gaben und Talente. Du bist klasse – ich mag dich!"

Wenn du das tust und es wirklich glaubst, wird das beim Überwinden deines in Scham verwurzelten Wesens Wunder wirken. Sich selbst zu mögen, bedeutet nicht, voller Stolz zu sein – es bedeutet ganz einfach, dass wir uns selbst als Gottes Schöpfung annehmen. Wir alle müssen Veränderungen an unserem Verhalten vornehmen, aber wir müssen uns selbst grundsätzlich als jemanden annehmen, den Gott geschaffen hat. Das ist notwendig, wenn wir vorankommen möchten.

Eine in Scham gegründete Wesensart

Viele Menschen leben unter dem Fluch eines Geistes des Versagens. Sie schaffen es nie, das zu tun, was sie sich vorgenommen haben. Sie versagen immer, bringen alles durcheinander, sind immer enttäuscht, entmutigt und deprimiert. Sie mögen nicht, wer sie sind. Der Grund dafür ist eine in Scham gegründete Wesensart.

Ich konnte meine eigene Persönlichkeit sehr lange nicht leiden. Und da meine Persönlichkeit das ist, was ich bin, mochte ich mich selbst nicht. Ich wollte einfach nicht so kühn und unverblümt sein, wie ich es bin. Ich wollte nicht so frei heraus und direkt sein, wie ich es bin.

So versuchte ich lange Zeit, die Frau meines Pastors nachzuahmen. Sie hat die Gabe, wirklich nett, freundlich und sanft zu sein. Mir war allerdings nicht klar gewesen, dass manche Menschen einfach so geboren werden.

Weil ich meine Persönlichkeit und somit auch mich selbst nicht leiden konnte, versuchte ich, mich selbst zu verändern statt Gott das machen zu lassen. Ich versuchte, so zu sein, wie die Frau meines Pastors. Ich versuchte, die perfekte Frau zu sein, die ideale Ehefrau und Mutter, die ihre eigenen Tomaten anpflanzt und einmacht, Marmelade kocht, Kleidung für ihre Familie näht und so weiter.

Aber es funktionierte nicht. Ich versuchte, etwas zu sein, das ich nicht wirklich war. Schließlich musste ich lernen, mich im Spiegel anzusehen und mir zu sagen: „Joyce, ich mag dich genau so, wie du bist, und ich werde mit dir gut auskommen. Ich werde nicht mehr gegen dich sein."

Wenn jemand eine in Scham gegründete Wesensart hat, so wie das bei mir war, wird dieses Wesen zur Wurzel vieler vielschichtiger innerer Probleme. Dazu gehören Depression, Einsamkeit, Isolation und Entfremdung. Alle Arten zwanghaften Verhaltens sind in der Scham verwurzelt: Drogensucht, Alkoholabhängigkeit und andere Abhängigkeiten von chemischen Stoffen; Essstörungen wie Bulimie, Magersucht und Fresssucht; geldbezogene Abhängigkeiten wie zum Beispiel Geiz, Glücksspiele sowie Probleme mit dem Mund wie das Fluchen oder unkontrolliertes Tratschen; und schließlich auch sexuelle Perversionen aller Art – die Liste ist endlos.

Wir haben auch über Menschen gesprochen, die beispielsweise so arbeitssüchtig sind, dass sie das Leben nicht mehr genießen können. Wenn diese Menschen nicht Tag und Nacht arbeiten, haben sie das Gefühl, unverantwortlich zu sein. Viele Menschen sind so, wie ich es auch einmal war: Wenn sie etwas genießen, empfinden sie dabei Schuldgefühle.

Andere wiederum fühlen sich schuldig und klagen sich selbst für alles an, was in ihrem Leben falsch gelaufen ist.

Zu meinem Lehrmaterial gehört auch eine zweiteilige Kassettenserie mit dem Titel: *Breaking the Cycle of Addictions* [Wie man den Teufelskreis der Abhängigkeiten bricht]. Darin untersuche ich einige dieser zwanghaften Verhaltensmuster, von denen so viele Menschen heutzutage geplagt werden.

Eine dieser zwanghaften Abhängigkeiten ist für viele der Perfektionismus, der auch in Scham begründet sein kann. Einige Menschen werden stark von Perfektionismus geplagt, weil sie Missbrauch oder eine andere negative Erfahrung in ihrer Vergangenheit erlebten. Sie versuchen, perfekt zu sein, um die Aufmerksamkeit und Zuneigung zu gewinnen, die ihnen so fehlen.

Diese Menschen bringen sich selbst in eine Position, in der ihr Versagen vorprogrammiert ist. Sie setzen sich selbst übermäßig hohe Ziele, und wenn sie dann versagen, fühlen sie sich schlecht. Sie machen unerreichbare Pläne und machen dadurch sich und alle anderen unglücklich, weil sie ständig herumrennen und versuchen, all das Geplante umzusetzen.

Unsere Tochter Sandra hatte ein Problem mit Perfektionismus. Sie war so perfektionistisch, dass sie sich selbst fast verrückt machte. Sie hatte solch einen unerbittlichen Zeitplan, dass alles in ihrem Tagesablauf minutengenau geplant war. Eines Tages ertappte sie sich dabei, wie sie beim Bügeln mitzählte, weil sie genau geplant hatte, wann jedes Wäschestück fertig sein sollte.

Wenn sie von einem Anruf oder etwas anderem unterbrochen wurde und so aus ihrem genauen Zeitplan kam, wurde sie nervös und regte sich auf. Wenn einer ihrer sorgfältig ausgearbeiteten Pläne schief ging, wurde sie vor Panik und Druck förmlich krank. Ich gebe Gott die Ehre, denn er hat sie freigesetzt, und nun ist sie ein ausgeglichener Mensch.

Das Problem mit dem Perfektionismus ist, dass er beim Menschen zu Minderwertigkeitskomplexen führt, weil er ein an sich unerreichbares Ziel darstellt. Man wird neurotisch. Man übernimmt zu viel Verantwortung und wenn man versagt, schiebt man sich automatisch selbst die Schuld zu. Man denkt, man sei unfähig, weil man seine unvernünftigen Ziele nicht erreichen oder seinen unrealistischen Zeitplan nicht einhalten kann.

Sandra meinte, mit ihr sei etwas nicht in Ordnung, weil sie ihre selbst gesetzten, unrealistischen Ziele nicht erreichen konnte. Schließlich lernte sie, dass die Antriebskraft dahinter dämonischer Druck und nicht etwa Gottes Forderungen waren.

Manchmal führt solch neurotisches Verhalten und solcher Perfektionismus zu einem Selbsthass, der den Weg für alle möglichen Arten körperlicher, mentaler, emotionaler und geistlicher Gefahren bereitet.

All diese schlimmen Dinge sind Beispiele für schlechte Frucht von dem Baum der Scham. Aber es gibt auf all das eine Antwort und sie findet sich in Gottes Wort.

Eine zweifache Entschädigung

Für eure [frühere] Schande sollt ihr eine zweifache Entschädigung erhalten; statt Schande und Schmach soll sich [dein Volk] in ihrem Erbteil freuen. Darum werden sie in ihrem Land das Doppelte [dessen, was sie verwirkt hatten] besitzen, ewige Freude wird ihnen zuteil.

Jesaja 61, 7

Wenn du zu der Überzeugung gekommen bist, dass dein Wesen in Scham verwurzelt und gegründet ist, dann kann dieser Fluch durch die Kraft Gottes über deinem Leben zerbrochen werden.

Wir haben in Jesaja 54, 4 und in Jesaja 61, 7 gesehen, dass der Herr versprochen hat, Scham und Unehre so von uns zu entfernen, dass wir uns nicht mehr daran erinnern. Er hat uns verheißen, auf uns an ihrer Stelle eine doppelte Entschädigung auszugießen, damit wir das Doppelte von dem besitzen, was wir verloren haben, und uns ewige Freude zuteil wird.

Stelle dich auf Gottes Wort. Werde statt in Scham und Unehre in der Liebe Christi verwurzelt und gegründet. Werde heil in ihm.

Bitte den Herrn, Heilung in deinem Denken, deinem Willen und deinen Gefühlen zu wirken. Erlaube ihm, in dir zu wirken und das zu erfüllen, wofür er gekommen ist: dein zerbrochenes Herz zu heilen, deine Wunden zu verbinden, dir Schönheit statt Asche zu geben, Freudenöl statt Trauer, ein Lobpreisgewand statt Bedrückung und doppelte Ehre für doppelte Schande.

Entscheide dich, dass du ab sofort die Wurzeln der Bitterkeit, der Scham, des Pessimismus und des Perfektionismus ablehnen und die Wurzeln der Freude, des Friedens, der Liebe und der Kraft nähren wirst.

Ziehe die Blutlinie Jesu Christi durch dein Leben und bekenne kühn, dass du von den Schmerzen und Wunden der Vergangenheit geheilt und zu einem neuen, gesunden, heilen Leben freigesetzt bist.

Preise den Herrn beständig und bekenne sein Wort über dir. Nimm seine Vergebung, seine Reinigung und Heilung in Anspruch.

Höre auf, dir selbst Vorwürfe zu machen, dich schuldig und unwürdig und ungeliebt zu fühlen. Beginne stattdessen, zu sagen: „Wenn Gott für mich ist, wer kann gegen mich sein? Gott liebt mich und ich liebe mich selbst. Preis dem Herrn, ich bin frei in Jesu Namen. Amen!"

9

Co-Abhängigkeit

„Co-Abhängigkeit" ist heutzutage ein Ausdruck, der in aller Munde ist, und zwar nicht nur in christlichen, sondern auch in anderen Kreisen.

In diesem Kapitel möchte ich dieses Problem aus meiner persönlichen Perspektive untersuchen und einige biblische Wahrheiten über dieses Thema aufzeigen. Sie können uns dabei helfen, Co-Abhängigkeiten zu erkennen und damit effektiv umzugehen.

Abhängigkeit und Sucht

Bevor wir verstehen, was Co-Abhängigkeit bedeutet, muss uns klar sein, was Abhängigkeit ist. Abhängigkeit bezeichnet eine Sucht, sei es nach bestimmten Verhaltensmustern, Menschen oder Dingen.

Wenn wir an Sucht denken, kommen uns meist zuerst Zigaretten, Alkohol, Drogen und andere schädliche Substanzen in den Sinn. Doch das ist nicht alles. Menschen können von allen möglichen Dingen, sogar von anderen Menschen, abhängig werden. Abhängigkeiten treten in Form von zwanghaftem Sorgen, übermäßigem Planen, Vernunftschlüssen, Kontrollsucht, Geldausgeben und vielem anderen auf. Dabei gibt es gute und schlechte Abhängigkeiten.

Das Problem mit der Abhängigkeit ist, dass sie ein klares Anzeichen für mangelnde Ausgewogenheit darstellt.

Wir haben uns ja bereits in 1. Petrus 5, 8 angesehen, dass wir als Christen „ausgeglichen" leben sollen. Warum? Weil der Feind, der Teufel, herumgeht wie ein hungriger Löwe und jemanden sucht, den er verschlingen kann. Darum wird uns in diesem Vers gesagt, dass wir ihm im Glauben widerstehen sollen.

Ich glaube, Übertreibung ist der Spielplatz des Teufels. Wenn es irgendeinen Bereich in unserem Leben gibt, in dem wir ins Übermaß gehen, wird Satan versuchen, einen Vorteil daraus zu ziehen.

Allgemein ausgedrückt ist jemand süchtig, wenn er denkt oder fühlt, dass er etwas Bestimmtes haben muss, dass er ohne es nicht leben kann. Er wird fast alles tun, um es zu bekommen, auch wenn es unklug und irrational erscheint und Ungehorsam Gott gegenüber bedeutet.

Alle Süchte sind zum Teil an zwanghaftes, besitzergreifendes Verhalten geknüpft. Lass uns das nochmals genauer betrachten, um zu sehen, was das wirklich bedeutet.

Zwangsverhalten

Zwangsverhalten beschreibt oft eine irrationale Beschäftigung mit etwas oder eine Besessenheit, etwas tun zu müssen. Jemand, der unter solchen Zwängen leidet, denkt und spricht unentwegt nur über diese Sache. Sein Verstand und sein Mund konzentrieren sich beständig auf diese eine Sache.

Wenn er darüber lange genug nachdenkt und spricht, gerät er unter Druck, zu tun, was es braucht, um diese Sache zu bekommen.

Erlaube mir, dir ein Beispiel aus meinem Leben zu geben.

Vor geraumer Zeit liebte ich Joghurt-Eis. Wenn ich darüber lange genug nachdachte und sprach, reagierte ich zwanghaft, sodass ich schließlich, in meinen Wagen stieg und 45 Minuten fuhr, nur um eine kleine Portion Joghurt-Eis essen zu können. Das ist Zwangsverhalten. Es hatte mich unter Kontrolle; ich selbst hatte es nicht mehr unter Kontrolle. Heute schmeckt mir Joghurt-Eis nach wie vor, doch mittlerweile bin ich ausgewogen.

Wir alle tun immer wieder unvernünftige Dinge. Aber wenn unser Leben davon geprägt ist, dass wir ständig Unvernünftiges tun, um unsere menschlichen Bedürfnisse zu erfüllen, dann haben wir ein Problem. Der Teufel wird damit spielen und versuchen, uns davon zu überzeugen, dass wir unsere Gedanken und Wünsche nicht mehr kontrollieren können und es keine Möglichkeit gibt, uns von unvernünftigem, sogar schädigendem Zwangsverhalten zu befreien.

Es beginnt in den Gedanken und mit dem Mund und rührt von einem Mangel an Ausgeglichenheit und Selbstbeherrschung her.

Die Antwort auf Zwangsverhalten

Wenn das Problem im Verstand und mit dem Mund beginnt, dann muss die Antwort auch aus dem Mund und dem Verstand kommen!

Gottes Bestes in unserem Leben zu erfahren, ist viel leichter, als wir es uns vorstellen. Der beste Weg zur Heilung von all den Dingen, die uns krank machen – mental, körperlich, emotional oder geistlich –, ist es, eine Liste mit Schriftstellen aufzustellen, die sich auf das jeweilige Problem und unsere Umstände beziehen. Dann müssen wir sie aussprechen, bis wir in unserem Verstand und unserem Herzen eine Offenbarung darüber bekommen.

Erinnerst du dich an das Heilmittel für das Gefühl, ungeliebt zu sein? Es fängt damit an, jeden Tag voller Überzeugung zu sagen: „Gott liebt mich! Er liebt mich!" Das gilt auch für alles andere, das uns stört, das uns Schwierigkeiten bereitet oder Schmerzen, Sorgen und Not verursacht.

Wenn wir mehr auf das achten würden, mit was wir uns gedanklich beschäftigen und was aus unserem Mund herauskommt, würden wir sehr viel mehr Glück, Frieden, Erfüllung und Sieg in unserem Leben erfahren.

Wie jedes andere Problem, das wir haben, sind Süchte mental, emotional oder körperlich. Wir können durch die richtige Behandlung gesund werden. Auch von Zwangsverhalten können wir durch die Kraft des Heiligen Geistes und das Anwenden des Wortes Gottes geheilt werden.

Entzug

Wenn eine tief verwurzelte Abhängigkeit überwunden werden muss, wird man natürlich ein gewisses Maß an Entzugserscheinungen erleben.

Als ich die Entscheidung traf, damit aufzuhören, mich zu sorgen und zu grübeln, hatte ich schreckliche Entzugserscheinungen. Wann immer ich meinem inneren Wunsch, mich zu sorgen und zu grübeln, nachgab, *fühlte* ich mich – zumindest eine gewisse Zeit – besser. Danach fühlte ich mich schlechter, weil ich wieder versagt hatte und von vorne anfangen musste.

Dasselbe Prinzip, das für mentale oder emotionale Abhängigkeit gilt, trifft auch auf körperliche Abhängigkeit zu. So wie Kettenraucher, Alkoholiker oder Drogenabhängige bestimmte Entzugserscheinungen und Unannehmlichkeiten durchleiden, um diese zerstörerische Angewohnheit zu brechen, werden auch wir gewisse Schmerzen erleben, um von unserer Abhängigkeit befreit zu werden.

Es mag sogar noch schlimmer sein, wenn wir von einer bestimmten Person oder Menschengruppe abhängig sind.

Menschen, Orte und Positionen

... was geht es dich an? Folge du mir nach!

Johannes 21, 22 (*Elberfelder*)

Lange bevor ich jemals den Ausdruck „Co-Abhängigkeit" gehört hatte, predigte ich einmal über Abhängigkeiten und Süchte und nannte die Botschaft damals „Menschen, Orte und Positionen".

Ich predigte diese Botschaft, weil ich mich zu der Zeit in meinem eigenen Leben mit etwas Bestimmtem beschäftigen musste und dachte, dass vielleicht auch andere ähnliche Erfahrungen machten.

Ich war mit einer Gruppe in einer Gemeinde involviert und hatte in dieser Gruppe einen verantwortungsvollen Platz eingenommen; ich hatte eine wichtige Position. Es war eine Position, die ich gerne ausfüllte, unter Menschen, mit denen ich gerne in Verbindung stand. Das einzige Problem war, dass Gott mich dazu gerufen hatte, alles loszulassen und zu dem zu gehen, was er für mich als Nächstes hatte. Ich verstand nicht, warum es mir so schwer fiel, Gott gehorsam zu sein.

Jetzt weiß ich, dass der Grund war, dass ich von diesen Menschen und dieser Position abhängig war. Ich hatte meinen Selbstwert durch diese Dinge definiert. Ich nährte mein Bedürfnis nach Sicherheit, Wertschätzung und Erfüllung daraus, mit wem ich zusammen war, wo ich mich befand und was ich tat. Gott forderte mich auf, all das abzulegen und wieder völlig von vorne anzufangen.

Natürlich hatte er mir auch Verheißungen gegeben, ebenso wie er Abraham Verheißungen gab, als er ihn berief: „Wenn du mir gehorchst und diese Dinge tust, die ich dir auftrage, dann werde ich dein Zelt erweitern und du wirst dich zum Norden, Süden, Westen und Osten ausbreiten. Und ich werde dich segnen und dich zum Segen für andere machen ..."

Doch wie Abraham musste auch ich, um den verheißenen Segen zu empfangen, all das aufgeben, was ich bisher für die Quelle meines Glücks und meiner Sicherheit gehalten hatte. Ich musste losgehen, ohne zu wissen, wohin ich ging oder was dort auf mich wartete.

Mir war nicht klar gewesen, dass ich abhängig war. Ich war süchtig nach diesen Menschen, diesem Ort und dieser Position. Deswegen war ich ein ganzes Jahr lang Gott ungehorsam.

Wie wir bereits gesehen haben, wird der Abhängige immer tun, was er tun muss, um seine Sucht zu befriedigen. Das geht sogar so weit, dass er dabei Gott ungehorsam ist und unvernünftige Dinge tut. Und genau das tat ich, obwohl es mir damals nicht ganz bewusst war.

Von Menschen abhängig

So spricht der Herr: Verflucht [mit großem Übel] ist der Starke, der sich auf Menschen, die doch so anfällig sind, verlässt und ihnen vertraut, der schwaches [menschliches] Fleisch zu seinem Arm macht und dessen Verstand und Herz vom Herrn weichen. Er wird sein wie ein kahler Strauch oder ein nackter und mittelloser Mensch in der Steppe und nicht sehen, dass Gutes kommt. Und an dürren Stätten in der Wüste wird er wohnen, in einem salzigen Land, wo sonst niemand wohnt.

Jeremia 17, 5–6

Wenn sich deine Seele ausgetrocknet, ausgemergelt und matt anfühlt, dann kann es daran liegen, dass du zu sehr vom Fleisch und nicht genug von Gott abhängst.

Als ich in meinem Fall Gottes Berufung gegenüberstand, für die ich bestimmte Menschen, einen Ort und eine Position – alles Dinge, von denen ich abhängig geworden war – verlassen musste, musste ich meine Abhängigkeit von Menschen aufgeben und abhängig von Gott werden. Ich musste mir darüber im Klaren werden, dass es falsch ist, sein Vertrauen auf Menschen zu setzen, egal, wie gut sie sind und wie sehr wir sie schätzen.

Von Gott abhängig

(Reich) gesegnet ist der Mann, der an den Herrn glaubt, ihm vertraut und sich auf ihn verlässt und dessen Hoffnung und Vertrauen der Herr ist! Er wird sein wie ein Baum, der am Wasser gepflanzt ist und am Bach seine Wurzeln ausstreckt und sich nicht davor fürchtet, wenn die Hitze kommt. Sein Laub ist grün, im Jahr der Dürre ist er unbekümmert und nicht besorgt, und er hört nicht auf, Frucht zu tragen.

Jeremia 17, 7–8

In Philipper 3, 3 sagt uns der Apostel Paulus, dass wir unser Vertrauen nicht auf das Fleisch setzen sollen. Stattdessen sollen wir unser Vertrauen auf Gott setzen, und zwar auf ihn allein! Er ist unverrückbar, ein ewiger Fels. Er verlässt und versäumt uns nicht. Er wird uns nie im Stich lassen.

In meinem eigenen Leben kam ich an einen Punkt, an dem ich meine Abhängigkeit von anderen Menschen aufgeben und abhängig von Gott werden musste.

Ich liebe meinen Mann und wir haben eine gute Beziehung. Eines Tages begann ich, mich zu fragen: „Was würde ich tun, wenn Dave sterben würde? Er ist so gut zu mir und hilft mir so. Was würde ich tun, wenn er nicht mehr bei mir wäre?"

Je mehr ich darüber nachdachte, desto mehr bekam ich Angst. Also musste mich der Herr zurechtrücken. Er sagte zu mir: „Ich sage dir, was du tun würdest, wenn Dave etwas zustoßen sollte. Du würdest genau dasselbe tun, was du jetzt gerade tust, weil es nicht Dave ist, der dich aufrechterhält, sondern ich!"

Es ist wunderbar, alle möglichen menschlichen Hilfsmittel zu haben, aber wir müssen immer in Gott – in ihm allein – fest gegründet sein.

Jesus tat genau das.

Jesus als Vorbild

Aber Jesus [für seinen Teil] vertraute sich ihnen nicht an, weil er alle [Menschen] kannte; und er hatte es nicht nötig, dass jemand Zeugnis gebe von dem Menschen [er benötigte keine Beweise von jemandem über die Menschen], denn er selbst wusste, was im Wesen der Menschen war. [Er konnte das Herz der Menschen lesen.]
Johannes 2, 24–25

Jesus, unser Vorbild, vertraute nicht auf Menschen, weil er das Wesen der Menschen kannte. Dennoch hatte er mit Menschen Gemeinschaft, besonders mit seinen Jüngern. Er aß und trank mit ihnen. Er lachte und weinte mit ihnen. Er vertraute ihnen Dinge an und teilte ihnen seine Herzensanliegen mit. Sie waren seine Freunde und er kümmerte sich um sie. Aber er vertraute sich ihnen nicht an.

Meines Erachtens bedeutet das, dass er nicht von ihnen abhängig wurde. Er drängte sich ihnen nicht auf. Er erlaubte es sich nicht, an den Punkt zu kommen, das Gefühl zu haben, ohne sie nicht zurechtzukommen. Er blieb bewusst in einer Position, in der er einzig und allein von Gott abhängig war.

Was der Herr uns in solchen Textstellen sagen will, ist, dass wir ausgewogen bleiben müssen. Wir müssen unsere Mitmenschen lieben und in Gemeinschaft mit ihnen bleiben. Wir müssen mit anderen täglich gut auskommen. Aber wir dürfen niemals den Fehler machen, zu meinen, wir könnten den anderen völlig vertrauen.

Es gibt keinen Menschen, der uns niemals enttäuscht oder verletzt. Auf der Erde existiert kein einziger Mensch, der so wäre!

Das ist kein Richtspruch gegen unseren Ehepartner, unsere Familie oder unsere Freunde. Es ist ganz einfach eine korrekte Einschätzung des menschlichen Wesens. Wir Menschen haben nicht die Fähigkeit, uneingeschränkt vertrauenswürdig zu sein, wie wir auch nicht vollkommen sind.

Setze andere Menschen nicht unter Druck, indem du von ihnen erwartest, dass sie dich nie enttäuschen oder verletzen.

Wie Jakobus uns sagte: „... wir alle straucheln oft, fallen und verfehlen das Ziel auf vielen Gebieten ..." (Jak. 3, 2). Deswegen brauchen wir auch einen Heiland – er kennt uns und weiß, durch was wir hindurchgehen, weil er dieselben Gefühle, denselben Druck und dieselben Versuchungen erfahren hat, doch ohne in Sünde zu fallen, wie wir das so oft tun (siehe Hebr. 4, 15).

Behalte ein gesundes Gleichgewicht

Es sei mir aber fern, mich [irgendetwas oder irgendjemandes] zu rühmen außer des Kreuzes unseres Herrn Jesus Christus (des Messias), durch den die Welt mir gekreuzigt ist und ich es der Welt bin.

Galater 6, 14

In diesem Vers verdeutlicht der Apostel Paulus, dass er sich nichts und niemandes rühme, weil die Welt ihm und er der Welt gekreuzigt war.

Damit wollte er meiner Meinung nach ausdrücken, dass er in seinem Leben alle Dinge im gesunden Gleichgewicht hielt, einschließlich der Menschen, Orte und Positionen. Er war von nichts und niemandem abhängig, um Freude, Frieden und Sieg im Herrn zu haben.

Wenn wir nicht sorgfältig darauf achten, ein gesundes Gleichgewicht in unserem Leben zu wahren, können wir Süchte und sogar zwanghafte Verhaltensmuster entwickeln, die Satan dann ausspielen kann, um uns und unsere Effektivität für Christus zu zerstören.

Wenn ich also das Gefühl habe, jeden Tag dieses Joghurt-Eis essen zu müssen, einkaufen gehen zu müssen oder Menschen um mich herum haben zu müssen, die mir sagen, wie wunderbar ich bin, dann werde ich nach diesen Dingen süchtig. Ich werde abhängig von ihnen, wenn sie mir die Erfüllung und Befriedigung geben, nach der ich mich so sehne. Ich hole mir dann aus der Welt das, was mir nur Gott allein geben kann.

Der Welt abgestorben, in Christus lebendig gemacht

Und richtet eure Gedanken, und zwar fortwährend, auf das, was oben ist (das Höhere), nicht auf das, was auf der Erde ist. Denn ihr seid [soweit es diese Welt angeht] gestorben und euer [neues, wahres] Leben ist mit Christus in Gott verborgen.

Kolosser 3, 2–3

Wenn wir es zulassen, von Menschen und Dingen abhängig und nach ihnen süchtig zu werden, wird der Teufel sie dazu benutzen, uns allen möglichen Kummer zu bereiten. Darum müssen wir unsere Augen auf Jesus richten, nicht auf die Dinge in dieser Welt, wie Paulus es in Kolosser 3, 2–3 sagt. Wie Paulus sind auch wir dieser Welt gestorben – und sie ist uns gestorben. Wir dürfen unsere Hilfe nicht bei ihr suchen, sondern müssen sie beim Herrn suchen.

Als ich einmal in einer meiner Versammlungen für die Menschen betete und ihnen die Hände auflegte, fiel mir eine Frau auf, die ungefähr in meinem Alter war. Sie lag wie ein Embryo auf dem Boden und schrie: „Mami, ich brauche dich! Papi, ich brauche dich!"

Zunächst zögerte ich, überhaupt etwas zu unternehmen, denn ich bin keine Psychiaterin – ich bin nicht dazu ausgebildet, Menschen psychologisch zu betreuen.

Sie begann zu weinen: „Mami, erlaube Papi nicht, das zu tun!" Für mich wurde dann ziemlich deutlich, dass sie in eine frühere Zeit ihres Lebens zurückgegangen war, in der sie von ihrem Vater missbraucht worden war, möglicherweise körperlich und sexuell. Ihre Mutter muss es gewusst haben, hat jedoch wohl nichts unternommen, um ihr zu helfen. Beide Elternteile hatten sie wahrscheinlich abgelehnt und verlassen und seither war sie verwundet und trug diese Schmerzen mit sich herum.

Sie schrie immer wieder dasselbe: „Mami, ich brauche dich! Papi, ich brauche dich!"

Schließlich konnte ich es nicht mehr ertragen und sagte ihr: „Du brauchst deine Mami und deinen Papi nicht! Du hast alles, was du brauchst! Du hast Jesus! Höre auf, irgendetwas nachzuweinen, was du sowieso nie haben wirst! Halte dich an dem fest, was du hast!"

Ich sagte es ihr immer wieder, bis ihr der Heilige Geist plötzlich den Durchbruch schenkte. Sie fing an, zu sagen: „Ich brauche meine Mami und meinen Papi nicht! Ich habe alles, was ich brauche! Ich habe Jesus!"

Ich diente ihr eine gewisse Zeit und überließ sie dann anderen Seelsorgern, während ich für andere Menschen betete. Als ich eine halbe oder dreiviertel Stunde später wieder zurückkam, hatte sie wieder die Kontrolle über sich und ihre Gefühle gewonnen.

Wir werden mental und emotional niemals ganz heil werden, solange wir meinen, wir bräuchten eine bestimmte Person oder eine bestimmte Sache. Es mag schön sein, diese zu haben, so wie es auch für diese Frau schön gewesen wäre, wenn sie ihren Vater und ihre Mutter gehabt hätte. Aber wir *müssen* nichts und niemanden haben, außer Gott selbst, um durchzukommen!

Wir müssen vom Herrn abhängig bleiben und dürfen nicht zulassen, von irgendjemand oder irgendetwas in diesem Leben abhängig zu werden.

Sei von Gott allein abhängig

Wir müssen von Gott, und zwar von ihm allein, abhängig sein. Nicht von Gott und noch irgendjemand oder irgendetwas anderem, von dem wir meinen, es zu brauchen, um glücklich zu bleiben.

Früher dachte ich immer, ich könnte nicht glücklich sein, wenn mein Dienst nicht wachse. Und er wuchs nicht, bis ich lernte, dass ich glücklich sein konnte, auch wenn er niemals wachsen würde.

Der Herr sagte mir damals: „Alles, was du außer mir zu deinem Glück haben *musst*, ist etwas, das der Teufel gegen dich einsetzen kann." Jemand gravierte diesen Spruch für mich auf eine Tafel und ich hängte sie in mein Schlafzimmer, damit es das Erste ist, was ich morgens sehe. Ich wollte mich daran erinnern, damit ich niemals den Fehler mache, von irgendjemand oder irgendetwas anderem als dem Herrn abhängig zu werden.

In meinem täglichen Gebet sage ich manchmal: „Vater, es gibt etwas, das ich gerne hätte, aber ich möchte nicht mein Gleichgewicht verlieren oder dir vorauseilen. Wenn es dein Wille ist, dass ich diese Sache bekomme, dann hätte ich sie gerne. Aber wenn sie nicht in deinem Willen ist, dann kann ich auch ohne sie glücklich sein, weil ich möchte, dass du die Nummer eins in meinem Leben bist."

Ich glaube, wenn wir Dinge aus der richtigen Perspektive betrachten und die richtigen Prioritäten setzen, kann uns Gott viel mehr geben, als wir jemals erhalten würden, wenn wir uns nach Dingen statt nach ihm und nach seiner Gerechtigkeit ausstrecken (siehe Mt. 6, 33).

Süchtig nach Anerkennung

Und doch [trotz alledem] glaubten viele von den führenden Männern (die Obrigkeit und die Adligen) an ihn und vertrauten ihm. Doch wegen der Pharisäer gaben sie es nicht zu, aus Angst, dass sie [wenn sie ihn anerkannten] aus der Synagoge ausgeschlossen würden; denn sie liebten die Anerkennung und das Lob und die Ehre, die von Menschen kommt, mehr als die Ehre, die von Gott kommt. [Sie schätzten die Achtung der Menschen mehr als die Achtung Gottes.]

Johannes 12, 42–43

Viele Menschen empfangen niemals das Beste, das Gott für ihr Leben bereithält, weil sie von der Anerkennung anderer abhängen. Auch wenn sie wissen, was Gottes Wille für ihr Leben ist, leben sie nicht darin, weil sie Angst haben, dass ihre Freunde es nicht verstehen oder nicht damit einverstanden sein würden.

Es stimmt natürlich, dass nicht jeder Gottes Wege und Methoden in unserem Leben billigt.

Ich wurde fast völlig abgelehnt, als ich begann, dem Willen Gottes für mein Leben zu folgen. Es war schwer, die Missbilligung anderer zu ertragen. Während dieser Zeit lernte ich, dass es nicht wichtig ist, was andere denken, sondern dass allein wichtig ist, was Gott denkt.

In Galater 1, 10 schreibt Paulus: „Versuche ich nun, die Gunst der Menschen oder Gottes Gunst zu gewinnen? Versuche ich, Menschen zu gefallen? Wenn ich noch bei Menschen beliebt sein wollen würde, wäre ich kein Knecht Christi (des Messias)."

Sei nicht von der Zustimmung anderer abhängig. Folge dem, was in deinem Herzen ist. Tue das, was Gott dir sagt, und stehe fest in ihm – in ihm allein.

Was ist Co-Abhängigkeit

Wir haben nun also Abhängigkeiten näher betrachtet und festgestellt, dass es sich dabei um Süchte in Bezug auf bestimmte Verhaltensweisen, Menschen oder Dinge handelt. Als Nächstes wollen wir uns Co-Abhängigkeit ansehen.

Ein Co-Abhängiger ist jemand, der in einer Beziehung zu einem anderen Menschen steht, der von etwas Schädigendem oder Zerstörerischem abhängig ist.

Als beispielsweise ich und mein Mann jung verheiratet waren, war ich von bestimmten Gefühlen, wie zum Beispiel dem Zorn, abhängig. 90 Prozent der Zeit regte ich mich über etwas auf. Weil ich in meiner Kindheit missbraucht worden war, war ich voll unterdrückter Bitterkeit und Wut. Wenn Dave in seiner Beziehung zum Herrn nicht fest und sich seiner Identität in Christus nicht wirklich sicher gewesen wäre, hätte er sich vielleicht von meiner Haltung und meinem Benehmen negativ beeinflussen lassen.

Wenn das geschehen wäre, hätten wir eine co-abhängige Beziehung entwickelt, weil er von mir abhängig gewesen wäre, während ich von meinen Gefühlen abhängig war.

Aber Gott sei Dank passierte das nicht.

Eines der besten Dinge, die mein Mann jemals für mich getan hat, war, mir nicht zu erlauben, ihn unglücklich zu machen.

Wenn du in einer Beziehung zu jemandem stehst, der von Drogen, Alkohol oder irgendeinem anderen schädlichen Mittel abhängig ist, und du wirst abhängig davon, dass dieser Mensch dich glücklich macht, dann bist du co-abhängig geworden. Obwohl du selbst nicht von dem gewohnheitsbestimmenden Mittel, das sein Leben kontrolliert, abhängig bist, beeinflusst es dich trotzdem und du bist ebenfalls daran gebunden. Denn ihr beide seid voneinander abhängig geworden.

Wenn wir nicht sorgfältig Acht geben und mit jemanden, der eine Sucht hat, eine Beziehung eingehen, dann lassen wir zu, dass er sein Problem auf uns abwälzt.

Stehst du zu jemandem in einer Beziehung, durch den du dich wegen seiner Abhängigkeit schlecht fühlst? Wenn das so ist, dann musst du etwas unternehmen.

In meinem Fall ließ es mein Mann Dave nicht zu, wegen mir co-abhängig zu werden, denn er ließ nicht zu, dass ich meine Probleme auf ihn übertrug. Wenn ich beispielsweise sauer auf ihn war und mit ihm streiten wollte, lebte er ganz einfach in Frieden und Harmonie weiter. Ich regte mich dann über ihn auf, weil er nicht mit mir streiten wollte, und schrie ihn an: „Was ist eigentlich mit dir los? Bist du kein Mensch?"

Lass nicht zu, dass du von jemandem co-abhängig wirst. Lass auch nicht zu, dass andere ihre Probleme bei dir abladen. Lass es nicht zu, dass andere dich dazu bringen, dass du dich schlecht fühlst, nur weil sie sich schlecht fühlen.

Wenn du eine Familie hast, lass nicht zu, dass dein Ehepartner oder deine Kinder deine Gefühle kontrollieren und dir die Freude rauben. Nur weil sie eine Entscheidung getroffen haben, die ihr Leben verschlechtert, bist du noch lange nicht verpflichtet, wegen ihrem Elend selbst zu leiden. Wenn es geht, hilf ihnen in ihren Problemen, aber tritt nicht in die Falle und versuche, die Probleme anderer zu lösen oder andere Menschen glücklich zu machen.

Es geht nicht!

Jeder hat von Gott einen freien Willen bekommen. Jeder ist für sein eigenes Glück verantwortlich. Wenn wir uns entscheiden, uns elend zu fühlen und unglücklich zu sein, dann ist das unser eigenes Problem, nicht das eines anderen Menschen. Ebenso sind wir nicht dafür verantwortlich, wenn sich jemand entscheidet, sich elend zu fühlen und unglücklich zu sein. Keiner ist für das Glück eines anderen Menschen verantwortlich.

Wahrscheinlich haben wir einfach noch nicht verstanden, dass wir jemandem viel mehr helfen, wenn wir seinen emotionalen Abhängigkeiten nicht nachgeben.

Mein Mann war immer freundlich zu mir. Er liebte mich und zeigte es mir. Jeden Tag zeigte er mir seine Liebe und teilte seine Freude mit mir, wenn ich es wollte. Aber er zwang sich nie auf. Ich war frei, an seinem Frieden und Glück Anteil zu haben, und er war frei, an meinem Elend und meiner Trauer Anteil zu haben.

Es ist sehr wichtig, dass wir nicht zulassen, dass andere Menschen uns so kontrollieren und manipulieren, dass wir von ihnen durch emotionale Gebundenheit co-abhängig werden.

Wenn dein Partner sauer, unglücklich oder traurig ist, ist das sein Problem, nicht deines. Wenn er herumsitzen will und schmollen, stöhnen und schimpfen will oder „Selbstmitleidspartys" feiern möchte, bist du nicht verpflichtet, daran teilzunehmen oder dich dem zu unterwerfen.

Ich kann mich daran erinnern, dass ich auf Dave richtig sauer war, weil er jedes Wochenende Golf spielen gehen wollte. Ich versuchte alles, um ihn dazu zu bringen, damit aufzuhören. Je mehr ich versuchte, ihn davon abzuhalten, umso mehr spielte er.

Es machte mich rasend!

Er sagte dann zu mir: „Wie wär's, wenn du mit auf den Golfplatz kommst?" Aber das wollte ich nicht. Ich wollte, dass er bei mir zu Hause blieb. Und weil ich nicht gehen wollte, wollte ich auch nicht, dass er ging. Aber er ging und amüsierte sich bestens, während ich zu Hause blieb und den Tag damit verbrachte, mir selbst Leid zu tun. Tief in mir war ich ganz einfach dickköpfig. Aber das war meine eigene Entscheidung und meine eigene Verantwortung, nicht etwa Daves.

Obwohl ich von bestimmten Dingen abhängig war, um glücklich zu sein, erlaubte Dave es sich nicht, von meinem Glück abhängig zu werden. Er ließ es nicht zu, von mir und meinen emotionalen Süchten co-abhängig zu werden.

Kontrolle und Manipulation – ein Albtraum

Ich aber sagte: Umsonst habe ich mich abgemüht, vergeblich und für nichts meine Kraft verbraucht. Doch mein Recht ist bei dem Herrn und mein Lohn bei meinem Gott.

Jesaja 49, 4 (*Elberfelder*)

Kannst du dir vorstellen, was für ein Albtraum es ist, wenn man sein Leben damit verbringt, sich umsonst abzumühen, seine Kraft verbraucht, ohne dass etwas dabei herauskommt, und beständig versucht, alles und jeden um einen herum unter Kontrolle zu halten?

Wenn ja, dann möchte Gott, dass du verstehst, dass du die Entscheidung treffen kannst, nicht mehr länger so zu bleiben. Du kannst dich entscheiden, nicht länger kontrollierend und manipulierend zu sein.

Wenn du zugelassen hast, kontrolliert und manipuliert zu werden, kannst du ebenso eine feste Entscheidung treffen, diese Macht über deinem Leben zu brechen.

Co-Abhängigkeit ist nicht etwas, das allein durch Gebet verändert werden kann. Es gehört auch eine Entscheidung und Willenskraft seitens der Person, die darin gefangen ist, dazu.

Wenn du von etwas Ungesundem wie zum Beispiel Tabak, Alkohol oder Drogen abhängig bist, dann weißt du, dass du auch einen gewissen Kraftaufwand aufbringen musst, um diese Gewohnheit zu überwinden.

So ist es auch, wenn du arbeitssüchtig bist, konsumsüchtig bist, übermäßig planst oder beständig voller Sorgen bist. Um den Kreislauf der Abhängigkeit zu überwinden, musst du mehr tun, als nur zu beten – du musst auch die Entscheidung treffen, die Angewohnheit durch die Kraft Gottes zu brechen.

Auch wenn du von einem Menschen abhängig bist, der nach etwas Schädlichem süchtig ist, musst du handeln. Du musst dich entscheiden, dass du es nicht mehr zulässt, dass dich die Probleme dieses Menschen aus dem Gleichgewicht werfen.

Woher weißt du, dass du aus dem Gleichgewicht geraten bist? Du beginnst, deinen Frieden und deine Freude zu verlieren.

Wenn du wie ich bist, dann hast du einen großen Teil deines Lebens in dem vergeblichen Versuch verbracht, alles und jedermann um dich herum zu kontrollieren und dich davor zu schützen, nicht wieder verletzt zu werden. Du musst lernen, deine fruchtlosen Anstrengungen aufzugeben. Denn wenn du es nicht tust, wird es dir ergehen wie mir – deine Mühen werden umsonst sein und du wirst deine Kraft vergeblich einsetzen.

Du musst das lernen, was ich gelernt habe: du musst lernen, aufzuhören, dich abzumühen, und dich in die Hände Gottes übergeben und deine Entschädigung und Belohnung von ihm erwarten.

Angst

❧ ❦

Furcht ist nicht in der Liebe [Angst gibt es keine], denn ausgereifte (vollständige, vollkommene) Liebe treibt die Furcht aus und vertreibt jede Spur von Schrecken. Denn die Furcht rechnet mit Strafe, wer sich aber fürchtet, ist nicht vollendet in der Liebe [ist noch nicht völlig in die vollkommene Liebe hineingewachsen].

1. Johannes 4, 18

So lange ein Co-Abhängiger die Kontrolle behält, fühlt er sich sicher. Wenn er diese Kontrolle verliert, fühlt er sich verwundbar und bedroht und wird deshalb aufgebracht, wütend und bereit, sich zu verteidigen.

Wenn das dich beschreibt, musst du dich darauf konzentrieren, wie sehr Gott dich liebt und dass vollkommene Liebe alle Furcht austreibt. Du musst keine Angst davor haben, etwas zu verlieren oder verletzt zu werden, weil dich die Liebe Gottes umgibt, einhüllt und schützt.

Der Retterkomplex

Warum starrst du von außen auf den kleinen Splitter im Auge deines Bruders, aber bemerkst und beachtest den Holzbalken in deinem eigenen Auge nicht? Wie kannst du zu deinem Bruder sagen: „Freund, lass mich den kleinen Splitter aus deinem Auge ziehen!", wenn sich ein Holzbalken in deinem eigenen Auge befindet? Du Heuchler, zieh zuerst den Holzbalken aus deinem Auge. Dann kannst du deutlich sehen, um den kleinen Splitter aus dem Auge deines Bruders zu ziehen.

Matthäus 7, 3–5

Neben Furcht hat ein Co-Abhängiger oft auch ein falsches Verständnis von Verantwortung. Er meint, es sei seine Aufgabe, alles in Ordnung zu bringen. Er meint, er müsse sich um alle Menschen, die er trifft, kümmern und sicherstellen, dass sie sich wohl fühlen und freuen.

Infolgedessen fühlt sich der Co-Aabhängige normalerweise ausgelaugt und ist frustriert, weil es unmöglich ist, alles in Ordnung zu bringen und dafür zu sorgen, dass jeder glücklich und zufrieden ist.

Ein Co-Abhängiger macht sich eigentlich ebenso schuldig wie der Abhängige. Wenn du mit jemandem zusammenlebst, der kontrolliert, und du tust dein Bestes, ihn glücklich zu machen, indem du dich selbst aufopferst, um seine Erwartungen und Forderungen zu erfüllen, dann ermöglichst du die Abhängigkeit.

Manche Menschen werden süchtig danach, schlecht behandelt zu werden. Sie gewöhnen sich so sehr an den Missbrauch, dass sie glauben, ihn verdient zu haben. Sie denken vielleicht auch, dass es aus irgendeinem Grund ihr eigener Fehler ist, dass sie der andere schlecht behandelt. Daher tun sie weiterhin alles, um den anderen glücklich zu machen, damit sie selbst richtig behandelt werden.

Wenn du dich in der Rolle des Co-Abhängigen wiedererkennst, dann lerne es, lockerer zu werden. Höre damit auf, die Lasten und Schmerzen anderer auf dich zu laden. Lebe nicht mit der Vorstellung, der Retter dieser Welt sein zu müssen – diese Arbeit macht schon ein anderer! Tue für Menschen nur das, was deinen Möglichkeiten entspricht.

Wenn du immer versuchst, jeden zu retten, mit dem du in Kontakt kommst, verletzt du dich und die anderen. Solange du versuchst, für jeden alles zu tun, wirst du frustriert und enttäuscht werden, und die anderen werden niemals lernen, etwas für sich selbst zu tun.

Entwickle keinen Retterkomplex. Versuche nicht, die Rolle Jesu Christi an dich zu reißen. Mache dich nicht für andere Menschen und ihre Probleme verantwortlich. Mache stattdessen die Lösung deiner eigenen Probleme zu deiner ersten Priorität, dann kannst du auch die Probleme anderer angehen.

Co-Abhängigkeit und Minderwertigkeitskomplexe

Ein Co-Abhängiger besitzt normalerweise ein sehr geringes Selbstwertgefühl und ist oft unreif.

Reife Menschen werden nicht von jedem Fehler, den sie begehen, emotional und geistlich zerschmettert. Sie sind imstande, eine gewisse Ausgeglichenheit in ihrem Leben zu wahren.

Wenn du von Co-Abhängigkeit frei werden möchtest, musst du ein gesundes Selbstbewusstsein entwickeln, das nicht davon abhängt, was jemand anders tut. Nur ein Mensch, der nicht co-abhängig ist, kann in Christus allein stehen.

Wenn du von Co-Abhängigkeit frei bist, bist du nicht von Menschen, Orten oder Positionen abhängig. Du brauchst keine Beziehung zu einem bestimmten Menschen oder einer bestimmten Gruppe. Du musst nicht an einem bestimmten Ort sein oder eine bestimmte Position innehaben, um dich sicher zu fühlen und zuversichtlich zu sein.

Wenn du von Co-Abhängigkeit frei bist, dann hast du nicht das Gefühl, alles und jeden unter Kontrolle haben zu müssen. Du kannst es anderen erlauben, ihre eigenen Entscheidungen zu treffen, ohne dich bedroht zu fühlen oder das Gefühl zu haben, für sie verantworktlich zu sein. Du hast nicht das Gefühl, jedes Problem lösen und jeden Menschen zufrieden stellen zu müssen.

Wenn du von Co-Abhängigkeit frei bist, kannst du auf deinen eigenen Füßen stehen und dein Selbstwertgefühl von Gott beziehen und nicht etwa von der Meinung anderer oder von äußeren Umständen. Du bist fähig, der Kontrolle und Manipulation anderer zu widerstehen.

Du bist frei von der Bindung der Co-Abhängigkeit, weil du weißt, wer du in Christus bist, und darauf vertraust, dass der Herr dich trägt.

Vertraue auf Gott

In meinen Vorträgen über Co-Abhängigkeit ermutige ich die Menschen dazu, von Gott zu hören und dann zu tun, was er sagt.

Wenn der Herr dich in eine bestimmte Situation gestellt hat, ist er auch mächtig genug, dich mit seiner Gnade zu bedecken und dir die weiseste Art zu offenbaren, wie du mit dieser Situation umgehen kannst, ohne selbst Schaden davonzutragen.

Es mag unangenehm sein, in dieser Situation zu leben, aber du musst daran denken, dass wir einem Gott dienen, der uns befähigt. Wenn du dein Vertrauen beständig auf ihn setzt, wird er dich in den Sieg führen.

Auch wenn du mit einem kontrollierenden oder manipulierenden Menschen zusammenwohnst, vielleicht sogar mit jemandem, der kein gottgefälliges Leben führt, sei nicht entmutigt. Gott kann die schlimmsten Fälle verändern und sie zu seiner Ehre benutzen.

Wenn du in einer co-abhängigen Situation steckst, kann es sein, dass Gott dich dazu bringt, dem kontrollierenden Menschen deine Meinung zu sagen. Es kann sein, dass er dich dazu bewegt, den Menschen, der dir das Leben schwer macht, zu konfrontieren. Wenn du Angst davor hast, wird er dir den Mut geben, den du dafür brauchst, sodass du standhaft sein kannst.

Er wird dir auch die Weisheit und den Mut geben, dich nicht weiterhin von diesem Menschen schlecht behandeln oder ausnutzen zu lassen. Wenn du beispielsweise mit einem Perfektionisten zusammenlebst, wird Gott dir dabei helfen, dich nicht damit unglücklich zu machen, dass du versuchst, Unmögliches zu tun, damit der andere glücklich ist.

Das Problem ist, dass es schwierig wird, diesen Menschen zu konfrontieren, wenn du die Situation schon jahrelang zugelassen hast.

In meinem Fall lebte Dave lange Zeit mit meinen Fehlern, bis er schließlich begann, mich zu konfrontieren und mir aufzuzeigen, wo ich mich verändern musste.

Das war hart. Obwohl ich mich verändern wollte und das tat, was ich als den Willen des Herrn erkannt hatte, erforderte es doch Mut und Entschlossenheit.

Mit der Gegenwart und Kraft des Heiligen Geistes in dir ist es möglich. Du kannst auf sichere Weise freigesetzt werden, wenn du dem Herrn gehorchst und ihm vertraust, dich zu befreien.

Angst oder Glaube?

… Denn was auch immer nicht aus Glauben entsteht und ihm entstammt, ist Sünde [alles, was ohne die Über-zeugung getan wird, dass es Gott gefällt, ist Sünde].

Römer 14, 23

Ist es möglich, dass wir es jemandem erlauben, uns zu kontrollieren und zu manipulieren, und dann aufrichtig beteuern, wir ließen dies im Glauben zu? Natürlich nicht! Wir wissen, dass diese Art des Verhaltens in Angst begründet ist, nicht in Glauben. Glaube gehorcht Gott, Angst jedoch lässt sich leicht einschüchtern und findet viele Ausreden für den Ungehorsam.

Ein Perfektionist, Workaholic oder ein sexuell Perverser ist ebenso abhängig wie jemand, der nach etwas wie Tabak, Alkohol oder Drogen süchtig ist. Wenn wir versuchen, seinen Bedürf-nissen auf unsere eigenen Kosten zu begegnen, sind wir von diesem Menschen co-abhängig.

Angenommen, wir leben mit einem Hypochonder zusammen. Wenn wir nicht vorsichtig sind, können wir von der einge-bildeten Krankheit dieses Menschen co-abhängig werden.

Wir alle wollen Mitgefühl für die Kranken haben. Wir wollen uns um sie kümmern und liebevoll sein. Es kann aber sein, dass sie nicht ihren Teil dazu beitragen, gesund zu werden. Sie ge-brauchen unsere Sorge und unser Mitleid, um Aufmerksamkeit auf sich zu ziehen. Vielleicht wurden sie in der Vergangenheit missbraucht und versuchen nun, nachzuholen, was sie in ihrer Kindheit verpasst haben.

Es ist gut, Menschen zu helfen, die verletzt sind. Doch wenn ihre emotionalen Bedürfnisse uns zu kontrollieren beginnen, dann laufen wir Gefahr, uns von ihnen und ihren Problemen leiten zu lassen statt vom Geist Gottes. Wenn wir versuchen, den Nöten eines anderen Menschen zu begegnen, und es geht auf unsere eigenen Kosten – wenn wir also nicht mehr frei sind, das zu tun, was wir eigentlich empfinden –, dann stehen wir in einem co-abhängigen Verhältnis zu diesem Menschen und seinem Problem.

Wenn wir sehen, dass dies der Fall ist, und aus Angst oder wegen eines falschen Loyalitätsdenkens nichts dagegen unternehmen, dann sind wir co-abhängig. Glaube bringt uns dazu, einen Schritt nach vorne zu machen und das zu tun und zu sagen, was Gott uns aufs Herz gelegt hat. Angst bringt uns dazu, schüchtern unter der Herrschaft anderer Menschen zu bleiben.

Denke daran, dass Menschen, die sich sehr nach Anerkennung sehnen, ihre emotionale Schwäche benutzen können, um uns zu kontrollieren. Wie oft haben wir gehört, dass manipulative Menschen gesagt haben: „Ich bin alt und du kümmerst dich gar nicht um mich." Oder: „Ich habe mich mein ganzes Leben lang um dich gekümmert, habe dich erzogen, dich ernährt und dir Unterkunft gewährt, und jetzt willst du mich hier ganz alleine lassen?"

In solchen Situationen müssen wir das Gleichgewicht wahren. Dieses Gleichgewicht ist der Heilige Geist in uns, der uns in jeder Situation in die Wahrheit führt. Er wird uns Weisheit schenken, damit wir wissen, wann wir uns anpassen und wann wir Stellung beziehen müssen und unerschütterlich sein sollen. Denke immer daran: *Glaube gehorcht Gott. Angst lässt sich leicht von ungezügelten Gefühlen bewegen.*

Co-abhängig, unabhängig oder von Gott abhängig?

Manchmal kann es sein, dass wir von etwas oder jemandem abhängig sind. Ein anderes Mal kann es sein, dass jemand von uns abhängig ist.

Doch wir können auch unabhängig werden. Es kann sein, dass wir uns entscheiden, dass wir niemanden brauchen – nicht einmal Gott. Wir entscheiden uns, die Dinge so zu tun, wie wir es wollen. Wir lassen nicht zu, dass wir von anderen abhängig werden oder dass man von uns abhängig wird.

Wir können auch co-abhängig werden, wie wir es bereits beschrieben haben.

Schließlich können wir aber auch von Gott abhängig werden. Darin besteht die Antwort auf alle unsere Probleme und unser emotionales Ungleichgewicht.

Als ich noch jünger war, war ich co-abhängig von jemandem, der mich benutzte und missbrauchte. Dieser Mensch, der von Alkohol und anderen Dingen abhängig war, kontrollierte mein Leben so sehr, dass ich keinerlei Freiheit mehr hatte.

Als ich aus dieser co-abhängigen Beziehung herauskam, wurde ich selbst kontrollierend und manipulierend. Ich versuchte, andere in Co-Abhängigkeit von mir und meinem Bedürfnis nach Anerkennung und Zuneigung zu bringen. So verhielt ich mich, als ich heiratete, und mein Mann musste mich diesbezüglich konfrontieren.

Mein Problem war mein unausgewogenes Gefühlsleben, mein Mangel an Objektivität. Wegen meines Hintergrundes konnte ich die Dinge nicht richtig einordnen und beurteilen. Ich wusste nicht, wie man normal handelt, weil ich nicht einmal wusste, was normal war. Ich reagierte aus meinen Gefühlen und nicht aus meinem gesunden Menschenverstand und der Weisheit und dem Wort Gottes in mir.

Wenn Dave beispielsweise unsere Kinder korrigierte, mischte ich mich ein und vertrat ihre Position. Dave versuchte, mir zu vermitteln, dass er sie nicht schlecht behandle, aber weil ich selbst missbraucht worden war, fiel es mir schwer, dies einzusehen. Ich wollte die Korrektur der Kinder immer selbst in die Hand nehmen, weil ich dachte, ich würde es richtig machen. Es war jedoch so, dass ich manches Mal härter mit ihnen umging als Dave, doch ich vertraute nur mir selbst, und ihm nicht.

Ich war eine Kontroll-Fanatikerin. Ich wollte immer alles in die Hand nehmen, weil ich niemandem außer mir selbst traute.

Gott musste mir unter anderem beibringen, ihm und nicht meinen Gefühlen zu vertrauen. Ich musste lernen, auf meine Vernunft zu hören, die mir sagte, dass Dave die Kinder und mich nicht verletzen würde und dass ich ihm mein Leben und das Leben unserer Kinder vertrauensvoll unterstellen konnte. Ich musste lernen, nicht mehr unabhängig oder co-abhängig, sondern von Gott abhängig zu sein.

Nimm Abstand, triff eine Entscheidung und handle

Der erste Schritt, wenn du Co-Abhängigkeit überwinden möchtest und von Gott abhängig werden möchtest, besteht darin, das Problem zu identifizieren.

Ich will dir ein Beispiel geben:

Vor einiger Zeit hatte ich eine Freundin, die eine starke Persönlichkeit und ein explosives Temperament hatte. Sie hatte viele Probleme mit ihrem Mann und wurde sehr leicht wütend. Ich erlaubte ihr, mich zu kontrollieren und zu manipulieren, weil ich sie mir nicht zum Feind machen und sie nicht aufregen wollte.

In diesem Fall musste ich zunächst mein Problem identifizieren. Dann musste ich davon Abstand gewinnen. Ich musste mich weit genug wegbewegen, um analysieren zu können, was überhaupt vor sich ging. Dann konnte ich den nächsten Schritt tun und diesbezüglich eine Entscheidung treffen.

Diese junge Frau rief mich häufig an und fragte, ob sie kommen könnte, um sich mit mir zu unterhalten. Wenn sie kam, blieb sie oft den ganzen Tag und durchkreuzte sämtliche Pläne, die ich gemacht hatte. Ich versuchte, ihr zu sagen, dass ich Zeit allein mit dem Herrn brauchte, aber sie bat mich trotzdem, kommen zu dürfen, und ich gab immer nach.

Obwohl mir klar war, dass das, was sie von mir bat, nicht das Beste für mich war, ließ ich zu, dass sich meine Angst vor ihrem Zorn über das hinwegsetzte, was ich als den Willen Gottes für mich erkannt hatte. So tat ich letztendlich immer das, was sie von mir erwartete, statt das zu tun, was ich tun wollte und sollte. Ich tat alles, nur damit sie zufrieden war.

Inzwischen habe ich gelernt, dass ich in der damaligen Situation erst einmal innerlich hätte Abstand gewinnen und sagen müssen: „Könnte ich dich in ein paar Minuten zurückrufen? Ich habe ein paar Dinge, um die ich mich erst kümmern muss, und dann kann ich dir Bescheid geben." Dann hätte ich aus dieser ärgerlichen Situation treten und beten können: „Also gut, Herr, was willst du, was soll ich tun? Willst du, dass ich meinen Zeitplan verändere, damit sie zu mir kommen kann? Oder willst du, dass ich das tue, was ich heute vorhatte?"

Es ist erstaunlich, mit wie viel mehr Weisheit und Vernunft du handeln kannst, wenn du von Situationen, die dich unter Druck setzen, erst einmal Abstand gewinnst und sich deine Gefühle beruhigen können. Wenn der Herr dir dann sagt, dass du etwas tun sollst, und du weißt, dass es für dich schwer werden wird, kannst du vorher die notwendige Stärke und den Mut sammeln.

Wenn der Herr mir in diesem Fall gesagt hätte: „Konfrontiere diese Situation und sage dieser Frau, dass du Zeit mit mir allein verbringen musst", hätte ich um die Kraft bitten können, ihr das zu sagen, und nicht zugelassen, von ihr manipuliert, kontrolliert und eingeschüchtert zu werden.

Das ist das Schöne daran, wenn wir im Gebet zum Herrn gehen. Er ist immer da, um uns bei allem zu helfen. Was uns in unserem Leben auch begegnen mag, wir können es immer identifizieren, davon Abstand gewinnen und dann eine Entscheidung treffen. Dann bleibt nur noch der letzte Schritt: einfach handeln.

Aber wir müssen uns sicher sein, dass die entsprechende Handlung das Richtige ist.

Co-Abhängigkeits-Selbsthilfegruppen

Zieht Gottes ganze Waffenrüstung [die Rüstung eines schwer bewaffneten Soldaten, welche Gott zur Verfügung stellt] an, damit ihr fähig seid, euch erfolgreich gegen [alle] Strategien und Täuschungen des Teufels zu erheben. Denn wir kämpfen nicht gegen Fleisch und Blut [setzen uns nicht nur mit körperlichen Gegnern auseinander], sondern gegen das System der Gewaltherrschaft, gegen die Gewalten, gegen [die kontrollierenden Geister] die Weltbeherrscher dieser gegenwärtigen Finsternis, gegen die geistlichen Mächte der Boshaftigkeit in der himmlischen (übernatürlichen) Welt. Deshalb zieht Gottes ganze Waffenrüstung an, damit ihr an dem bösen Tag [in der Gefahr] fähig seid, zu widerstehen und zu bestehen, und wenn ihr alles [in der Krise Erforderliche] getan habt, [fest an eurem Platz] zu stehen.

Epheser 6, 11–13

Es gibt sehr viele Selbsthilfegruppen für Co-Abhängige. Ich möchte euch gerne auf den Nutzen und die Gefahren aufmerksam machen, die mit dieser Art der Hilfe verbunden sind.

Zuallererst orientieren sich viele dieser Programme an den Konzepten und Praktiken der New-Age-Bewegung, die nicht schriftgemäß sind.

Nehmen wir beispielsweise den Umgang mit Wut. Manche lehren, dass man, wenn man wütend ist, alleine in ein Zimmer gehen und seinen Unmut an einem toten Objekt auslassen solle, beispielsweise an einem Möbelstück. Meines Erachtens sollte sich ein Christ nicht so verhalten.

Ich kann mich an eine Christin erinnern, die mir erzählte, dass sie schon seit geraumer Zeit in solch eine Gruppe ging. Sie erzählte mir, dass ihr Seelsorger sie anwies, auf ein Kissen zu schlagen, um ihren Frust und ihre Wut loszuwerden. Ich musste ihr sagen, dass das in meinen Augen keine schriftgemäße Lösung sei.

Ich habe eine Kassettenserie namens *Schönheit statt Asche*, in der ich Themen wie unterdrückte Wut aus biblischer Sicht betrachte. Ich mache darauf aufmerksam, dass uns in Epheser 6, 11–13 mitgeteilt wird, dass sich unser Kampf nicht bloß gegen Gefühle richtet, sondern gegen die geistlichen Mächte, die mit unseren Gefühle spielen.

In der *Elberfelder*-Bibel wird uns gesagt, dass wir nicht gegen Fleisch und Blut kämpfen (also gegen unser menschliches Wesen), sondern gegen Weltbeherrscher und Mächte (also gegen starke geistliche Wesen).

Wir können Finsternis keinesfalls mit Finsternis bekämpfen. Ich glaube, dass die beste Methode, geistliche Mächte zu bewältigen, nicht die ist, dem Zorn und der Frustration fleischlich nachzugeben, sondern die, sie der Kraft und Gegenwart des Heiligen Geistes in uns zu überlassen.

Eine andere Frau erzählte mir, dass sie in ihrer Gemeinde in einer Selbsthilfegruppe für Co-Abhängige sei. Als ich ihrer Beschreibung des Programmes zuhörte, wurde mir klar, dass es nicht völlig schriftgemäß war, obwohl es sehr viel Gutes enthielt und wahrscheinlich vielen Menschen half. Es gibt andere gute Programme, aber dieses Programm war ein Gemisch aus biblischen und weltlichen Methoden, und das ist gefährlich.

Als ich sie über dieses Programm befragte, antwortete sie: „Ich genieße es wirklich und denke, es ist gut. Aber ich habe doch gewisse Bedenken." Sie drückte dadurch eigentlich aus, dass der Geist Gottes ihr diesbezüglich bereits eine Warnung gegeben hatte.

Dann sagte sie weiter: „Ich höre, wie Christen sagen: ,Wenn du ein Problem mit Co-Abhängigkeit hast, wird der Herr dich freisetzen. Glaube einfach nur an sein Wort und dann wird alles gut werden.'"

Sie erklärte, dass sie in jungen Jahren sehr viel Missbrauch erlebt hatte und durch das in der Gemeinde angebotene Programm nicht völlige Freisetzung bekam. Sie wollte meine Meinung dazu wissen.

Ich sagte ihr: „Ich bin fest davon überzeugt, dass es bei der emotionalen Heilung nicht damit getan ist, dass wir jemandem sagen: ,Du bist eine neue Schöpfung in Christus, also lebe einfach auch so!'"

Dann erklärte ich ihr, dass wir uns trotz der Tatsache der neuen Schöpfung in Christus erfahrungsgemäß der schlechten Frucht in unserem Leben, die von einer schlechten Wurzel aus der Vergangenheit stammt, stellen und sie entfernen müssen.

Es stimmt, dass das Wort Gottes die Wahrheit ist und dass die Wahrheit uns freisetzen wird (siehe Joh. 17, 17 und 8, 32). Aber es stimmt auch, dass wir das Wort Gottes, das Wort der Wahrheit, in unserem Leben anwenden müssen, bevor es eine dauerhafte Wirkung auf uns haben kann. Wir müssen dem Heiligen Geist erlauben, uns die Dinge in unserem Herzen und in unseren Gedanken zu offenbaren, die wir im Licht seines Wortes konfrontieren und angehen müssen.

Um freigesetzt werden zu können, müssen wir uns bewusst werden, wovon wir frei werden sollen und wie wir dem widerstehen können, damit es nicht wieder zurückkommt.

Ein Diener Gottes oder meiner Selbst?

Denn obwohl ich in jeder Hinsicht frei bin von der Kontrolle der Menschen, habe ich mich dennoch jedem zum Diener gemacht, damit ich umso mehr [für Christus] gewinne.

1. Korinther 9, 19

Nachdem ich mich jahrelang mit dem Thema Heilung der Gefühle auseinander gesetzt hatte, sah ich etwas, das mich beunruhigte. Ich erkannte, dass viele eine Religion daraus machen, geheilt zu werden. Sie gründen eine kleine co-abhängige Religion außerhab der Gemeinde Jesu Christi. Sie bezeichnen sich selbst und andere als Co-Abhängige und etablieren dann ein ganzes Glaubenssystem mit Praktiken, die auf ihrem Zustand und ihrer empfangenen „Heilung" basieren.

Das Problem ist, dass viele so mit ihren Ritualen und Praktiken beschäftigt sind, dass sie nie geheilt zu werden scheinen. Sie arbeiten immer nur daran.

Wenn du Teil einer Selbsthilfegruppe für Co-Abhängige bist, will ich dir hiermit nicht sagen, dass du sofort aussteigen sollst. Ich will dich nur davor warnen, dass sie nicht zum Zentrum deines Lebens wird. Lass dich davon nicht so sehr vereinnahmen, dass du dich in deinem Leben um nichts anderes mehr drehst als um dein Problem.

Benutze dein Problem niemals als eine Ausrede für deine schlechte Einstellung oder dein schlechtes Verhalten.

Wenn du an einem Programm teilnimmst, setze es fort und schließe es ab. Doch wenn es vorüber ist, solltest du einen Schlussstrich ziehen und in deinem Leben vorwärts gehen. Verbringe nicht den Rest deines Lebens auf der Erde damit, deine ganze Aufmerksamkeit auf etwas zu richten, das konfrontiert, behandelt und ein für alle Mal erledigt werden muss.

Lass dich durch das Wort umgestalten

Und wir alle, wie mit unverschleiertem Gesicht, sehen [im Wort Gottes] wie in einem Spiegel die Herrlichkeit des Herrn und werden beständig in immer größerer Pracht und von Herrlichkeit zu Herrlichkeit in sein Bild verwandelt [denn dies kommt] vom Herrn, dem Geist [der Geist ist].

2. Korinther 3, 18

Eine weitere Gefahr der Selbsthilfegruppen für Co-Abhängige ist ihre Tendenz, etwas als Krankheit zu bezeichnen, das eigentlich Sünde ist. Die Bibel lehrt uns nicht, dass Abhängigkeiten Krankheiten sind, sie nennt sie Sünde. Es sind Lebensbereiche, in denen wir es zugelassen haben, das Gleichgewicht zu verlieren – Bereiche, die nicht der Frucht der Selbstbeherrschung unterliegen und die durch die Hilfe des Heiligen Geistes unter Kontrolle gebracht werden müssen.

Es mag seltene Fälle geben, in denen das Suchtverhalten durch ein chemisches Ungleichgewicht im Körper oder ein anderes körperliches Problem ausgelöst wird, doch das ist meistens nicht der Fall. Wenn wir uns diesen Grund als Hintertür offen halten, würde fast jeder davon ausgehen, dass sein Problem etwas ist, das er selbst nicht im Griff hat, statt die Verantwortung für sein Handeln zu übernehmen.

Wenn du etwas Sündiges tust oder von etwas, das sündig ist, beeinflusst wirst, musst du zugeben, dass es sich um Sünde handelt, es vor Gott bekennen, um Vergebung bitten, Buße tun und vorwärts gehen. Du brauchst nicht den Rest deines Lebens damit zu verbringen, dich schuldig zu fühlen. Dir kann völlig vergeben werden und du kannst durch die Gnade und Kraft Gottes völlige Wiederherstellung erfahren.

Mir ist klar, dass Süchte wie Alkoholismus, Drogenmissbrauch, sexuelle Perversion, Essstörungen, Spielsucht usw. nicht leicht zu überwinden sind, aber ich glaube aufrichtig, dass das Schema für Befreiung mit dem für andere Probleme oder Sünden übereinstimmt. Die Überwindung starker Abhängigkeiten kann zusätzliche Unterstützung nahe stehender Personen und des Heiligen Geistes erfordern. Aber die völlige Freisetzung erlangen wir dadurch, dass wir der Führung des Heiligen Geistes folgen und uns weigern, in Gebundenheit zu leben.

Wenn wir nicht aufpassen, machen wir es so wie fleischliche Menschen und finden eine Ausrede für unsere Sünden. Nur die, die bereit sind, in das Wort Gottes zu schauen, darin zu erkennen, wie sie wirklich sind, und dann dem Heiligen Geist zu erlauben, sie zu führen, um Veränderung zu erleben, werden geistliche Reife erreichen.

Sei ein Täter des Wortes und nicht nur ein Hörer

Seid aber Täter des Wortes [befolgt die Botschaft] und nicht bloß Hörer, wodurch ihr euch selbst betrügt [durch die Täuschung, entgegengesetzt der Wahrheit zu denken]. Denn wenn jemand dem Wort nur zuhört, ohne ihm zu gehorchen und ein Täter zu sein, ist er wie ein Mensch, der sorgfältig sein [eigenes] Angesicht im Spiegel betrachtet; obwohl er sich selbst aufmerksam angesehen hat, geht er weg und vergisst sofort, wie er aussieht. Aber wer genau in das fehlerlose Gesetz sieht, das [Gesetz] der Freiheit, und ihm gegenüber treu ist und weiterhin hineinschaut, nicht ein unachtsamer Hörer ist, der wieder vergisst, sondern ein aktiver Täter [der gehorcht], der wird gesegnet sein in seinem Tun (seinem Leben des Gehorsams).

Jakobus 1, 22–25

Wenn wir von irgendeiner Form der Gebundenheit frei werden wollen, müssen wir Täter des Wortes sein und nicht nur Hörer. Ansonsten betrügen wir uns selbst, weil wir entgegen der Wahrheit handeln.

Es stimmt, dass uns allein die Wahrheit frei macht. Damit diese Wahrheit in unserem Leben wirksam wird, müssen wir Verantwortung übernehmen. Wir dürfen nicht versuchen, unsere Sünden und Schwächen zu entschuldigen. Wir müssen vielmehr hingegebene Diener Gottes werden, nicht Diener unserer menschlichen Natur. Wir müssen vom Herrn abhängig werden und nicht von uns selbst, anderen Menschen oder Dingen.

Selbsthilfegruppen für emotionale Heilung sind von Nutzen, wenn sie ein biblisches Fundament haben und von reifen Menschen geleitet werden. Ein Nutzen besteht in der Gelegenheit, mit anderen zu sprechen, die das Gleiche oder Ähnliches erlebt haben. Diese Art geteilter Erfahrung und gegenseitigen Verständnisses scheint denen, die verwundet sind, wichtig zu sein.

Menschen können mit mir leicht über ihren Missbrauch in der Vergangenheit sprechen, weil sie wissen, dass ich das selbst auch erlebt habe. Regelmäßig höre ich von ihnen, dass es ihnen Hoffnung gibt, zu wissen, dass es jemand geschafft hat, aus all diesem Schmerz und Elend herauszukommen und heil zu werden.

Es ist auch gut, jede Woche eine bestimmte Zeit zu haben, die man sich dafür frei hält, bestimmte tiefere Anliegen anzugehen. So verhindert man, diese Themen in den Hintergrund zu schieben und so zu tun, als wären sie gar nicht vorhanden. Es ist gut, anderen gegenüber Rechenschaft ablegen zu müssen, und eine vom Heiligen Geist erfüllte und geführte Gruppe kann eine dafür nötige Atmosphäre ohne Anklage bieten.

Heilung kann auch direkt durch den Heiligen Geist und Gottes Wort geschehen. Es muss nicht immer ein anderer Mensch involviert sein. Wenn Gott einen Menschen oder eine Gruppe dafür auswählt, ist das seine Entscheidung. Aber wir müssen uns sicher sein, dass es seine Entscheidung ist, und nicht unser verzweifelter Versuch, um jeden Preis Hilfe zu bekommen.

Satan wartet nur darauf, die bereits Verletzten zu zerstören. Menschen mit einer emotionalen Wunde sind oft leicht zu täuschen. Sie haben innerlich solche Schmerzen, dass sie sich wahrscheinlich an alles und jedermann klammern, wenn es nur Hilfe verspricht.

Das mag übervorsichtig klingen. Aber ich bin lieber sehr vorsichtig, als zuzuschauen, wie Menschen einer Täuschung verfallen und noch schlimmer gebunden werden, als sie es bereits sind.

Zusammenfassend kann man sagen: Gott ist dein Helfer. Er ist dein Heiler. Er hat einen Plan für deine Befreiung. Stelle sicher, dass du weißt, wie dieser Plan aussieht. Dann beginne, diesen Plan Schritt für Schritt umzusetzen.

Erlaube deinen verwundeten Gefühlen nicht, deine Entscheidungen in diesem Bereich zu bestimmen. Folge dem inneren Frieden und lebe in Weisheit!

10

Die Wiederherstellung des Kindes in dir

In den letzten Jahren haben wir viel über das Kind in uns gehört. Ich glaube, dass jeder gesunde Erwachsene ein Kind in sich haben sollte. Damit meine ich, dass jeder Mensch verantwortungsbewusst mit seinem Leben umgehen, aber auch fröhlich und unbesorgt leben sollte.

Wir werden zu schnell erwachsen

Und er rief einen kleines Kind zu sich und stellte es in ihre Mitte und sprach: Wahrlich, ich sage euch, wenn ihr nicht Buße tut (euch verändert, umkehrt) und werdet wie kleine Kinder [vertrauend, bescheiden, liebend, vergebend], könnt ihr niemals in das Himmelreich hineinkommen.

Matthäus 18, 2–3

Empfindest du es so, als ob du in deiner Kindheit zu früh dazu gezwungen worden wärst, erwachsen zu sein? Wenn ja, dann solltest du wissen, dass es vielen Menschen genauso geht. Und wenn dies der Fall ist, hast du etwas verloren. Dieser Verlust ist schädlich für dein Leben als Erwachsener.

Als Erwachsene sollten wir dazu in der Lage sein, Dinge zu schaffen, ohne uns dadurch belastet zu fühlen. Wir sollten verantwortungsbewusst sein und doch unbeschwert genug, unser tägliches Leben, ja sogar unsere Arbeit zu genießen, wie wir es in Prediger 5, 17 lesen: „Siehe, was ich als gut, was ich als schön ersehen habe: Dass einer isst und trinkt und Gutes sieht bei all seiner Mühe, mit der er sich abmüht unter der Sonne, die Zahl seiner Lebenstage, die Gott ihm gegeben hat; denn das ist sein Teil" (*Elberfelder*).

Ja ich bin sogar der Meinung, dass wir alles, was wir tun, genießen sollten.

Vor einigen Jahren wurde mir das ganz neu bewusst: Ich stellte fest, dass ich bereits über 40 Jahre alt und verheiratet war, vier Kinder hatte, und dennoch nicht sagen konnte, dass ich den Großteil meines Lebens genossen hätte.

In Johannes 10, 10 lesen wir, dass Jesus gekommen ist, damit wir Leben in Überfluss haben.

Vor einiger Zeit lehrte ich über das Thema *Die verlorene Kunst, das Leben zu genießen*. Ich schrieb vor Kurzem ein Buch mit dem Titel *Enjoying Where You Are on the Way to Where You Are Going* (Genieße jeden Schritt auf deinem Weg zum Ziel[1]). Ich glaube wirklich, dass wir vergessen haben, wie man das Leben genießt. Wir müssen neu lernen, wie Kinder zu sein, denn wenn es etwas gibt, das Kinder gut können, dann ist es, zu genießen, und sie genießen alles. Wenn ein Kind dazu gezwungen wird, zu schnell erwachsen zu werden, ohne dass ihm erlaubt wird, seine Kindheit auszuleben, zieht dies häufig schlimme emotionale Probleme nach sich.

Ich glaube, dass viele heute ihre Kinder dazu drängen, zu schnell erwachsen zu werden. Die Eltern sind so bedacht darauf, dass ihre Kinder das Lesen und Schreiben lernen und dem Leben einen Schritt voraus sind, dass sie ihnen nicht erlauben, lange genug einfach nur Kind zu sein. Irgendwie sind wir auf die falsche Idee gekommen, dass ein Kind desto schlauer, glücklicher und erfolgreicher in der Schule und in seinem Leben sein wird, je mehr wir in sein Hirn stopfen.

Ich habe natürlich nichts dagegen, dass wir unsere Kinder ausbilden! Kinder und Jugendliche sollten ermutigt werden, schnell und mit Leichtigkeit zu lernen und in ihren Fächern

Hervorragendes zu leisten. Aber sie sollten nicht dazu gezwungen werden, Verantwortung zu übernehmen, die ihrem Alter nicht entspricht. Sie brauchen die Gelegenheit, einfach nur sie selbst zu sein und das Leben zu genießen, bevor sie die schwere Last des Lebens als Erwachsener auf sich nehmen.

Ich selbst hasste meine Kindheit. Mein tiefster Wunsch war es, erwachsen zu werden, damit mich niemand mehr herumschubsen oder schlecht behandeln konnte. Für mich gab es keine Kindheit, sie wurde mir gestohlen. Was mir stattdessen geboten worden war, gefiel mir nicht, und ich wollte es auch nicht. Also wuchs ich auf, ohne jemals zu erfahren, was es bedeutet, ein Kind zu sein. Meine Erinnerungen an das Kindsein waren für mich sehr schmerzhaft.

Das ist es, was Missbrauch bewirkt: Er stiehlt uns unsere Kindheit. Dasselbe geschieht, wenn einem Kind Verantwortung auferlegt wird, die für sein Alter zu groß ist. Vielleicht muss es sich um ein krankes Elternteil kümmern oder in der Familie die Lücke einer fehlenden Mutter oder eines fehlenden Vaters ausfüllen. Vielleicht muss das Kind verfrüht außer Haus gehen und arbeiten.

Ich begann bereits mit 13 Jahren, zu arbeiten. Ich log bezüglich meines Alters und sagte, ich sei bereits 16. Ich tat das, weil ich mich um mich selbst kümmern musste. Ich musste selbst Geld verdienen, damit ich niemanden mehr um etwas bitten musste. Ich war fest entschlossen, mir von niemandem mehr etwas umsonst geben zu lassen, weil ich mich niemandem gegenüber mehr verpflichtet fühlen wollte.

Ich hatte auch – und habe immer noch – eine sehr arbeitsorientierte Persönlichkeit. Meine Tendenz, hart zu arbeiten, kombiniert mit dem Missbrauch, den ich durchlitt, verwandelten mich in einen Workaholic. Ich fühlte mich nur wohl, glücklich und erfüllt, wenn ich gearbeitet und etwas erreicht hatte. Ich wusste allerdings nicht, wie man sich entspannt und etwas genießt.

Wenn ich arbeiten musste, konnte ich nicht aufhören, bis ich alles zu Ende gebracht hatte. Ich hatte noch nicht gelernt, dass Arbeit eigentlich nie ein Ende hat. Es gibt immer noch etwas, das erledigt werden muss. Jetzt habe ich gelernt, so lange zu arbeiten, bis es Zeit ist, aufzuhören, und dann alles, was noch erledigt werden muss, bis zum nächsten Tag liegen zu lassen.

Wenn wir das nicht tun, werden wir bald innerlich ausgebrannt sein. Und wenn wir einmal ausgebrannt sind, ist es wirklich schwer, wieder auf die Beine zu kommen.

Wenn einem Kind das Spielen verboten wird, raubt man ihm seine Kindheit und den Genuss des Erwachsenseins.

Aus irgendeinem Grund hatte man mich dazu gebracht, mich schuldig zu fühlen, wenn ich in meiner Kindheit ab und zu spielte. Ich hatte immer das Gefühl, dass ich das nicht tun, sondern eigentlich hart arbeiten sollte. Dieses Empfinden schadete mir, denn ich brauchte einige Jahre, bis ich so weit war, dass ich mich nicht schuldig fühlte, wenn ich Spaß hatte.

Vor einigen Jahren bat mich mein Sohn eines Abends, mit der Arbeit aufzuhören und mit ihm zusammen einen Film im Fernsehen anzusehen. Ich wollte das tun. Ich wollte Popcorn machen, Limonade bereitstellen und mich hinsetzen, um mit meinem Sohn den Film zu genießen. Aber ich hatte solch ein nagendes Schuldgefühl, dass ich es einfach nicht genießen konnte.

Schließlich fragte ich mich: „Was ist eigentlich los mit mir? Ich mache nichts falsch. Ich muss solche Zeiten mit meinen Kindern verbringen. Der Film ist sauber, das Popcorn hat wenig Fett und mein Getränk ist zuckerfrei. Warum habe ich eigentlich Schuldgefühle?"

Der Herr sagte zu mir: „Joyce, du hast heute nicht alles erledigt, wovon du dachtest, es erledigen zu müssen. Und du hast heute einige Dinge nicht so erledigt, wie du sie deiner Meinung nach hättest erledigen sollen. Daher meinst du jetzt, dass du es nicht verdient hast, Spaß zu haben."

Mein Problem war, dass ich meinte, ich müsse mir jeden Spaß, jede Freude und jeden Segen selbst verdienen. Ich musste lernen, dass Gottes Geschenke aus Gnade umsonst sind.

Die guten Dinge, die in unser Leben kommen, werden uns vom Herrn geschenkt (siehe Jak. 1, 17). Er will sie uns geben. Er will, dass wir unser Leben genießen, auch wenn wir es nicht verdienen.

Wir müssen von Schuldgefühlen befreit werden, von dem Denken, dass wir Gottes Gaben verdienen müssen. Wir denken, wir müssten uns alles verdienen, aber Gott möchte, dass wir verstehen, dass wir es einfach nur mit Danksagung zu empfangen und genießen brauchen.

Wenn wir unser Leben nicht so genießen, wie wir es sollen, liegt es daran, dass der Teufel versucht, uns unsere Freude zu stehlen. Eine Art, das zu tun, ist es, das Kind in jedem von uns zu zerstören.

Satan ist darauf aus, das Kind zu zerstören

… Und der Drache stand vor der Frau, die im Begriff war, zu gebären, um, wenn sie geboren hätte, ihr Kind zu verschlingen. Und sie gebar einen Sohn, ein männliches Kind, der alle Nationen hüten soll mit eisernem Stab; und ihr Kind wurde entrückt zu Gott und zu seinem Thron. Und die Frau floh in die Wüste, wo sie eine von Gott bereitete Stätte hat, damit man sie dort ernähre …

Offenbarung 12, 4–6 (*Elberfelder*)

Als ich damit begann, diese Schriftstelle zu studieren, erkannte ich, dass Satan es immer darauf abgesehen hat, das Kind zu zerstören. Und Gott versucht immer, das Kind zu schützen.

Dieses Prinzip gilt nicht nur für Kinder und das verheißene Christuskind, es gilt auch für das Kind in uns. Wenn wir in uns kein gesundes Kind haben, können wir nicht spielen und das Leben so genießen, wie Gott es für uns vorgesehen hat.

Mein Mann ist wunderbar, ein mächtiger und tapferer Held. Doch er trägt in sich ein großes Kind. Er konnte schon immer Spaß haben und alles, was er tat, genießen. Ich wollte auch so sein, aber ich war nicht bereit, locker zu werden, loszulassen und einfach zu genießen.

Dave war schon immer so lieb, mich beim Einkaufen zu begleiten. Wir gingen nur ungefähr alle zwei Wochen und weil wir ein beschränktes Budget zur Verfügung hatten, musste ich sehr weise und bewusst einkaufen.

Und da stand ich dann mit meiner Einkaufsliste, den Gutscheinen, dem Taschenrechner, meinen drei Kindern und meinem Ehemann, völlig angespannt, um das beste Angebot zu ergattern. Ich war damals generell bei allem in meinem Leben sehr angespannt. Aber wo ich in meiner Einstellung und meinem Verhalten zu „erwachsen" war, war Dave genau das Gegenteil. Er hatte alle Persönlichkeitsmerkmale eines Kindes. Er konnte sogar im Supermarkt Spaß haben!

Persönlichkeitsmerkmale eines Kindes

... und ein kleines Kind wird sie leiten.

Jesaja 11, 6

Als ich diese Unterlagen studierte, schrieb ich zwei oder drei Seiten über die Persönlichkeitsmerkmale eines Kindes nieder. Eines davon ist, dass ein Kind Spaß hat, egal, was es tut.

Ein Kind findet immer eine Möglichkeit, sich zu amüsieren, egal, was es tut. Es kann sogar bestraft worden sein und in der Ecke stehen müssen und dann ein Spiel daraus machen, die Blumen auf der Tapete zu zählen.

Als mein Sohn noch jünger war, bat ich ihn, die Terrasse zu fegen. Also nahm er den Besen und ging nach draußen. Da er eigentlich keine Lust dazu hatte, brummte er etwas vor sich hin. Doch nach ein paar Minuten sah ich, wie er mit dem Besen tanzte. Er fegte schön und amüsierte sich bestens dabei.

Darin versagen wir als Erwachsene immer wieder. Wir müssen alle möglichen banalen Dinge erledigen, die wir hassen und fürchten. Wir wollen sie einfach nur hinter uns bringen, aber wir erlauben uns selbst nicht, sie zu genießen.

Dazu gehören auch unsere religiösen Pflichten, die Dinge, von denen wir meinen, sie als gute Christen erledigen zu müssen. Wenn wir sie als Verpflichtungen ansehen, werden sie zu Lasten statt zu Privilegien.

Gott möchte, dass wir lernen, diese Dinge zu genießen und uns auch an ihm zu erfreuen. Er will, dass wir gerne beten, die Bibel lesen, in die Gemeinde gehen und uns an unserem Partner, unseren Kinder, unserer Familie, unserem Zuhause und allem Möglichen anderen im Leben freuen. Er möchte, dass wir Spaß daran haben, unser Heim zu putzen, das Auto zu waschen und den Rasen zu mähen, dass wir bei all den anderen Dingen Spaß haben, die wir erledigen und bei denen wir normalerweise denken: „Mensch, bin ich froh, wenn das endlich vorbei ist, damit ich tun kann, was mir Spaß macht."

Wir haben schon viel zu viel Zeit damit verbracht, zu leben, ohne es wirklich zu genießen. Gott will, dass wir alles genießen, sogar das Einkaufen.

Habe Spaß

Ich habe erkannt, dass es nichts Besseres gibt unter ihnen, als sich zu freuen und Gutes zu tun in seinem Leben; und wenn irgendein Mensch isst und trinkt und Gutes genießt bei all seiner Mühe, so ist das auch eine Gabe Gottes.

Prediger 3, 12–13 (*Schlachter*)

Dave ging also mit mir einkaufen, um Spaß dabei zu haben. Mit dem Einkaufswagen jagte er die Kinder die Gänge entlang. Weil ich mir solche Sorgen um unser Ansehen machte, versuchte ich, ihn davon abzuhalten.

„Kannst du damit aufhören, dich hier so aufzuführen?", fragte ich ihn. „Jeder beobachtet uns!"

Er antwortete: „Wenn du nicht ruhig bist, dann jage ich dich auch mit dem Einkaufswagen." Und dann lief er mir hinterher und ich wurde wirklich sauer. Sogar dann ließ er es nicht zu, dass ich ihn verärgerte. Im Gegenteil, er dachte sich eine weitere Methode aus, um sich und die Kinder zu amüsieren.

Da er 1,95 Meter groß ist, kann er Gänge überblicken, die ich nicht überblicken kann. Wenn er mich im Gang nebenan sah – beschäftigt mit meinem Taschenrechner, den Gutscheinen und dem Wagen –, warf er einfach etwas über das Regal und versuchte, es in meinen Wagen zu werfen.

Einmal wurde ich so sauer, dass ich ihn anschrie: „Kannst du bitte damit aufhören! Du machst mich verrückt!"

„Meine Güte, Joyce", sagte er. „Ich versuche doch nur, etwas Spaß zu haben."

„Wir sind aber nicht hier, um Spaß zu haben, sondern um Lebensmittel einzukaufen", antwortete ich ehrlich. „Ich möchte sie aus dem Regal nehmen, in den Einkaufswagen legen, sie zur Kasse bringen, in den Kofferraum laden, sie nach Hause bringen und sie dann in den Schrank stellen."

Ich hatte meinen Plan bereits völlig durchdacht. Doch darin gab es keinen Platz für Spaß.

Lebe ein bisschen

Ein glückliches Herz ist gute Medizin und ein fröhlicher Sinn bewirkt Heilung, aber ein zerbrochener Geist trocknet die Knochen aus.

Sprüche 17, 22

Wäre es nicht wunderbar, wenn wir alle ein bisschen Leben würden, während wir so durchs Leben gehen und all die Dinge erledigen, die wir erledigen sollen?

Weil mir meine Kindheit gestohlen worden war, lernte ich nie, wie ein Kind zu sein. Ich lernte nie, ein bisschen locker zu sein und einfach ein bisschen zu leben. Ich war immer wegen irgendetwas innerlich angespannt.

Aber Dave war ein Mensch, der alles im Leben genoss, egal, was um ihn herum geschah. Auch wenn ich vielleicht nie dieselbe Fähigkeit wie er besitzen werde, weil wir so unterschiedliche Persönlichkeiten haben, habe ich dennoch gelernt, viel glücklicher und entspannter zu leben als früher.

Als Predigerin habe ich eine große Verantwortung. Ich muss für meine Berufung hart arbeiten, und ich tue es sehr gern. Ich genieße meine Arbeit geradezu. Aber wenn ich nicht darauf achte, kann ich gestresst und völlig erschöpft werden. Darum muss ich mir Mühe geben, Verse wie in Sprüche 17, 22 umzusetzen und ein glückliches Herz und einen frohen Sinn zu entwickeln.

Wenn wir emotional nicht ausgeglichen sind, ist unser gesamtes Leben davon beeinflusst. Ich glaube wirklich, dass wir alle ernsthafte Schwierigkeiten haben werden, wenn wir nicht lernen, mehr zu lachen. Denn Lachen wirkt, wie die Bibel es sagt, wie Medizin. In den letzten Jahren sind viele Artikel veröffentlicht worden, die über den wissenschaftlichen Nachweis berichten, dass Lachen einen wichtigen Beitrag zur Heilung des Körpers leisten kann. Lachen ist wie eine Art inneres Joggen – in vielerlei Hinsicht so gut wie körperliche Ertüchtigung.

Wir müssen alle mehr lachen. Und manchmal müssen wir das vorsätzlich tun.

Wir haben gesehen, wie Kinder das Leben genießen und aus allem ein Spiel machen. Sie kichern auch die ganze Zeit. Ich habe das bei meinen Enkeln gesehen. Alles, was sie tun, wird vom Kichern begleitet.

Selbstverständlich ist mir klar, dass wir als Erwachsene nicht ständig kichernd durchs Leben gehen sollten. Wenn wir das tun, könnte uns vielleicht unser Arbeitsplatz gekündigt werden, oder – noch schlimmer – wir werden zur Behandlung in die Psychiatrie eingeliefert.

Was ich damit sagen will, ist Folgendes: Wenn wir zu ernst werden, können wir uns selbst und auch denen schaden, mit denen wir zu tun haben. Wir brauchen ein gesundes Gleichgewicht zwischen Spaß und Verantwortungsbewusstsein.

Meine eigene Lebenseinstellung war so ernst, dass ich dachte, ich könnte oder sollte mit absolut nichts etwas zu tun haben, das ich als ungezügelt empfand. Es war sehr schwer, mich zum Lachen zu bringen. Es ist allerdings sehr leicht, ein Kind zum Lachen zu bringen, denn für Kinder ist alles lustig.

Wir müssen mehr Humor in unserem Alltag entdecken. Und eines der ersten Dinge, die wir lernen müssen, ist, über uns selbst zu lachen. Statt uns über unsere menschlichen Fehler zu ärgern, müssen wir anfangen, über unser Versagen und unsere Eigenheiten zu lachen.

Es gibt eigentlich nichts Lustigeres als Menschen. Wie Art Linkletter früher immer in seinen Fernseh- und Radiosendungen sagte: „Menschen sind lustig!" Und das schließt jeden von uns ein. Wir müssen das erkennen und dem lustigen, spielenden Kind in uns mehr Raum geben.

Gott hat uns ein Kind gegeben

☙ ❧

Als sie aber den Stern sahen, freuten sie sich mit sehr großer Freude. Und als sie in das Haus gekommen waren, sahen sie das Kind mit Maria, seiner Mutter, und sie fielen nieder und huldigten ihm; und sie öffneten ihre Schätze und opferten ihm Gaben: Gold und Weihrauch und Myrrhe. Und als sie im Traum eine göttliche Weisung empfangen hatten, nicht wieder zu Herodes zurückzukehren, zogen sie auf einem anderen Weg hin in ihr Land. Als sie aber hingezogen waren, siehe, da erscheint ein Engel des Herrn dem Joseph im Traum und spricht: Steh auf, nimm das Kind und seine Mutter zu dir und fliehe nach Ägypten, und bleibe dort, bis ich es dir sage! Denn Herodes wird das Kindlein suchen, um es umzubringen.

Matthäus 2, 10–13 (*Elberfelder*)

Wir kennen diese Bibelstelle als Teil der Weihnachtsgeschichte. Das Kind, von dem hier gesprochen wird, ist das Jesuskind. Und es waren natürlich die weisen Männer, die kamen und sich niederknieten, um es anzubeten und ihm Geschenke aus Gold, Weihrauch und Myrrhe zu bringen.

Ich will uns diese Geschichte in Erinnerung rufen, um folgenden Punkt hervorzuheben: Als Gott vom Himmel herabsah und sah, wie verloren wir waren, sandte er uns als Antwort darauf ein Kind. Wir lesen davon in Jesaja 9, 5: „Denn ein Kind ist uns geboren, ein Sohn uns gegeben, und die Herrschaft ruht auf seiner Schulter; und man nennt seinen Namen: Wunderbarer Ratgeber, starker Gott, Vater der Ewigkeit, Fürst des Friedens" (*Elberfelder*).

Der Vater sandte uns ein Kind, um uns zu befreien, und sofort machte sich Herodes daran, das Kind zu vernichten.

Genauso hat Gott in jeden von uns ein Kind gelegt und der Feind hat es darauf abgesehen, dieses Kind in uns zu zerstören.

263

Der Teufel hat es auf unser Kindsein abgesehen. Er will einfach nicht, dass wir so frei sind wie kleine Kinder.

Kinder sind frei

Wir haben einige Persönlichkeitsmerkmale der Kinder betrachtet.

Eine der wichtigsten Eigenschaften eines Kindes ist es, dass sie frei sind. Sie machen sich keine Gedanken darüber, was Leute denken.

Vor einiger Zeit schaute ich während eines Gottesdienstes zwei Kindern zu. Der kleine Junge hatte ein Spielzeugmikrofon mitgebracht. Er sah in seinem Sonntagsanzug schick aus und während der Anbetung sang er in sein Spielzeugmikrofon, hielt es nach oben und wandte sich den Menschen zu, als würde er vor einem großen Publikum singen.

Die Mutter eines kleinen Mädchens daneben war mit ihm offensichtlich direkt aus einer Tanzstunde zum Gottesdienst gekommen, denn es trug immer noch sein Ballettkleidchen. Während der kleine Junge begeistert in sein Mikrofon sang, tanzte das Mädchen wie eine Ballerina herum.

Beide genossen es außerordentlich. Sie waren einfach noch nicht alt genug, um sich zu fragen: „Was die Leute wohl denken werden?"

Manches Mal bedarf es eines großen Glaubensschrittes, um unsere Hemmungen zu überwinden und unsere unterdrückten Gefühle frei zum Ausdruck zu bringen, egal, was die anderen darüber denken. Gerade dann ist es wichtig, dass wir diese kindliche Freiheit ausleben und genießen.

Überwinde das Pharisäer-Dasein

Da war unser Mund voll Lachens und unsre Zunge voll Jubel; da sagte man unter den Heiden: „Der Herr

hat Großes an ihnen getan!" Der Herr hat Großes an
uns getan, wir sind fröhlich geworden.

Psalm 126, 2–3 (*Schlachter*)

Ich schaute einmal eine christliche Talkshow an, in der sich die Teilnehmer über die „Lach-Salbung", die unser Land überschwemmt, unterhielten.

Jemand fragte den Gastgeber der Sendung, ob er glaube, dass sie von Gott kommt.

„Widerstrebt es deiner Vernunft?", fragte der Gastgeber.

„Ja, das tut es", antwortete der, der die Frage gestellt hatte.

„Dann", antwortete der Moderator, „ist es wahrscheinlich von Gott."

Ich weiß nicht, ob du das jemals bemerkt hast, aber Jesus wurde ständig Menschen zum Anstoß. Manchmal hat man sogar den Eindruck, dass er dies mit Absicht machte.

In Matthäus 15, 12–14 lesen wir: „Da kamen die Jünger und sagten zu ihm: Weißt du, dass die Pharisäer sich ärgerten, ungehalten und empört waren, als sie diese Rede hörten? Er antwortete: ... Lasst sie in Ruhe und ignoriert sie; sie sind blinde Führer und Lehrer. Und wenn ein Blinder einen Blinden leitet, werden beide in eine Grube fallen." Jesus wusste genau, wie man mit den selbstgerechten Pharisäern umgehen musste.

Wir müssen uns hüten, selbst Pharisäer zu werden. Um die Wahrheit zu sagen: Die Gemeinde ist heutzutage voll von Pharisäern. Ich war auch einmal einer.

Man kann sogar sagen, ich war ein Oberpharisäer. Ich war hart, gesetzlich, langweilig, humorlos, kritisch, richtend, wollte andere beeindrucken und so weiter. Ich war zwar auf dem Weg in den Himmel, aber die Reise machte mir keinen Spaß.

Wir müssen aus unseren Zwangsjacken herauskommen. Jesus wurde nicht in die Welt geschickt, um uns zu binden, sondern um uns freizusetzen. Wir müssen uns frei fühlen, unseren Dank und unser Lob auszudrücken, für all die wunderbaren Dinge, die er für uns getan hat, gerade tut und noch tun wird.

Mit dieser Feststellung will ich nicht sagen, dass wir durchs Leben gehen und uns von morgens bis abends so albern und lächerlich wie nur möglich verhalten sollen. Ich spreche nicht davon, seltsam und fanatisch zu sein, sondern ich rede von Freiheit und Freude. Ich rede davon, von den Ketten pharisäerischer Religiosität befreit zu sein, damit wir der Führung des Heiligen Geistes frei folgen können.

Schütze und erhalte das Kind in dir

Er aber stand auf, nahm das Kind und seine Mutter des Nachts zu sich und zog hin nach Ägypten. Und er war dort bis zum Tod des Herodes, damit erfüllt würde, was von dem Herrn geredet ist durch den Propheten, der spricht: „Aus Ägypten habe ich meinen Sohn gerufen." Da ergrimmte Herodes sehr, als er sah, dass er von den Weisen hintergangen worden war; und er sandte hin und ließ alle Jungen töten, die in Bethlehem und in seinem ganzen Gebiet waren, von zwei Jahren und darunter, nach der Zeit, die er von den Weisen genau erforscht hatte.

Matthäus 2, 14–16 (*Elberfelder*)

Wieder sehen wir in dieser Geschichte, wie der Teufel das Kind in uns aufspüren will, um es zu zerstören.

Und darum müssen wir aufpassen, dass der Feind das Kind in uns nicht zerstören kann, das der Herr in uns gepflanzt hat, damit wir unserem Pharisäertum nicht nachgeben oder davon kontrolliert werden.

Wir müssen Kinder werden, Kinder empfangen, annehmen und sie willkommen heißen

Deshalb, wer sich selbst demütigt und wie dieses kleine Kind wird [vertrauend, bescheiden, liebend, vergebend] ist der Größte im Himmelreich; und wer auch immer um meinetwillen und in meinem Namen ein kleines Kind wie dieses empfängt und aufnimmt und willkommen heißt, nimmt mich auf und heißt mich willkommen.

Matthäus 18, 4–5

Wir müssen uns demütigen und wie kleine Kinder werden. Wir müssen lernen, das Kind in uns willkommen zu heißen, es anzunehmen und zu empfangen. Manchen von uns fällt das schwer, weil wir uns so sehr bemühen, geistlich reif zu werden.

In der einen Bibelstelle wird uns gesagt, dass wir in Christus wachsen sollen (siehe Eph. 4, 15), und hier sagt Jesus nun, wir sollen werden wie die kleinen Kinder. Wie sollen wir das verstehen? Die Wahrheit ist, dass wir beides tun sollen!

Der Herr möchte, dass wir in Bezug auf unsere innere Haltung, unser Verhalten, unsere Annahme und Verantwortung erwachsen werden. Gleichzeitig will er, dass wir wie Kinder von ihm abhängig werden und uns im Ausdruck unserer Gefühle ihm gegenüber frei verhalten.

Ein gutes Beispiel hierfür finden wir in Matthäus 19, 14. Dort lesen wir, was geschah, als die Jünger Jesu versuchten, die Kinder davon abzuhalten, zu ihm zu kommen: „… er aber sprach: Lasst die Kinder in Ruhe! Erlaubt den Kleinen, zu mir zu kommen, und verbietet es ihnen nicht, hindert sie nicht daran und haltet sie nicht ab, denn aus solchen [wie diesen] setzt sich der Himmel zusammen."

„Lasst die Kinder in Ruhe!" Ist das nicht ein toller Ausspruch? Wie Jesus die kleinen Kinder, die zu ihm kamen, empfing und annahm, müssen wir das kleine Kind, das Gott in uns gelegt hat, annehmen.

Kinder müssen sich sicher fühlen und wissen, dass man sich um sie kümmert. Sie müssen die Möglichkeit haben, ihre Gefühle vorbehaltlos auszudrücken. Wir ebenso.

Öffne verstopfte Brunnen

Jesus antwortete und sprach zu ihr: Jeden, der von diesem Wasser trinkt, wird wieder dürsten; wer aber von dem Wasser trinken wird, das ich ihm geben werde, den wird nicht dürsten in Ewigkeit; sondern das Wasser, das ich ihm geben werde, wird in ihm eine Quelle Wassers werden, das ins ewige Leben quillt.
Johannes 4, 13–14 (*Elberfelder*)

In diesem Gespräch mit der Frau am Brunnen sagt Jesus, dass diejenigen unter uns, die an ihn glauben, in sich eine Wasserquelle tragen, aus der immerzu frisches Wasser quillt. Aber wenn dieser Brunnen verstopft ist, dann haben wir ein Problem. Wenn es in uns nicht fließen kann, wird das Wasser abgestanden.

Wenn dein Leben abgestanden und verschmutzt ist, kann das daran liegen, dass dein Brunnen lebendigen Wassers vom Feind mit Steinen aufgefüllt wurde, wie das auch in den Tagen des Alten Testaments üblich war.

In 2. Könige 3, 19 sagte der Herr den Israeliten, die von den Moabitern angegriffen worden waren: „Und ihr werdet jede befestigte Stadt und jede auserlesene Stadt schlagen und werdet alle guten Bäume fällen und alle Wasserquellen verstopfen und jedes gute Feld mit Steinen verderben" (*Elberfelder*).

Damals gehörte das Verstopfen der Quellen zu den Methoden, die man anwandte, um den Feind zu besiegen. Unser Feind, der Teufel, setzt heute noch nach wie vor diese Waffe gegen uns ein.

Ich glaube, dass wir mit einem schönen, klaren Brunnen in uns geboren werden. Als Kind kann dieser Brunnen noch klar fließen. Aber mit der Zeit kommt unser Feind, Satan, daher und beginnt, in diesen Brunnen Steine zu werfen: Steine des Missbrauchs, der Verletzungen, der Ablehnung, des Verlassenseins, der Missverständnisse, der Bitterkeit, des Selbstmitleids, der Rache, der Depression, der Hoffnungslosigkeit und so weiter. Bis wir erwachsen geworden sind, befinden sich in unserem Brunnen so viele Steine, dass er verstopft ist und das Wasser nicht mehr frei in uns fließen kann.

Immer wieder vernehmen wir das Gluckern in der Tiefe, aber wir scheinen keinen Durchbruch zu erfahren, der nötig wäre, damit unser Wasser wieder frei fließen kann.

Es ist interessant, dass Jesu Anweisung, als er sich aufmachte, um seinen Freund Lazarus von den Toten aufzuerwecken, lautete: „Nehmt den Stein weg!" (Joh. 11, 39). Ich glaube, dass der Heilige Geist die Steine entfernen möchte, die unseren Brunnen lebendigen Wassers verstopft haben.

Wenn Alkoholiker und Drogenabhängige davon sprechen, dass jemand betrunken oder „high" ist, sagen sie, dass jemand „dicht" oder „zu" ist. Bei uns ist es genau anders herum. Wenn wir voll Heiligen Geistes sind, dann sind wir „undicht", „auf", damit unser Leben mit dem lebendigen Wasser überfließen kann.

Lebendiges Wasser

Nun am letzten und wichtigsten Tag des Festes stand Jesus und rief mit lauter Stimme: Wenn jemand durstig ist, lasst ihn zu mir kommen und trinken! Wer an mich glaubt [wer sich zu mir hält und mir vertraut und sich auf mich verlässt], wie die Schrift es sagt, aus dessen Innerstem werden [ständig] Quellen und Ströme lebendigen Wassers fließen. Aber er sprach dies über den

Geist, den die, die an ihn glaubten (ihm vertrauten, Glauben an ihn hatten), empfangen würden. Denn der [Heilige] Geist war noch nicht gegeben worden, weil Jesus noch nicht verherrlicht worden war.

Johannes 7, 37–39

Beachte, dass Jesus in diesem Abschnitt nicht sagt, dass aus denen, die an ihn glauben, *ab und zu* Ströme lebendigen Wassers fließen werden. Er sagt, dass sie *immer* aus ihnen fließen werden.

Dieses lebendige Wasser ist der Heilige Geist. Jesus sprach hier über die Ausgießung des Heiligen Geistes, die wir (die Jesus als Herrn und Erlöser angenommen haben) empfangen haben – die Kraft und Person des Heiligen Geistes in uns.

Der Fluss lebendigen Wassers fließt in dir und in mir. Er soll nicht verstopft sein, sondern in uns und aus uns heraus fließen. Und wir können die Kraft dieses lebendigen Wassers in einem größeren Maß in uns und aus uns heraus fließen lassen, indem wir die Fülle des Heiligen Geistes empfangen. Was wir lernen müssen, ist, mit dem Strom zu schwimmen.

Schwimme mit dem Strom

„Mit dem Strom zu schwimmen" hat für mich zwei verschiedene Bedeutungen. Das habe ich in einem meiner anderen Bücher genauer beschrieben.[2]

Als meine Kinder noch klein waren, warfen sie bestimmt mehrmals in der Woche ein Glas Milch auf dem Tisch um. Jedes Mal rastete ich aus und machte mich sofort daran, die verschüttete Milch aufzuwischen, die sich auf dem ganzen Tisch ausbreitete, in die Spalte, an der man den Tisch ausziehen konnte, hineinfloss und dann die Tischbeine entlang herunterlief.

Als ich eines Tages während des Essens mitten in einem dieser Wutausbrüche war und den Boden aufwischte, sprach der Heilige Geist zu mir und sagte, dass nicht einmal alle Wutausbrüche der Welt dafür sorgen könnten, dass die Milch wieder das Tischbein entlang nach oben fließen würde, um ins Glas zurückzukehren. Weil meine Kinder noch klein waren, verschütteten sie immer mal wieder etwas. Der Heilige Geist lehrte mich, mit dem Strom zu schwimmen.

Aus dieser Erfahrung lernte ich, über Dinge zu lachen, die mich früher aufgeregt hatten. Wenn Dinge in unserem Leben nicht gut laufen, haben Dave und ich gelernt, zu sagen: „Ich bin nicht beeindruckt, Satan. Du beeindruckst mich überhaupt nicht."

Ich habe herausgefunden, dass der Teufel uns nicht niederdrücken kann, wenn wir es ihm nicht erlauben, uns zu beeindrucken.

Hier noch ein weiteres Beispiel dafür, dass wir das Lachen als Waffe gegen den Feind einsetzen müssen.

Das Lachen des Glaubens

Die Gottlosen schmieden Pläne gegen den [kompromisslos] Gerechten (den Rechtschaffenen mit richtiger Beziehung zu Gott); sie knirschen gegen ihn mit ihren Zähnen. Der Herr lacht über [die Gottlosen], denn er sieht, dass ihr Tag [der Niederlage] kommt.

Psalm 37, 12–13

Die Bibel lehrt uns, dass der Herr im Himmel sitzt und über seine Feinde lacht, weil er weiß, dass der Tag ihrer Niederlage kommt. Das ist es, was ich „das Lachen des Glaubens" nenne.

Kannst du dich daran erinnern, wie Abraham in 1. Mose 17, 17 reagierte, als Gott ihm sagte, dass seine Frau Sarah in ihrem fortgeschrittenen Alter ein Kind bekommen und zur Mutter vieler Nationen werden würde? Er lachte.

In 1. Mose 18, 10–12 steht, dass Sarah, als sie hörte, wie der Herr diese Verheißung an Abraham wiederholte, auch lachte.

Und als das verheißene Kind geboren wurde, taten Abraham und Sarah, wie der Herr ihnen befohlen hatte, und nannten es Isaak, was „Gelächter" bedeutet (siehe 1. Mo. 17, 19).

Weißt du, was uns dies meiner Meinung nach sagen soll? Ich glaube, dass uns dies sagen soll, dass wir letztendlich in Gelächter ausbrechen werden, wenn wir auf die Verheißungen Gottes warten und lernen, Erben statt Arbeiter zu sein. Wir werden Isaaks und keine Ismaels auf die Welt bringen.

Lachen macht die Brunnen frei

Und Isaak grub die Wasserbrunnen wieder auf, die sie in den Tagen seines Vaters Abraham gegraben und die die Philister nach Abrahams Tod verstopft hatten …

1. Mose 26, 18 (*Elberfelder*)

Als Isaak erwachsen war, legte er unter anderem die Brunnen seines Vaters Abraham frei, die ihre Feinde verstopft hatten. Wir können daraus lernen, dass Lachen und Freude im Heiligen Geist unsere Brunnen freilegt.

Wir müssen nicht hart über diesen Sachverhalt nachdenken oder ihn philosophisch betrachten. Wir müssen einfach nur wie kleine Kinder werden.

Egal, wie alt wir sind, wenn wir in das Reich Gottes kommen, müssen wir wie kleine Kinder werden, so wie Jesus das in Lukas 18, 17 sagt.

Das Reich Gottes steht uns vom Augenblick der neuen Geburt an zur Verfügung. Aber um in es hineinzutreten und es bis zur Fülle zu genießen, hier und jetzt, müssen wir wie kleine Kinder werden.

Es ist interessant, festzustellen, wie oft die Autoren des Neuen Testaments die Nachfolger Jesu als „kleine Kinder" bezeichneten.

Wir lesen zum Beispiel in 1. Johannes 4, 4: „Kleine Kinder, ihr seid von Gott [ihr gehört zu ihm] und habt sie [die Vertreter des Antichristen] [bereits] besiegt und überwunden, weil der, der in uns lebt, größer (mächtiger) ist als der [Satan], der in der Welt ist."

Während ich über diese und ähnliche Verse nachdenke, scheint es mir, als sei der Herr fest entschlossen, uns eine kindliche Mentalität zu vermitteln und sie in uns zu bewahren. Anders ausgedrückt: Er will, dass wir uns wie seine kleinen Kinder fühlen und benehmen. Er will, dass wir in einer Abhängigkeit von ihm leben, die mit der von Kindern vergleichbar ist, und glauben, dass er, wie jeder gute Vater, sich um uns kümmert, uns beschützt und uns versorgt. Er möchte, dass wir glauben, dass wir uns entspannen und in ihm frei sein können.

Wenn du das Kind in dir verloren hast, dann ist es an der Zeit, dieses Kind wieder zurückzugewinnen.

Kinder sind naiv und unkompliziert

Der Geist selbst bezeugt zusammen mit unserem Geist,
daß wir Kinder Gottes sind.

Römer 8, 16 (*Elberfelder*)

Hier wird uns wieder gesagt, dass wir Kinder sind, Kinder Gottes. Wenn dem so ist, dann sollten wir wissen, wie Kinder eigentlich sind, um herauszufinden, wie wir uns benehmen und unser tägliches Leben führen sollten. Darum haben wir uns in diesem Kapitel angeschaut, wie Kinder eigentlich sind.

Die letzte Eigenschaft eines Kindes, die wir betrachten müssen, ist seine Naivität.

Von Natur aus sind Kinder naiv und unkompliziert. Sie sind auf gesunde Weise sehr fragend, aber sie stellen nicht zu viele Überlegungen an, weil es sie sonst verwirren würde. Sie stellen viele Fragen, aber sie werden dabei nicht philosophisch und tiefgründig.

Wie wir in Johannes 10, 10 gesehen haben, sagt Jesus, dass er gekommen ist, damit wir Leben haben und es im Überfluss haben. Er sagte auch, dass der Teufel nur kommt, um zu töten, zu stehlen und zu zerstören. Eines der Dinge, auf die er sich bezog, war das religiöse System seiner Zeit. Es hielt die Menschen in Gebundenheit, weil es nicht mit Leben, Freude und Freiheit, sondern nur mit Regeln, Vorschriften und Grenzen angefüllt war.

In Johannes 9 sehen Jesus und seine Jünger einen Mann, der blind geboren wurde. Die Jünger wollen wissen, aufgrund wessen Sünde dieser Mann blind wurde, aus eigener Schuld oder wegen der Schuld seiner Eltern (siehe Verse 1–2). Diese Art Fragen sind typisch für uns. Genauso sind wir: Wir versuchen, in unserem eigenen Leben und dem Leben eines jeden anderen immer alles herauszufinden. Wir wollen für alles eine Erklärung.

Jesus salbte die Augen dieses Mannes und sandte ihn an den Teich von Siloam, und der Mann kam sehend wieder zurück. Da riefen ihn die Pharisäer zu sich, um ihn auszufragen. Sie wollten wissen, wer ihn geheilt hatte und wie er es getan hatte (siehe Verse 6–34).

Geistliche Manifestationen sind Dinge, die wir Menschen nicht verstehen können. Wir müssen nicht wissen, wie Jesus heilt, um geheilt zu werden oder zu Werkzeugen seiner Heilung für andere zu werden. Wir können wie dieser Mann sein, den Jesus von seiner Blindheit heilte. Wir können mit kindlicher Naivität und Vertrauen sagen: „Ich weiß nicht, wie er es gemacht hat. ‚Eins weiß ich, dass ich blind war und jetzt sehe'" (Vers 25).

Wir wollen immer alles so theologisch tiefgründig erklärt haben. Aber wenn wir beginnen, Gott zu erklären, bekommen wir alle möglichen Probleme. Kinder versuchen nicht, alles zu verstehen und zu erklären. Sie nehmen die Dinge so an, wie sie sind, und genießen sie. Sie schwanken nicht hin und her. Sie entscheiden sich, was sie wollen, und verfolgen dann ihr Ziel, ohne dass es sie stört, was andere denken oder sagen.

Kinder sind hatnäckig. Sie halten sich länger an ihre Träume und Ziele als Erwachsene, weil sie wissen, was sie wollen, und keine Angst davor haben, es anzugehen. Deswegen werden sie nicht so schnell entmutigt und niedergeschlagen wie Erwachsene.

Kinder haben keine Angst vor Gefühlen. Sie haben auch nicht Angst davor, ihre Gefühle zu zeigen. Wie sie sich innerlich fühlen, steht ihnen ins Gesicht geschrieben. Wenn sie glücklich, begeistert und aufgeregt sind, dann kann man das sehen.

Wir können die Kinder darin zum Vorbild nehmen. Wenn wir im Herrn glücklich sind, können und sollten wir es als Zeugnis der ganzen Welt zeigen.

Werde wie ein kleines Kind. Höre auf, dich zu sorgen und bekümmert zu sein, völlig frustriert und verärgert zu werden in dem Versuch, alles zu verstehen. Lerne es, dich zu entspannen und die Dinge locker zu nehmen.

Triff die Entscheidung, den Rest deines Lebens zu genießen. Egal, wie deine Situation und deine Umstände aussehen, egal, welche Erfahrungen du in der Vergangenheit gemacht hast und wie deine Zukunftsaussichten sind, entscheide dich, einen Weg zu finden, wie du dein Leben mit Lachen und Spaß genießen kannst.

Wenn du emotional heil sein willst, finde das verlorene Kind in dir und stelle es wieder her.

Schlusswort

In diesem Buch haben wir uns damit befasst, wie wir unsere Gefühle in den Griff bekommen, damit wir sie genießen und sie so einsetzen können, wie Gott es vorgesehen hat. Gott hat uns Gefühle gegeben, damit wir das Leben im Überfluss, das er uns geben will, genießen können und damit wir innerlich bewegt werden, anderen mit Mitgefühl zu dienen.

Bis wir es lernen, unsere Gefühle in den Griff zu bekommen, können sie unser größter Feind sein, weil Satan versuchen wird, sie zu benutzen, um uns von einem Leben im Geist abzuhalten.

Egal, was dir in der Vergangenheit passiert sein mag, Gott kann dich heilen, damit du die Welt durch seine Augen betrachten kannst. Der Lohn dafür, unsere Gefühle in Griff zu haben, ist groß. Setze um, was du in diesem Buch gelernt hast, und lerne, alles zu genießen, was du tust.

Über die Autorin

Joyce Meyer lehrt seit 1976 das Wort Gottes. Seit 1980 steht sie im vollzeitlichen Dienst. Als Co-Pastorin im *Life Christian Center* in St.Louis, Missouri, entwickelte, koordinierte und lehrte sie wöchentliche Veranstaltungen, die als *Life In The Word* [Leben im Wort] bekannt wurden. Nach über fünf Jahren beendete der Herr diese Aufgabe und führte sie in ihren eigenen Dienst hinein, den sie *Life in the Word, Inc.* nannte.

Joyces *Life in the Word*-Radiosendungen werden auf über 250 Sendern in den Vereinigten Staaten ausgestrahlt. Joyces 30-minütiges Fernsehprogramm *Life In The Word With Joyce Meyer* [Leben im Wort mit Joyce Meyer] startete 1993 und wird in den USA und vielen anderen Nationen ausgestrahlt. Ihre Audio-Lehrkassetten finden international große Anerkennung. In ihrem umfassenden Reisedienst veranstaltet sie zahlreiche *Life in the Word*-Konferenzen und dient als Sprecherin bei Veranstaltungen in Ortsgemeinden.

Joyce und ihr Mann Dave, der Geschäftsführer von *Life In The Word*, sind seit 31 Jahren verheiratet und haben vier Kinder. Drei sind verheiratet und ihr jüngster Sohn wohnt mit ihnen in Fenton, Missouri, einem Vorort von St. Louis.

Joyce glaubt, dass ihr Ruf darin besteht, Christen im Wort Gottes stark zu machen. Sie sagt: „Jesus starb, um die Gefangenen freizusetzen, und es gibt viel zu viele Christen, die in ihrem Alltag wenig oder gar keinen Sieg haben."

Da sie sich selbst vor vielen Jahren in derselben Situation befand und die Freiheit gefunden hat, durch das angewandte Wort Gottes im Sieg zu leben, ist Joyce bestens dazu ausgerüstet, die Gefangenen freizusetzen und ihnen *Schönheit statt Asche* zu geben.

Joyce lehrt über emotionale Heilung und verwandte Themen in Veranstaltungen auf der ganzen Welt, wodurch sie Tausenden von Menschen geholfen hat. Sie hat über 200 verschiedene Kassettenserien aufgenommen und 52 Bücher veröffentlicht, die dem Leib Christi in verschiedenen Bereichen helfen sollen.

Ihr *Emotional Healing Package* [Lehrpaket über emotionale Heilung] enthält über 23 Stunden Lehrmaterial über dieses Thema. Dazu gehören die Serien „Innere Sicherheit", „Schönheit statt Asche" (mit Manuskript), „Der Umgang mit Gefühlen", „Bitterkeit, Nachtragen und Unversöhnlichkeit", „Die Wurzel der Ablehnung" und eine 90-minütige Schriftstellen-Musik-Kassette mit dem Titel „Heilung der zerbrochenen Herzen" [Titel wörtlich ins Deutsche übersetzt].

Joyces *Mind Package* [Lehrpaket über die Erneuerung des Sinnes] enthält fünf verschiedene Audioserien über unsere Gedanken. Darin enthalten sind „Mentale Festungen und Gedankenvorgaben", „Wüstenmentalitäten", „Der Sinn des Fleisches", „Der umherwandernde, sich fragende Sinn" sowie „Die Gedanken, der Mund, die Launen und Einstellungen". Dieses Paket enthält auch Joyces kraftvolles 285-seitiges Buch *Das Schlachtfeld der Gedanken*. Über das Thema der Liebe hat sie zwei Kassettenserien aufgenommen namens *Liebe ist…* und *Liebe – die größte Kraft* [Titel wörtlich ins Deutsche übersetzt].

Gerne informieren wir dich darüber, wie du die Kassetten erhalten kannst, die du brauchst, um völlige Heilung in dein Leben zu bringen.

Wenn du mit der Autorin Kontakt aufnehmen möchtest, dann schreibe an folgende Adresse (auf Englisch):

Joyce Meyer
Life in the Word Inc.
P. O. Box 655
Fenton, Missouri 63026
USA
Telefon: 001 314 349 0303

Wenn du schreibst, sende bitte auch dein Zeugnis darüber, wie dir das Buch geholfen hat. Gerne darfst du auch Gebetsanliegen schicken.

Anhang

Kapitel 1

[1] www.wissen.de, © 2000-2006 wissen.de GmbH, Gesellschaft für Online-Information, „Gefühle".

[2] *Webster's II New College Dictionary* (Houghton Mifflin Company, Boston 1995), unter „emotionalism".

[3] *Webster's II*, unter „emotionalist".

[4] *Webster's II*, unter „emotionless".

[5] Basierend auf den Erklärungen von James E. Strong: „Hebrew und Chaldee Dictionary". In: *Strong's Exhaustive Concordance of the Bible* (Abingdon, Nashville 1890), Eintrag 974, unter „trieth", Psalm 7, 9 – „to test (espec. metals)"; *Webster's II*, unter „try" – „to melt ... to separate out impurities ..."; und William Wilson: *Wilson's Old Testament Word Studies* (Hendrickson Publishers, Peabody o. J.), unter „TRY, TRIAL" – „to prove, especially metals, often of God, as trying the hearts or minds of men ..." Eine weitere Bedeutung ist: „to melt, to smelt metals: specially of gold or silver, to purify with fire ..."

[6] Watchman Nee: *The Spiritual Man (Der geistliche Christ)*. Christian Fellowship Publishers, Inc., New York 1968, S. 190–191.

Kapitel 2

[1] Basierend auf den Erklärungen von W. E. Vine, Merrill F. Unger, William White jun.: *Vine's Complete Expository Dictionary of Old and New Testament Words* (Thomas Nelson, Inc., Nashville 1984), „New Testament Section", unter „MEEK, MEEKNESS", B. Nouns. Nr. 1 – „... It must be clearly understood, therefore, that the meekness manifested by the Lord and commended to the believers is the fruit of Power ..."

[2] *Webster's New World College Dictionary*, 3. Auflage (Macmillan, New York 1996), unter „recompense".

Kapitel 3

[1] *Duden - die deutsche Rechtschreibung*, 23. Auflage [CD-Rom] (Mannheim 2004), unter „Mantra".

[2] Bibliographische Zitate: *Nurse Practitioner*, 19(5) (May 1994) S. 47; 50–56: „It has been estimated that up to 75 % of all visits to primary care providers involve presentation of psychosocial problems through physical complaints."

Kapitel 5

[1] Strong, „Greek Dictionary", Eintrag 5479, unter „joy", Johannes 15, 11.

Kapitel 6

[1] www.wissen.de, © 2000-2006 wissen.de GmbH, Gesellschaft für Online-Information, „verzweifeln".

[2] www.wissen.de, © 2000-2006 wissen.de GmbH, Gesellschaft für Online-Information, „Verzweiflung".

[3] Volksbibel 2000.2 unter „parakletos".

[4] www.wissen.de, © 2000-2006 wissen.de GmbH, Gesellschaft für Online-Information, „Depression".

[5] www.wissen.de, © 2000-2006 wissen.de GmbH, Gesellschaft für Online-Information, „Depression".

[6] www.wissen.de, © 2000-2006 wissen.de GmbH, Gesellschaft für Online-Information, „Depression", Psychologie.

[7] Katatonie: „[…] Form der Schizophrenie mit Krampfzuständen der Muskulatur und mit Wahnideen; Spannungsirresein" (Duden - Das Fremdwörterbuch, 7, neu bearbeitete und

erweiterte Auflage.) © Bibliographisches Institut & F. A. Brockhaus AG, Mannheim 2001.

Kapitel 7

[1] *Webster's II*, unter „restore".

[2] *Duden - die deutsche Rechtschreibung*, 23. Auflage [CD-Rom] (Mannheim 2004), unter „wiederherstellen".

[3] Strong, „Hebrew and Chaldee Dictionary", Eintrag 7725, unter „restoreth", Psalm 23, 3.

Kapitel 8

[1] Vine, „New Testament Section", unter „NEW", 2. Korinther 5, 17.

[2] Dr. Robert Hemfelt, Dr. Frank Minirth, Dr. Paul Meier: *Love Is a Choice* (Thomas Nelson, Nashville 1989), S. 34–35.

[3] Strong, „Greek Dictionary", Eintrag 4239, unter „meek", Mattäus 5, 5.

[4] Strong, „Greek Dictionary", Eintrag 4240.

[5] Vine, „New Testament Section", unter „MEEK, MEEKNESS", A. Adjective, *praus*. B. Nouns, Nummer 1, *prautes*.

Kapitel 10

[1] Titel direkt aus dem Englischen übersetzt.

[2] *Ich und meine große Klappe* (Adullam Verlag, Grasbrunn 2002), S. 128-130.

Bibliografie

Hemfelt, Dr. Robert, Dr. Frank Minirth, Dr. Paul Meier: *Love Is a Choice*. Thomas Nelson, Nashville 1989.

Nee, Watchman: *The Spiritual Man*. Christian Fellowship Publishers, Inc., New York 1968.

Random House Unabridged Dictionary, 2. Auflage. Random House, New York 1993.

Strong, James: *Strong's Exhaustive Concordance of the Bible*. Abingdon Press, Nashville 1890.

Vine, W. E., Merrill F. Unger, William White jun.: *Vine's Complete Expository Dictionary of Old and New Testament Words*. Thomas Nelson, Inc., Nashville 1984.

Webster's Ninth New Collegiate Dictionary. Mirriam-Webster, Springfield 1990.

Webster's II New College Dictionary. Houghton Mifflin Company, Boston 1995.

Webster's New World College Dictionary, 3. Auflage. Macmillan, New York 1996.

Wilson, William: *Wilson's Old Testament Word Studies*. Hendrickson Publishers, Peabody o. J..

Bibelquellen

Elberfelder Bibel. Revidierte Fassung, 2. Auflage. R. Brockhaus Verlag, Wuppertal 1992.

Genfer Studienbibel. Altes Testament F. E. Schlachter Übersetzung © 1951, Neues Testament F. E. Schlachter Übersetzung © 2000. Hänssler Verlag, Holzgerlingen 1999.

Hoffnung für alle. Brunnen Verlag, Basel 2000.

Lutherbibel. Bibeltext in der revidierten Fassung von 1984. Deutsche Bibelgesellschaft, Stuttgart 1999.

Ich und meine große Klappe
Die Antwort befindet sich direkt unter deiner Nase
Joyce Meyer
129426   211 Seiten

Scheint es dir, als ob dein Mund seinen eigenen Willen hat? In diesem Buch wirst du lernen, wie du deinen Mund schulen kannst, die Worte zu sprechen, durch die du in deinem Leben überwindest. Die internationale Bestsellerautorin hebt hervor, dass du das Bekennen von Gottes Wort immer mit einem Leben in absolutem Gehorsam gegenüber Gottes Wort koppeln musst, wenn du in deinem Leben die ganze Kraft Gottes erleben möchtest.

Schönheit statt Asche
Empfange Heilung für deine Emotionen
Joyce Meyer
129427   170 Seiten

Es gibt unzählige Bücher über körperliche Heilung und jetzt auch
endlich ein empfehlenswertes Buch über emotionale Heilung. Nicht
auf der Basis von Psychologie, Meinungen oder Gefühlen, sondern
auf dem unerschütterlichen Fundament des Wortes Gottes gegründet. Es ist keine theoretische Abhandlung, denn Joyce Meyer war
selbst Opfer von körperlichem und sexuellem Missbrauch als Kind.
Sie beschreibt die wichtigsten Wahrheiten, die Heilung in ihr Leben
brachten. Sie können auch dich freisetzen.

Müde Krieger, ohnmächtige Heilige
Wie du jeden feindlichen Angriff überwindest
Joyce Meyer
129452   113 Seiten

Die Bestsellerautorin verdeutlicht, dass Jesus nicht für uns vorgesehen hat, mit Müdigkeit oder Niederlage zu kämpfen. Müdigkeit ist
lediglich ein Angriff Satans, um uns abzulenken und uns davon abzuhalten, Gottes erstaunlichen Plan für unser Leben zu erfüllen. In
der heutigen geschäftigen Welt werden wir oft dadurch erschöpft,
dass wir viele gute Dinge tun, um die Gott uns gar nicht gebeten hat.
Das muss nicht so sein!

Sag ihnen, dass ich sie liebe
Erkenne Gottes Liebe für dich
Joyce Meyer
129454   60 Seiten

Jedes Quäntchen von Gottes Kraft und Liebe ist verfügbar für dich – heute! Und du bist nicht nur einer von vielen. Gott liebt dich, als wärst du der einzige Mensch auf dieser Erde. Das Problem ist, dass du es – wie die meisten Menschen – vielleicht nicht verstehst – oder wenn du es mit deinem Kopf weißt, es vielleicht nicht mit deinem Herzen fühlst.

Lass dich nicht entmutigen
Joyce Meyer
129455   128 Seiten   Hardcover / vierfarbig

In unserem Leben werden wir mit vielen Situationen konfrontiert, die uns entmutigen könnten. In diesem Buch geht Joyce Meyer auf einige Herausforderungen ein und beschreibt die Schritte, die uns heraushelfen. Sie ermutigt die Leser, dass sie alles erreichen können, was Gott für sie vorgesehen hat. Der aufwendig gestaltete, wattierte Hardcover-Geschenkband ist durchgängig vierfarbig gedruckt – eine tolle Geschenkidee!

Adullam Verlag
St.-Ulrich-Pl. 8
85630 Grasbrunn
Tel. (0 89) 46 88 01
Fax: (0 89) 46 20 17 90
www.adullam.de

Gerne senden wir den aktuellen Katalog über das ganze Sortiment, neue Bücher, Projekte und Termine zu.

Notizen:

Notizen:

Notizen:

Notizen:

Notizen: